논어로
여는
아침

논어로 여는 아침

초판 1쇄 발행 2023년 2월 9일

지은이 김훈종

펴낸이 조기흠
기획이사 이홍 / **책임편집** 전세정 / **기획편집** 박의성, 유지윤, 이지은
마케팅 정재훈, 박태규, 김선영, 홍태형, 임은희, 김예인 / **제작** 박성우, 김정우
디자인 문성미

펴낸곳 한빛비즈(주) / **주소** 서울시 서대문구 연희로2길 62 4층
전화 02-325-5506 / **팩스** 02-326-1566
등록 2008년 1월 14일 제 25100-2017-000062호

ISBN 979-11-5784-642-9 03190

이 책에 대한 의견이나 오탈자 및 잘못된 내용에 대한 수정 정보는 한빛비즈의 홈페이지나
이메일(hanbitbiz@hanbit.co.kr)로 알려주십시오. 잘못된 책은 구입하신 서점에서 교환해드립니다.
책값은 뒤표지에 표시되어 있습니다.

⌂ hanbitbiz.com 🅵 facebook.com/hanbitbiz 🅽 post.naver.com/hanbit_biz
▶ youtube.com/한빛비즈 📷 instagram.com/hanbitbiz

지금 하지 않으면 할 수 없는 일이 있습니다.
책으로 펴내고 싶은 아이디어나 원고를 메일(hanbitbiz@hanbit.co.kr)로 보내주세요.
한빛비즈는 여러분의 소중한 경험과 지식을 기다리고 있습니다.

마흔, 삶의 무기가 되는 고전 읽기

논어로
여는
아침

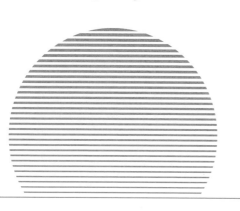

김훈종 지음

HB 한빛비즈
Hanbit Biz, Inc.

"오늘 엄마가 죽었다. 아니, 어쩌면 어제였는지도 모르겠다."

세계 문학 사상 가장 빛나는 첫 문장이 아닐까.

까까머리 어린 시절 알베르 까뮈의 《이방인》을 읽으며, '이 소설은 분명 판타지일 거야!'라고 확신했다. 아무리 막돼먹은 자식이라도 그렇지, 어머니가 돌아가셨는데 어떻게 오늘인지 어제인지 헷갈릴 수 있단 말인가. 뫼르소의 부도덕을 진저리 치며 경멸했다.

그런데 막상 직접 겪어보니, 도대체 어머니의 소천이 어제인지, 그제인지, 아니면 오늘인지, 도무지 가늠할 수 없었다. 황망함과 당혹감이 뒤섞인 슬픔에 짓눌려, 내 머릿속 시간관념은 뒤죽박죽 엉켜버렸다. 나이 쉰을 바라보는 지금 《이방인》은 아니, 적어도 그 첫 문장만큼은 내게 극사실주의 소설이다.

졸고를 마무리하던 중, 어머니를 하늘로 보내드렸다.

목구멍에서 잿빛 울음이 솟구쳤다. 어머니의 텅 빈 화장대를 정리하다, 터져 나오는 눈물을 참지 못하고 바닥에 주저앉아 목 놓아 울었다. '대성통곡'이라는 표현을 활자로만 접했던 나는 그 흔해빠진 단어의 의미를 그날 처음으로 알게 되었다. 낡은 화장대 위에는 변변한 로션 하나, 스킨 하나, 립스틱 하나, 향수 하나 없었다. 누군가로부터 선물 받았던 커다란 영양크림만이 덩그러니 화장대 한구석에 주눅 든 듯 놓여 있었다.

내 어머니는 오랫동안 항암 치료를 받으셨다. 스무 해 가까이 모진 수술, 항암주사, 방사선을 돌아가며 맞닥뜨리셨다. 그 고통의 시간은 곁에서 지켜보는 가족의 입장에서도 마치 치열한 전투처럼 느껴졌다. 단 한 순간도 날선 긴장의 끈을 놓칠 수 없었던 불면의 밤. 아, 어머니는 그동안 그야말로 '생존'하셨던 것이구나. 삶의 존엄이나 사치 혹은 여유라는 어휘는 적어도 어머니의 투쟁과는 거리가 먼 단어였구나. 뒤늦은 깨달음이 도둑처럼 찾아왔다. 남루한 회한과 더불어.

더 유명하다는 명의를 찾아가볼 것을,
더 맛나고 기름진 음식을 대접해드릴 것을,
더 멋지고 화려한 옷을 선물해드릴 것을,
백화점에서 온갖 종류의 화장품을 쓸어 와 화장대 가득 채워드릴 것을….

후회가 가슴을 두드렸다. 둔탁한 쇠망치가 때려대는 것 같아 아리고, 아프고, 쓰렸다. 특히나 어머니와 여행을 함께하지 못한 것이 가장 한스럽다. 여행의 본질은 누군가와 하루 온종일 시간을 보내는 것이다. 함께 일어나고, 함께 먹고, 함께 마시고, 함께 구경하고, 함께 잠드는 것. 머리가 굵어지고 나서는, 어머니와 아침부터 잠드는 순간까지 멋진 풍광을 바라보며 맛난 음식을 먹어가며 속 깊은 대화를 나눠보지 못했다. 세상에서 가장 소중한 재화, '시간'을 넉넉히 나누지 못한 것이다.

먹먹하게 스며든 슬픔을 가까스로 추스르고 이렇게 서문을 쓰고 있는 지금, 어머니께서 내게 남기신 선물에 그저 감사한 마음뿐이다. 바로 '내가 살아 숨 쉬는 지금 이 순간을 소중히 하라'는 준엄한 가르침이다. 깨달음을 얻은 성인聖人이나 세상을 일찍 등진 현자들이 이미 지겹도록 가르쳐준 낡고 뻔한 교훈이다. 하지만 그동안 그 소중한 가르침을 마음 깊이 새기지 못했다. 아니, 감히 받아들일 만한 그릇을 갖추지 못한 것이다.

오늘인지 어제인지 가늠할 수 없는 혼돈의 시간이 지나간 후, 마음속 켜켜이 남은 침전물은 '내게 주어진 삶'의 소중함을 알아챌 줄 아는 지혜다.

마치 영원히 살 것처럼 욕망에 휩싸여 있던 나에게 내리는 따끔한 죽비였다. 내가 누리는 '지금 이 순간'이 얼마나 귀중한 보물인지 눈뜨게 되었다. 때로 과거에 얽매이고, 때로 미래에 휘둘리며 살아온 삶이 주마등처럼 지나갔다. 내가 저지른 과거의 잘못과 불운을 곱씹거나, 아직 오지 않은 미래를 걱정하느라 현재를 낭비하곤 했다. 다시금 후회와 회한이 가슴 깊은 곳에서 솟구쳐 올라왔다.

어머니를 선산에 모신 후, 〈효경孝經〉을 펼쳐보았다.
어느 구절 하나 제대로 실천한 것이 없어, 부끄럽고 참담했다. 송구함에 어찌할 바 모르는 나의 마음에 가장 큰 파도를 일으킨 구절은 다음과 같다.

어버이를 사랑하는 사람은 감히 남을 미워하지 않고,
어버이를 공경하는 사람은 감히 남을 업신여기지 않으니,
어버이를 섬기는 데 사랑과 공경을 다하면,
덕이 온 사람에게 미쳐서 세상의 본보기가 될 것이다.

결국 부모님에게 해드릴 수 있는 가장 큰 효는 내 주변 사람들과 어우렁더우렁 잘 지내는 것이다. 우리네 장삼이사는 누군가를 미워하며 자신의 시간을 허비한다. 나에게 주어진 삶을 온전히 만끽하는 데 집중해도 모자란 인생이다. 기껏해야 백 년이다. 누군가를 미워하거나 업신여기지 않고 살아가는 것은 곧 자신의 시간을 온전히 자신만의 것으로 만드는 숭고한 작업이다. 그것을 한 마디로 우리는 실존이라 칭한다. 나의 삶을 나의 지휘에 맡기고 나만의 박자에 맞춰 걸어갈 수 있게 몰두하는 것, 그것이 바로 행복의 열쇠다. 문득 언젠가 읽었던 레프 톨스토이의 말을 떠올려본다.

과거는 이미 있는 것이며 미래는 오지 않았다.

시간은 존재하지 않는다.

그것은 단지 현재의 순간뿐이다.

그리고 그 순간에 우리의 삶은 존재한다.

그러므로 우리는 이 한순간에 자신의 온힘을 기울여야 한다.

어머니를 보내드리며 받은 또 하나의 유산은 바로 사람이다.

내 주위에 고마운 사람들이 이토록 많다는 사실에 놀랐다. 깊은 슬픔에 진심으로 공감해주고 상처받은 마음을 어루만져주는 말 한마디가 나를 위로했다. 나 역시 매 순간 그들의 아픔에 공감하고 그들의 기쁨에 함께 춤추고 싶어졌다. 아, 〈효경〉의 저 가르침은 그래서 내 마음을 흔들었구나! 깨달음이 찾아왔다.

어머니는 내게 값진 선물을 남겨주고 떠나가셨다.

지금 이 순간을 소중히 여겨라. 그리고 주변의 가족, 친구, 이웃에게 마음을 기울여라. 그것이 결국 삶의 전부다. 헛된 욕망과 거짓 탐욕에 중독된 나는 화들짝 깨어났다. 찌들어버린 마음이 온전히 맑아지려면, 아마도 긴 시간이 필요할 것이다.

그래서 매일 아침, 나는 마음을 정화시키는 고전을 읽으려 한다. 잠시나마 그 순간만큼은 분명 기쁨이 삶을 가득 채우는 소중한 순간이 될 것이다. 그렇게 쌓여가는 아침으로 나는 마침내, '현재를 살아라!'라는 저 위대한 외침을 온전히 나의 것으로 이뤄낼 것이다.

차례

2부

고전으로 단단해지는 나

1부

이토록
내 마음을 아는
고전이라면

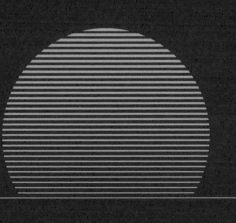

오늘도
수많은 선택지 앞에서

홀忽

마음에 두지 않다

> 옛날 주周나라 문왕文王은 유리羑里에 갇혀 있었기 때문에 〈주역周易〉을 풀이했고,
> 공자는 진채지액陳蔡之厄을 겪어 〈춘추春秋〉를 지었으며,
> 굴원屈原은 쫓겨나는 신세가 되어 〈이소離騷〉를 지었고,
> 좌구명左丘明은 눈이 멀어 〈국어國語〉를 남겼다.
> 손자孫子는 다리가 잘리는 형벌을 받아 〈병법〉을 논했고,
> 〈시경詩經〉 300편의 시는 대체로 현인과 성인이 분노하여 지은 것이다.
> 이런 사람들은 모두 마음속에 울분이 맺혀 있는데 그것을 발산시킬 수 없기 때문에
> 지나간 일을 서술하여 앞으로 다가올 일을 생각한 것이다.
> 〈사기〉 태사공자서

샌프란시스코의 한 식료품점 안, 각종 잼 시식 코너가 열렸다.

한 곳에는 여섯 종류의 잼을, 다른 곳에는 스물네 종류의 잼을 시식 코너에 진열해놓았다. 당연히 스물네 가지 잼을 시식할 수 있는 곳에 많은 사람들이 몰려갔다. 하지만 놀랍게도 스물네 종의 잼이 진열된 시식 코너에서는 거우 3퍼센트의 손

님만이 잼을 구입했고, 여섯 종의 잼이 놓인 곳에서는 무려 30퍼센트가 잼을 구매했다.

이 실험을 진행한 컬럼비아대학 쉬나 아이엔가 교수는 더욱 극단적인 설계를 통해 '잼 실험'의 결과를 확실히 검증하려 했다. 한 그룹에는 여섯 종의 초콜릿을, 다른 그룹에는 서른 종의 초콜릿을 제공하고는 1부터 7까지 맛의 등급을 매기도록 요구했다. 여기에 더해 피실험자들에게 5달러를 손에 쥐어 주고, 각자 맛있었던 초콜릿을 구입할 수 있게 했다.

실험 결과, 초콜릿 종류가 적었을 때 피실험자들은 망설임 없이 맛있다고 생각하는 초콜릿을 선택했고 또한 그 선택에 만족감을 표했다. 맛 등급에 있어서도 최고점을 주었다. 서른 종 초콜릿 피실험자들의 경우 대다수 서둘러 자리를 떠난 데 반해, 여섯 종의 초콜릿 피실험자는 그 절반이 미리 받은 5달러로 초콜릿을 구매했다. 독일의 심리학자 바스 카스트의 저서 《선택의 조건》에 나오는 유명한 실험이다.

지나치게 많은 선택지는 오히려 인간을 불행하게 만든다. 나는 뷔페 식당을 방문해 만족스럽게 식사를 마친 기억이 없다. 오히려 뷔페보다는 단일메뉴 식당에서 느끼는 만족감이 더 컸다. 뷔페에 가면, 대형 접시에 수북하게 담긴 각양각색

요리들을 보면서 대체 뭘 먹을지 고민에 빠지게 된다. 접시에 양껏 몇 가지 음식을 담아 자리에 앉으면 집어 오지 않은 탕수육이 갑자기 눈앞에 아른거린다. 한 접시를 채 비우기도 전에 바로 탕수육을 담아 오지만, 이번엔 가져오지 않은 갈비찜이 눈에 아른거린다. 더부룩하게 배는 부른데 뷔페 식당을 나서는 발걸음이 늘 아쉽다.

겨우 한 끼 식사도 이러할진대, 우리네 인생이 맞닥뜨리는 수많은 선택은 얼마나 우리를 피폐하게 만드는가. 지나치게 다양한 선택지는 필연적으로 후회를 잉태하며, 또한 선택의 과정에서 낭비되는 에너지는 얼마나 큰지 미처 가늠이 안 된다.

이런 인간의 심리를 전투에 활용한 탁월한 전략가가 있었으니, 바로 '한신韓信'이다.

한신은 변화무쌍한 전술을 통해 연전연승을 거두며 위魏나라, 조趙나라, 연燕나라, 제齊나라를 차례로 격파했다. 어디 그뿐인가. 해하垓下의 결전에서 항우를 대파하고 섬멸함으로써, 유방의 승리와 한나라의 건국에 결정적인 기여를 하게 된다. 수많은 전투 가운데 한신이 가장 고초를 겪었던 시기는 유방의 본대와 떨어져 적은 병력으로 조나라의 이십만 대군과 맞서 싸울 때였다. 당시 그가 전세를 뒤집기 위해 선택한 전략이 그 유명한 배수진背水陣이다. 적군을 앞에 두고 강을 등진다?

언뜻 상식에서 벗어나는 진법을 전개했지만 대승을 거두었다. 승전보를 울리고 돌아온 한신에게 부하 장수가 묻는다.

"병법에 이르기를 '진을 칠 때에는 산과 언덕을 오른쪽에 두어 등지고 물과 못을 앞으로 하여 왼편에 두라'고 하였습니다. 그런데 오늘 장군께서는 저희에게 도리어 물을 등지고 진을 치게 하면서 '조나라를 무찌르고 난 뒤, 다 같이 모여 실컷 먹자'라고 하시기에 저희는 속으로 받아들이지 못했습니다. 그러나 마침내 승리하였습니다. 이것은 대체 무슨 전술입니까?"

한신이 답한다.

"이것 역시 병법에 있지만 그대들이 알아차리지 못한 것이오. 병법에 죽을 곳에 빠뜨린 뒤라야 비로소 살릴 수 있고, 망할 곳에 두어야 비로소 멸망하지 않을 수 있다고 했소. 내가 평소부터 사대부를 훈련하여 따르게 할 수 있었던 것도 아니고, 시장 바닥에 있는 사람들을 몰아다가 싸우게 했으니, 그 형세가 어떠하겠소. 그들을 죽을 땅에 두어 저마다 자신이 살기 위해 싸우게 하지 않고, 살아 도망갈 곳을 내어준다면 모두 달아날 것이요. 내가 어떻게 그들을 부릴 수 있겠소."

한신의 병력은 대부분 각 나라의 패잔병을 수습해 이루어졌다. 그러다 보니 군령이 제대로 서지 않고 도망치기 일쑤였으며, 미처 훈련시킬 시간도 없었다. 계통도 없는 오합지졸로 중과부적의 대군을 맞이한 한신은 그래서 배수진을 활용한 것이다. 뒤돌아서 도망치려면 열 길 강물이니 후퇴는 불가능했다. 도망이라는 선택지를 아예 없앴기 때문에, 병사들은 죽기 살기로 싸울 수밖에 없었다.

천재적 전략가 한신이 회음후淮陰侯로 기억되는 이유는 뭘까? 사마천이 〈사기史記〉에 '회음후열전淮陰侯列傳'이라는 편명으로 기록하고 있기 때문이다. 한신의 전기를 기록하기 위해 사마천은 그의 고향인 회음까지 찾아가 마을 사람들과 이야기를 나누며 취재에 열과 성을 다했다. 성실한 역사 기록자 사마천은 마을 사람들의 증언을 바탕으로 한신의 비범함을 칭찬하기도 하고, 한편으로는 그의 비극적 결말에 대해 안타까움을 표현하기도 한다.

"만약 한신이 도리를 배워 겸양한 태도로 자기 공로를 뽐내지 않고 자기 능력을 자랑하지 않았다면, 한나라에 대한 그의 공훈은 주공周公, 소공김公, 태공망太公望 등에 비할 수 있고, 후세에 사당에서 제사를 받을 수 있었을 것이다."

주공이나 태공망의 공적과 비교한다는 것은 최고의 극찬이다. 주나라의 건국공신 태공망 여상呂尙의 지략은 신출귀몰이요, 그 공적은 하늘을 덮고 땅을 덮는다. 주공은 또 어떤가. 어린 조카를 위해 섭정에 나서서 칠백 년 이어진 주나라의 국력을 반석에 올려놓은 장본인이 아니던가. 사당에 제사를 받는다는 것은 성인으로 치자면 공자나 주자의 반열에 올랐다는 것이고, 장수의 영역에서 보자면 관우나 악비만큼 존경받아야 한다는 의미다. 하여 이 또한 한신을 얼마나 높게 평가하고 있는지 알 수 있는 표현이다. 사마천은 한신이 사당에서 제사를 받아야 마땅한데, 그렇게 되지 못한 점을 몹시 안타까워했다.

〈사기〉 '회음후열전'은 일단 한신의 다양한 굴욕 에피소드로 시작한다. 남의 집에서 눈칫밥을 얻어먹고 다닌 일, 빨래하는 아낙네에게 밥을 얻어먹고는 은혜를 갚겠다고 하자 비웃음을 산 일, 큰 칼을 차고 다니는 한신에게 '용기가 있으면 나를 베고, 죽음이 두렵다면 가랑이 사이로 기어가라'고 말한 청년에게 굴복하여 가랑이 사이를 기어간 일 등등 처참한 일화로 가득하다. 그러나 이런 치욕을 딛고 마침내 한신은 대장군의 자리에 올라섰고, 한漢나라 건국의 일등공신이 되었다.

치욕스런 궁형을 감내하고 〈사기〉를 완성해낸 사마천, 어쩌면 그는 자신의 모습을 한신에게 투영한 것은 아닐까.

진秦의 멸망 이후, 당대 최고의 전략가 한신은 유방과 어깨를 나란히 하는 독자적인 세력을 구축할 수 있었다. 하지만 모사 괴통蒯通의 간언을 무시하고 유방에게 충성을 다한다. 자신의 그릇이 얼마나 큰지 스스로 파악하지 못한 셈이다. 마음만 먹으면 유방, 항우, 한신의 삼국으로 나뉠 수 있었던 정세였지만, 그의 우직하다 못해 멍청한 의리는 이를 용납하지 않았다. 그의 충심은 결국 배신이라는 결과로 돌아왔고, 한신을 죽음으로 내몰았다. 사마천은 권력과 정치의 비정함을 모르고 순수하기만 했던 한신에게서 자신의 모습을 발견한 것이다. 용맹한 장군 이릉李陵의 충심을 믿고 변호하던 자신과 너무도 닮아 있는 한신의 모습에서, 사마천은 유대감 혹은 격렬한 공감을 느꼈으리라.

죽음을 눈앞에 둔 순간, 사마천은 궁형이라는 선택을 했다. 죽음과 궁형의 차이를 현재의 잣대로 평가한다면, 사마천의 심리와 내면의 고뇌를 제대로 파악할 수 없다. 오늘날 이런 선택이 주어진다면 대부분의 사형수는 궁형을 택하고 목숨을 부지할 것이다. 하지만 사마천이 살던 그 시기는 달랐다. 사형을 뒤로하고 궁형을 선택하던 그에게 쏟아지는 비난은 견딜 수 없는 수준의 치욕이었다. 일면식도 없던 이릉을 변호하기 위해 황제에게 직언을 서슴지 않았던 사마천이다. 오직 의義와 명분에 따라 행동하던 지식인 사마천에게 궁형은 죽음보다 날카로운 아픔이었다.

사마천에게는 궁형이라는 선택지가 주어졌고, 그는 〈사기〉라는 인류 최고의 역사서를 완성해냈다. 사마천이 굳이 회음까지 먼 길을 떠났던 이유는 단순히 열전을 고증하기 위해서만은 아닐 것이다. 한신의 고향 마을 사람들의 증언에 기대어 그의 젊은 시절을 재구성하고, 한신의 선택이 토사구팽으로 마무리될 수밖에 없었던 필연적 이유를 찾아 헤매지 않았을까. 그리고 사마천은 이 필연의 과정을 음미하며 스스로 위로했을 것이다. 비슷한 처지에서 겪는 공감과 위로였을지, 아니면 나보다 더 불행했던 한신에게서 위안을 찾았던 것인지 모르지만, 아무튼 회음을 방문한 것은 사마천의 선택이었다.

그로부터 칠 년 뒤 태사공은 '이릉의 화'를 당하고 감옥에 갇힌다. 그는 한숨을 쉬고 탄식하며 말했다.

"이것이 내 죄인가! 이것이 내 죄인가! 몸이 망가져 쓸모없게 되었구나."

(중략)

이런 사람들은 모두 마음속에 울분이 맺혀 있는데 그것을 발산시킬 수 없기 때문에 지나간 일을 서술하여 앞으로 다가올 일을 생각한 것이다.

◆ 〈사기史記〉 태사공자서太史公自序

사마천은 이릉 장군을 변호했던 과거의 자신을 용서할 수 있었을까. 후회의 본질은 이 길이 아닌 다른 길을 선택했어야 하는데, 라는 판단에서 출발한다. 후회한다는 것은 결국 과거의 내가 다른 길을 선택할 수 있었을 것이라는 전제를 바탕으로 한다. 내가 지금 걷는 이 길이 유일한 길이었다면 혹은 다른 길은 내 능력상 오를 수 없는 길이었다면, 후회는 없다. 그때의 나로 돌아가면 나는 분명 같은 길을 다시 택할 것이다. 하여 달리 선택할 수 있다는 전제는 이룰 수 없는 비현실적인 꿈이고, 후회는 소용없는 짓이다.

다기망양多岐亡羊이란 고사성어가 있다.

문자 그대로 풀이하자면, 길이 여럿이라 양을 잃어버렸다는 뜻이다. 나의 터럭 하나를 뽑아 세상을 구한다 해도, 나를 위한 것이 아니라면 그렇게 하지 않겠다는 양주楊朱와 관련된 이야기다.

어느 날 양주의 이웃이 양을 잃어버렸다며 양주의 하인까지 동원하여 양을 찾으러 나섰다.

양주가 물었다.

"겨우 양 한 마리를 잃었다면서 찾아 나서는 사람이 왜 이리 많으냐?"

이웃이 답했다.

"갈림길이 많기 때문입니다."

한참 후 돌아온 사람들에게 양을 찾았냐고 묻자, 끝내 찾지 못했다는 답이 돌아왔다.

양주가 다시 묻는다.

"왜 찾지 못했는고?"

허망한 답이 돌아왔다.

"갈림길 속에 또 갈림길이 있었습니다."

양주는 그 말을 듣고는 잠시 말을 잃고 하루 종일 웃지도 않았다. 제자들이 의아하여 물었다.

"겨우 흔해빠진 양 한 마리를 잃은 것이고, 심지어 선생님의 양도 아닌데 어찌 그리 말씀도 아니 하시고 웃지도 않으십니까?"

스승을 걱정하던 제자 가운데 심도자心都子가 스승과 문답을 나누고 나와서, 다른 제자에게 이런 말을 남겼다.

"큰 길은 갈림길이 많아 양을 잃게 되었고, 학자는 방법이 많아 삶을 잃는 것이네. 학문은 근본이 다를 수 없고 근본은 모두 같은데, 종말에 가서 차이가 나는 것이 이와 같다네. 오직 같은 곳으로 돌아가고 하나로 돌아가야만, 얻을 것도 잃을 것도 없게 된다네. 그대는 오랫동안 선생님 문하에서 선생님의 도를 배우면서 선생님의 비유를 이해하지 못하니, 슬프도다!"

다기망양. 그 숨은 뜻을 파악하자면, 학문의 길이 여러 갈래로 나뉘어 진리를 찾기 어렵다는 뜻도 있고, 방침이 너무 많아 어찌할 바를 모르게 되는 상황을 의미하기도 한다. 어린 시절 사자성어 모음집을 읽으면서 가장 이해가 되지 않던 고사성어 하나를 꼽으라면, 바로 이 다기망양이었다. 고작 양 하나 잃어버린 일을 지나치게 확대해석하여 억지춘양 격으로 해석한다는 느낌이었다.

허나 요즘은 뭔가 깊은 깨달음을 선사하는 소중한 사자성어가 되었다. 인생을 지천명 가까이 살다 보니, 그때 이런 선택을 했다면 어땠을까, 라는 후회가 종종 밀려온다. 그때 그 주식을 샀더라면, 대학 전공을 달리했더라면, 어릴 적 수영을 배웠더라면 등등 그 스펙트럼도 실로 넓고 다양하다. 하지만 중요한 점은 우리가 어느 길이든 하나만 선택할 수 있었다는 것이고, 그 가운데 어디에 양이 있는지는 누구도 알 수 없었다는 점이다. 그러니 다시 여러 갈래에 서서 양을 찾으려 한들, 마음에 쏙 드는 길을 선택할 확률은 지극히 낮다.

양주의 고민은 수많은 갈래에서 양이 어느 길에 있는지 선택하는 것에 있지 않다. 그저 어느 길을 택하든, 혹은 양을 되찾든 되찾지 못하든 간에 자신이 내딛는 걸음마다 만족하느냐를 묻고 있다. 진리를 얻기 위해 누군가는 유가를, 다른 누군가는 도가를, 또 다른 누군가는 법가를 택해 나아가는 것이다. 그 가운데 양이 어느 길에 있는지는 그 시절 어떤 사상가도 알 수 없었다. 이천오백 년이 지난 지금도 양의 향방을 단언하기는 힘들다. 공자의 길에서 양을 발견했다는 사람이 많은 듯 보이지만, 다시 이천오백 년이 흘러 서기 사천오백 년의 누군가는 묵자나 상앙에게서 혹은 양주에게서 양을 발견하게 될지도 모른다.

사마천은 이릉의 화를 후회하지 않았고, 그 끓어오르는 분노를 〈사기〉를 집필하는 데 쏟아부었다. 이것이 내 죄인가! 라고 울분만 터뜨리고 주저앉았다면, 이천 년 후 우리는 이릉의 불충과 한 무제의 용단만을 기억하고 사마천의 어리석음을 욕하고 있을 것이다. 하지만 그가 남긴 불세출의 기록 덕분에 적어도 후세의 우리는 이릉이 얼마나 용맹하고 충성스런 신하였으며, 한 무제가 섣부른 결정을 내려 국가에 얼마나 큰 손해를 끼쳤는지 소상히 알게 되었다. 그리고 이를 중재하려던 사마천의 용기가 얼마나 가상했는지조차 깨닫게 되었다.

당신이 지금 양을 발견하지 못했더라도 후회 마시라. 도리어 지금 가고 있는 이 길에 한 걸음 한 걸음 정성을 쏟으면, 양보다 귀한 소 한 마리가 당신의 길 끝에서 음메 하고 울고 있을 것이다.

후회하지 말 것.
아무 소용이 없으니까.
지금 현재를 살 것.
어떻게든 소용에 닿게 되니까.

내 편이 없다고
느끼는 당신에게

반伴

짝

요즘은 애완견이란 말보다는 반려견이란 표현을 더 자주 사
용한다. 반려伴侶. 반伴을 파자하면, 너와 내가 함께해야 온전
히 한몫이 된다는 의미이다. 려侶는 입이 두 개이니 식구를 뜻
한다. 하여 반려는 곧 함께해야만 온전히 하나가 되는 식구
다. 여기서 방점은 '반'에 찍힌다. 누군가와의 만남을 통해,
반쪽짜리 내가 부족함을 보완하고 온전히 바로 서게 되는 모
습이다.

헤어질 무렵 거듭 전하는 말이 있었으니

그 말에는 둘만 아는 맹세가 들어 있다네

칠석날 장생전長生殿에서

깊은 밤 남몰래 속삭인 말

하늘에서는 비익조比翼鳥가 되고

땅에서는 연리지連理枝가 되자

장구한 천지도 다할 때가 있지만

이 한은 끝없이 이어져 다할 날 없으리라

◆ 〈장한가長恨歌〉 백거이白居易

백거이는 당나라 현종玄宗과 양귀비楊貴妃의 사랑을 연리지와 비익조에 비유해 노래했다.

연리지는 뿌리는 다르나 가지가 하나가 되어 자라는 나무를 의미하고, 비익조는 날개가 각자 하나밖에 없어 한 쌍을 이루어야 비로소 하늘을 날 수 있다는 전설 속의 새를 뜻한다. 서로가 서로를 의지해야만, 제 구실을 하는 식물과 동물이다. 진실한 사랑은 잘나고 멋지기 때문에 이루어지는 것이 아니라, 서로의 부족한 부분을 채워줄 수 있는 마음에서 비롯된다는 백거이의 절창이다.

"결혼이란, 권리를 반으로 하고 의무를 두 배로 하는 일이다."

믿기지 않겠지만, 염세적인 철학자로 둘째가라면 서러울 쇼펜하우어의 입에서 나온 말이다. 가만 듣고 있자니 반려의 '반'이 권리를 반으로 하라는 뜻이 아닌가 싶다. 누군가를 사랑하는 일은 결국 누군가를 받아들이는 것이다. 내 주장만, 내 권리만, 내 목소리만 높여서는 평생의 반려를 만나기 어렵다.

흔히 강태공姜太公으로 알려진 인물, 태공망 여상呂尚은 젊은 시절 어려운 환경 속에서도 오로지 학문에만 전념했다. 부인 마씨馬氏는 참다못해 여상을 버리고 도망쳤다. 여상은 훗날 무왕武王을 도와 은殷을 무너뜨리고, 주周나라를 건국하게 된다. 여상은 건국의 공을 인정받아 제齊나라 제후에 봉해진다.

그 소문을 듣고 부인 마씨는 성공한 남편을 찾아와 다시 받아줄 것을 요구한다. 이에 여상은 그릇에 물을 한가득 담아오게 하고는 부인 마씨 앞에서 쏟아버린다.

"자, 이제 쏟아진 물을 다시 그릇에 담아보시오."
부인 마씨는 당황하며 답한다.
"쏟아진 물을 어찌 다시 담는단 말이오."
여상이 태연히 답한다.
"맞소. 한 번 엎질러진 물을 다시 담을 수는 없듯이, 한 번 떠나간 부인을 다시 맞이할 수는 없소."

"비가 올 때 누군가를 돕는다는 것은 우산을 들어주는 것이 아니라, 함께 비를 맞아주는 것이다."

이어지는 신영복 선생의 저 유명한 말씀처럼, 어려움을 함께 겪는 것 역시 반려의 주요한 덕목이다. 아내나 남편이 힘들고 지칠 때, 곁에 있어주는 것이야말로 세상 무엇과도 바꿀 수 없는 든든한 버팀목이다. 능력이 출중해 쏟아지는 비를 막아주면 더할 나위 없이 좋겠지만, 여건이 안 되면 함께 비를 맞아주는 것도 반려가 해줄 수 있는 살뜰한 배려다.

태공망 여상은 함께 비를 맞아주기는커녕 우산을 찢고 달아난 아내에게 '쏟아진 물은 그릇에 다시 담을 수 없다(복수불반분覆水不返盆)'는 말을 들려주며 단호하게 받아들이지 않았다.

역경逆境보다 이기기 어려운 것이 순경順境이란 말이 있다. 배우자의 고난을 견뎌주는 것보다 더 어려운 일은 나의 부와 명예가 드높아져도 반려를 배반하지 않는 것이다. 후한을 세운 광무제光武帝에게는 호양공주湖陽公主라는 누이가 있었다. 호양공주가 청상이 되자, 광무제는 새 배필감으로 마음에 둔 신하가 있는지 물었다. 공주는 여러 신하 가운데 송홍宋弘을 지목했으나, 그에게는 이미 아내가 있었다. 하지만 공주의 청이 워낙 완강하여 광무제는 송홍과 술을 마시며 넌지시 떠보았다.

"사람이 출세하면 친구를 바꾸고, 부유하게 되면 부인을 바꾼다고 하더군. 자네는 어떠한가?"

송홍이 단호하게 답했다.

"가난할 때 친구는 잊어서는 아니 되고, 술지게미와 쌀겨를 함께 먹으며 고생한 아내는 집에서 내보내지 않는다고 들었습니다."

조강지처糟糠之妻의 출전이 된 고사다. 병풍 뒤에서 송홍과 황제의 대화를 듣고 있던 호양공주는 아쉬움을 삼킬 수밖에 없었다. 황제를 처남으로 만들 수 있는 기회를 송홍은 추호의 흔들림도 없이 걷어차버렸다. 하지만 광무제는 내심 흐뭇해하지 않았을까. 조강지처를 내칠 정도로 의리 없는 신하라면 언제든 임금도 팔아먹을 수 있을 것이니 말이다. 반려의 길은 이토록 힘들다. 역경도 함께 이겨내고, 그보다 더 어렵다는 순경도 견뎌야 하니 말이다.

다산茶山 정약용丁若鏞의 강진 유배 시절, 그가 써 내려간 수많은 저작 가운데 독특한 글씨첩이 하나 있다. 하피첩霞帔帖이라 불리는 이 서첩은 다산의 부인 홍씨洪氏가 유배지로 보낸 치맛감에 종이를 붙여 만든 것으로, 아들인 정학연丁學淵, 정학유丁學游 형제에게 보내는 편지글이 담겨 있다. 다산이 유배 생활을 시작한 지 칠 년이 지났을 무렵, 부인 홍씨는 시집올 때 입었던 붉은 치마를 강진에 내려보냈다. 하피란 중국 당나라 시절 신부들의 예복을 의미하는데, 문자 그대로 직역하자면 '붉은 노을빛 치마'를 뜻한다. 다산의 부인 홍씨는 왜 노을빛 치마를 남편에게 보냈을까? 그 답은 다산이 하피에 써 내려간 시 구절에 있지 않을까.

> 병든 아내가 낡은 치마를 보내 왔네
> 천리 먼 곳에서 마음을 담아 보낸 것이네
> 오랜 세월에 붉은빛은 바랬는데
> 늙은 내 모습 같아 처량하도다
> 재단하여 작은 서첩을 만드니
> 자식들에게 줄 글귀 두서없이 몇 자 적었다네
> 바라건대 어버이 뜻 잘 헤아려서
> 맘에 깊이 새겨두고 살아가거라

부인 홍씨는 남편을 먼 유배지에 보내놓고, 다시 만나기를 기약하며 기다리고 기다리다 병이 들었다. 다산과의 상봉이 아득해지고 몸은 아프니, 시집올 때 입었던 붉은 치마를 보내 그리움을 표현한 것이다. 백년해로를 약속하며 혼례를 올렸던 다산과 부인 홍씨지만, 천리 먼 곳에서 그저 같은 달을 바라보며 서로를 그리워했다. 때로는 타의로 인해 반려의 정을 온전히 누리지 못하는 경우도 왕왕 벌어진다. 하지만 서로가 서로를 그리워하는 진실한 마음만큼은 누구도 방해할 수 없다.

살아가며 굳이 결혼이란 제도를 통해 반려를 얻을 필요는
없다. 다만 어떤 방식으로든 진정한 반려를 만나는 일은 삶을
윤택하게 만든다. 요즈음에는 반려의 범위가 넓어졌다. 전통
적 의미의 반려, 즉 아내나 남편이 될 수도 있고, 신앙이 될 수
도 있으며, 반려견이나 반려묘처럼 함께 지내는 동물이 될 수
도 있다. 심지어 컴퓨터 게임조차 반려가 될 수 있는 세상이
다. 내가 반려와 함께 시간을 보내는 것이 행복하다면, 그리고
그것이 합법의 영역 안에 속하고 사회상규에 반하지 않는다
면 세상 그 무엇이든 반려가 될 수 있다.

그렇다면, 〈논어〉나 〈장자〉도 누군가에겐 인생의 반려가
될 수 있지 않을까.
삶의 지표가 되어주는 고전이야말로 멋진 반려의 조건을
완벽히 갖추고 있다. 바가지 긁는 일도 없고, 술에 취해 주사
를 부리지도 않으며, 뭘 사달라고 조르거나, 하루 종일 컴퓨터
게임을 한다고 방안에 처박혀 있지도 않는다. 그저 얼굴을 마
주하고 싶을 때면 언제든 내게 웃는 낯을 보여주고, 언제나 자
신의 품안에 재미, 감동, 지혜를 감추고 있다가 보여준다. 아
무렴! 고전이야말로 최고의 반려가 아닌가!

반려의 소중함을 깨달아야,

당신도 소중한 반려를 얻게 된다.

하루치의
독서와 사유가
주는 기쁨

계啓

일깨워 발전시키다

배우기만 하고 생각하지 않으면 얻는 것이 없고,
생각만 하고 배우지 않으면 위태롭게 된다.
〈논어〉위정

학습과 사유의 불가분성을 강하고 날카롭게 역설力說하는 공
자의 말씀이다.

무엇인가를 공부하는 것과 어떤 것을 사고하는 것은 분명
다르다. 공부나 학습은 대체로 맹목적인 흡수의 영역에 가깝
고, 사고나 사유는 비판적 수용을 내포하는 경우가 많다.

의미를 궁구窮究하지 않고 무비판적으로 신봉한다면, 일찍
이 '악의 평범성'을 일깨워주었던 예루살렘의 아이히만으로
전락할 가능성이 높다. 하여 우리는 생각하기를 멈춰서는 안

된다. 반대로, 사유에만 침잠한 채 합리적 근거를 무시하게 되면, 독단으로 빠질 수밖에 없다. 독선과 아집이 지속된다면, 사린가스로 무고한 시민 육천여 명을 살상한 사이비 교주 아사하라 쇼코로부터 멀지 않다.

學而不思則罔 思而不學則殆
학이불사즉망 사이불학즉태

잠시, 원문을 음미해보자.

배우기만 하고 생각하지 않으면 곧 망(罔)하게 된다는데, 여기서의 망은 '없다' 혹은 '사리에 어둡다'로 해석한다. 본디 망의 의미는 그물을 뜻한다. 그물에 갇힌 답답한 상황에서 뜻을 가져온 것이고, 그로부터 '근심하다' '속이다' '사리에 어둡다'는 의미가 파생되었다.

율곡 이이도 일찍이 '배우기만 하고 사유하지 않으면 사리에 어둡게 된다'는 진리를 깨달았다.

그는 자신의 저서에 그 원리를 소상히 밝히고 있다.

독서는 옳고 그름을 분별해내어 실천하는 데 그 뜻이 있다.
세상사를 살피지 않고 오직 앉아서 책만 읽는다면,

쓸데없는 학문이 된다.

◆ 〈자경문自警文〉

명종 19년 명경과의 최종합격자가 발표되던 날. 한양 거리는 온통 술렁거렸다. 입 달린 사람들은 하나같이 감탄의 수사修辭를 늘어놓았다. 어허! 참으로 진기한 일이도다! 아무렴! 하늘이 내린 천재로구나! 그 어렵다는 과거시험을, 아홉 차례 모두 수석으로 합격한 천재가 탄생했으니, 그가 바로 율곡이다. 하여 율곡의 별명은 구도장원공九度壯元公이었다.

조선의 과거시험은 실로 난해하고 치열했다. 과거를 응시하려면 기본적으로 사서삼경은 물론이요, 〈사기〉, 〈통감〉 등 역사서를 읽어야 했고 심지어 한시, 당시, 송시 등 문학창작에 조예가 깊어야 했다. 초시初試, 복시覆試, 전시殿試라는 정기적인 시험도 있었고, 증광과增廣科, 별시別試, 정시庭試, 알성謁聖, 응제應製, 절일제節日製, 도기到記, 일차日次, 승보陞補 등 특별 시험이나 임시 시험도 많았다. 워낙에 어렵고 공부해야 할 내용이 방대한 탓에 급제자의 평균 나이는 서른을 훌쩍 넘겼다. 귀밑머리 희끗희끗한 초로의 응시자도 흔했으며 심지어 고종 24년에는 83세 나이에 급제한 합격자도 있었다.

이러한 상황일진대 아홉 번 응시해 아홉 번 장원을 했다는 사실은, 율곡의 학문이 얼마나 뛰어났는지 명징하게 보여주는 증거다. 요즘 상황으로 비교하자면 수학능력시험 만점으로 대학에 입학한 후 사법고시, 행정고시, 외무고시를 모두 수석으로 합격하고도 성에 차지 않아 의사고시까지 붙은 격이랄까.

어떻게 공부를 그토록 잘하느냐는 세인들의 시샘 어린 질문에, 율곡은 아홉 가지 비결을 전한다. 뜻을 세운다, 자신의 기질을 바로잡는다, 잘못된 습관을 버린다, 절박한 심정으로 공부한다 등등 "교과서 위주로 예습, 복습을 철저히 했어요" 따위의 수능만점자 입에서 나올 법한 입에 발린 비결이 나열되어 있다. 그중 눈에 띄는 것은 네 번째 비결 구용구사九容九思다. 구용구사는 공자가 강조하는 아홉 가지 바른 몸가짐과 생각을 뜻한다.

볼 때는 바르게 보려고 하고,
들을 때는 분별 있게 들으려고 하고,
남을 대할 때는 얼굴빛을 온화하게 하고,
몸가짐은 공손하게 하고,
말을 할 때는 진실되게 하고,

어른을 섬길 때는 공경의 마음으로 하고,

의심이 나면 물어서 깨닫고,

분하고 화나도 참고,

이익을 보면 옳고 그름을 먼저 생각해야 한다.

◆ 〈논어論語〉 계씨季氏

율곡이 강조한 구용구사 가운데, '의심이 나면 물어서 깨닫
고'라는 일곱 번째 구절이 특히나 인상적이다. 학문하는 사람
에게는 의문이 들 때 주저 없이 질문을 던질 수 있는 용기가
필요하다. 군자에게는 아홉 가지 지켜야 할 덕목이 있다고 역
설力說한 공자의 말씀을 율곡이 다시 한번 강조하는 이유는 뭘
까. 율곡 역시 사유의 중요성을 깊이 깨달았기 때문이다. 그는
방향성을 잃은 채 맹목적으로 전진하는 배움이 얼마나 부질
없고 의미 없는지 체득하고 있었다.

조선의 유학을 상징하는 대학자 율곡 이이는 한때 출가를
한 적이 있다. 지엄한 숭유억불崇儒抑佛의 사회 조선에서, 사대
부의 신분으로 머리를 깎고 금강산의 사찰로 들어가 중이 되
었다. 게다가 한술 더 떠 의암義庵이란 법명까지 얻었으니 놀
랍지 않은가. 그럼에도 불구하고 그가 조선 최고의 유학자로
불리는 이 아이러니를 어떻게 설명할 수 있을까?

책 속에는 파묻힐지언정 상아탑의 권위에는 갇히지 않았으며, 동시에 사유의 중요성을 깨닫고 실천했던 율곡의 생애 때문이다. 아홉 번 장원을 차지할 정도로 열심히 유학을 공부했지만, 그 배움의 바탕에는 비판과 의문이 존재했다. 유가의 적敵이라는 불가에 귀의해보기도 하고, 불교라는 계통이 전혀 다른 사상에 깊숙이 빠져본 경험이 이를 증명한다. 사서삼경의 아우라에 갇히거나 공자나 맹자의 권위에 사로잡힌 율곡이라면 절대 실행할 수 없는 행동이었다.

공자 역시 '사유 없는 학습'과 '학습 없는 사유'를 동시에 경계했다.

그래도 굳이 무게 중심을 따지자면, 공자는 배움에 초점을 맞추었다. 공자는 이렇게 설파했다. "옛것을 익혀 새것을 알게 되면, 남의 스승이 될 수 있다." 온고지신溫故知新을 이름이다.

내 일찍이 종일토록 먹지 않고
밤새도록 잠자지 않으며 사색한 적이 있었으나,
유익함이 없는지라 배우느니만 못했느니라.

◆ 〈논어論語〉위령공衛靈公

공자의 사상을 한마디로 정의하면 인仁이라는 개념으로 수렴하지만, 삶에 대한 태도를 한 단어로 응축하면 호학好學이다. 학문에 몰두해 식사마저 잊었다는 둥, 깨달음의 즐거움으로 인해 근심을 잊어서 장차 늙어가는 것조차 몰랐다는 둥, 호학을 강조하는 표현이 〈논어〉에 빈번하게 등장한다. 〈사기史記〉 '공자세가孔子世家'에는 그 유명한 위편삼절韋編三絶이란 표현도 나온다. 공자는 배고픔도 잊고, 늙어가는 것도 잊고, 책을 엮은 가죽 끈이 세 번이나 닳아 끊어지도록 읽고 또 읽었다.

궁금한 것을 알고 싶어서 가슴 답답해하지 않으면 가르쳐주지 않았고, 스스로 표현하려 애쓰지 않으면 일깨워주지 않았으며, 주제의 한쪽 면을 보여주었을 때, 스스로 다른 세 방면을 알아내어 반응하지 않으면, 가르침을 반복하지 않았다.

◆ 〈논어論語〉술이述而

不憤不啓 不悱不發 擧一隅 不以三隅反 則不復也
불분불계 불비불발 거일우 불이삼우반 즉불복야

이 대목은 구태여 원문을 살펴볼 필요가 있다. 이 구절은 우리가 흔히 사용하는 계발啓發이란 단어의 출전이다. 오늘날 흔히 쓰는 자기계발서의 계발은 본디 후학의 재능과 사상을 피워내려는 공자의 열정에서 유래한 말이다. 심지어 자기주도 학습을 강조한 표현이기도 하다. 저잣거리 장삼이사가 놀려먹을 만한 어휘가 아니지만, 안타깝게도 오늘날 그 뜻이 심하게 훼손된 채 회자되고 있다.

당신 인생의 책이 뭐냐는 질문에 자기계발서의 제목을 떡하니 들이미는 배짱 좋은 사람을 본 적이 없다. 데일 카네기를 읽고 인생이 바뀌었어도 내 인생의 책은 언제나《그리스인 조르바》나《침묵의 봄》이어야 한다.

공자는 이 대목에서 배우고자 하는 열의와 실천을 유독 강조한다. 무릇 모든 배움에는 호기심이 중요하다. 단기간의 공부라면 모를까, 길게 보면 호기심이야말로 배움의 원천이라할 수 있다. 멀리 가려면 함께 가라는 아프리카 속담처럼, 오랫동안 공부하려면 호기심과 어깨를 맞대고 걸어가야 한다. 오늘날 우리의 공부가 대학 입학과 동시에 실종되고 표류하는 이유가 바로 여기에 있다. 특정한 목적이 있는 공부도 물론 중요하지만, 평생 공부에는 호기심이란 반려伴侶가 꼭 필요하다.

얼마 전 한 친구의 시아버지가 고희를 훌쩍 넘긴 나이에 동양철학 대학원에 입학했다는 소식을 듣고는 마음속으로 기립박수를 보냈다. 그래! 본디 배움에는 삿된 욕망보다 순수한 호기심이 제격이지. 고희를 넘긴 대학원생에게는 교수

임용을 비롯한 온갖 사회적, 경제적 성공을 뛰어넘는 지적 호기심과 이를 해소하면서 얻게 되는 학문적 희열이 전부일 터, 이 얼마나 아름다운 광경인가. 공자가 목도했다면, 필시 기쁨에 겨워 겅중겅중 뛰어다녔을 것이다. 독서 혹은 배움은 그 자체로 완결적인 목적임을 고희의 대학원생은 내게 알려주고 있다.

"스스로 표현하려 애쓰지 않으면 일깨워주지 않았으며⋯."

이 구절에서 '표현하다'는 의미는 실천과 연결지어 풀이해야 한다. 앞서 원문의 비悱는 알고 있으되 밖으로 표현하지 못하는 상태를 말한다. 다시 말해, 그저 입으로 나불거리는 상태를 넘어, 실천의 의지와 강인한 실행력을 내포하고 있는 것이다. 이 구절은 '스스로 실천하려 애쓰지 않으면 일깨워주지 않았다'로 해석해야 그 본의가 오롯이 전달된다.

군자는 말이 행동보다 앞서는 것을 부끄러워한다.(〈논어論語〉 헌문憲問) 언행일치言行一致를 강조하는 대표적인 구절 가운데 하나다. 말과 행동이 한결같아야 한다는 논지를 힘주어 말할 때 언訥이란 표현이 〈논어〉 전반에 걸쳐 등장한다. 따라서 '언'을 사용하지 않고 굳이 '비'로써 뜻하고자 하는 바는 명확하다. 보다 적극적인 표현, 다시 말해 실천을 강조하는 것이다.

공부에 대한 공자의 기준은 엄격하다.

〈논어〉를 읽다 보면 공자와 자공의 대화에서도 제자의 스트레스를 알 수 있다. 공자가 자공에게 묻는다. "너와 안회 가운데 누가 더 나으냐?" 자공이 답한다. "안회는 하나를 들으면 열을 알지만, 저는 겨우 둘 정도 알 뿐입니다."

공자의 제자들도 스승의 기준에 맞춰 쫓아가려니 여간 힘들지 않았겠구나, 라는 안쓰러운 마음이 든다. 제자들은 모르는 것이 생기면 분기가 탱천해야 하고, 하나를 배우면 열을 알아야 하며, 주제의 한쪽 면을 보여주었을 때 다른 세 방면을 스스로 알아채야 했다. 공자의 엄격한 교수법을 단적으로 드러내는 단호한 태도다. 이 얼마나 자기주도적 학습 태도인가!

공부에 대한 호기심과 열정!
배운 것을 실천하는 자세!
그리고 자기주도 학습!

오늘도 나는 공자의 호학정신好學精神에 경의를 표하며, 하루치의 독서와 사유를 실천하려고 노력한다. 그렇다면 내가 독서를 통해 얻고자 하는 바는 무엇인가. 많은 지식을 쌓기 위해서도 아니요, 시험에 합격하기 위해서도 아니다. 그저 내 자

신 스스로에 대해 더 많이 알고, 더 깊이 알기 위해서다. 독서
는 자신을 알아가기 위해 필요한 최고의 스승이자, 무척 유용
한 길잡이다.

오늘도 나는 자기계발을 위해,
고전을 읽고 고전일기를 써 내려간다.

내면의 불안에게

겸謙

겸손하다

하늘 끝까지 올라가 내려올 줄 모르는 용龍은
반드시 후회를 남긴다.
〈주역〉건괘 육효

미케네의 왕 아가멤논은 그리스 연합군을 이끌고 트로이를
정복하기 위해 나선다.

하지만 들짐승의 여신 아르테미스의 방해로 인해 출정이
연거푸 지연되자, 마침내 아가멤논은 혈육을 희생하라는 신
탁을 받게 된다. 매정하게도 그는 자신의 딸 이피게네이아를
희생하여 트로이로의 출정을 감행한다. 출정을 훼방할 때는
언제고, 정작 아르테미스는 이피게네이아를 동정해 제물로
바쳐진 그녀를 살리고, 마지막 순간 암사슴 한 마리를 대신 희
생시킨다.

결국 아가멤논은 트로이 전쟁에 참전하여 천신만고 끝에 승리를 거둔다. 아가멤논은 승전고를 울리며 카산드라와 함께 의기양양하게 귀환하지만, 참혹한 비극이 그를 기다리고 있었다. 아가멤논은 전장에서 돌아온 첫날 밤 욕실에서 도끼로 난자당한다. 전장에 나간 사이 그의 아내를 유혹했던 정부 아이기스토스의 손에 목숨을 잃은 것이다. 물론 이 석연찮은 죽음의 배후에는 이피게네이아의 희생에 분노한 클리타임네스트라(아가멤논의 아내)의 애끓는 모정이 관여하고 있었다. 자신의 딸을 희생하여 전공을 세운 남편을, 그녀는 도저히 용서할 수 없었던 것이다.

그리스 영화감독 요르고스 란티모스의 〈킬링 디어〉는 아가멤논의 원죄를 주제로 삼고 있는 신화 같은 분위기의 영화다. 평화로운 일상이 흐르던 어느 날, 외과의사 스티븐(콜린 파렐 분)에게 마틴(베리 케오간 분)이란 이름의 소년이 접근한다. 마틴은 자신의 아버지가 스티븐의 수술 실수로 죽었으니, 자신의 결여를 채워달라고 요구한다. 아버지가 되어달라는 것.

"내가 겪었던 아픔을 당신도 똑같이 느껴야 합니다." 다양한 방식으로 스티븐을 압박하던 마틴은 마침내 가족 가운데 한 명을 희생하라고 주문한다. 그리고 피를 보게 될 가족이 누가 될지는 스티븐의 결정에 맡긴다. 스티븐은 마틴의 말을 무시하고 결정을 지연한다. 그러자 나머지 가족 세 명 모두에게 위협이 닥치게 되고, 스티븐은 마틴의 저주가 허언이 아님을 깨닫게 된다. 그리고 러시안 룰렛의 방식으로 희생자를 결정하려 하자, 이 과정에서 가족들은 서로 살겠다고 민낯을 내보이며 악다구니를 쓰고 스티븐에게 살려달라고 아첨한다. 인간 내면에 존재한 불안과 나약함이 적나라하게 드러나는 장면이다.

불안은 앞날을 도저히 알 수 없다는 무지에서 비롯된다.

뿌연 안개에 휩싸여 한 치 앞도 보이지 않는 순간, 우리는 불안에 사로잡힌다. 불안에 사로잡힌 인간은 지푸라기라도 잡고 싶어 발버둥친다. 알 수 없는 미래를 안다고 자신하는 부류가 나타나면, 나도 모르게 그들을 맹신하게 된다. 알 수 없는 것을 안다고 확신에 차 떠드는 사람은 사기꾼 아니면 사이비 교주다. 괴롭고, 힘들고, 지치고, 현실이 지옥 같을 때 우리는 사이비에 당하기 쉽다.

중국 역사상 최초로 천하를 통일한 진시황도 한낱 불안하고 나약한 인간이었다. 스티븐 혹은 그의 가족들처럼 말이다. 도량형, 화폐, 문자, 도로를 정비하고, 분서갱유를 일으키고,

군현제를 도입한 천하의 진시황도 노생盧生이 바친 〈녹도서錄圖書〉에 쓰인 예언을 철석같이 믿었다. 기껏해야 종이 쪼가리에 지나지 않는 책 한 권에 혹해서, 통일제국의 운명을 패대기쳐 버렸으니 말이다.

"진秦을 망하게 할 자는 호胡이다."

오랑캐 호胡. 진나라는 결국 오랑캐의 손에 스러져 가리라는 예언을 철석같이 믿은 진시황이었다. 흉노의 침입이 두려웠던 황제는 몽염蒙恬 장군에게 명하여 장성을 쌓기 시작했다. 진시황제 32년, 만리장성의 축조와 여산驪山 수릉壽陵 조영이 개시되자 화북華北, 화중華中의 백성과 죄수가 동원되었다. 패현沛縣의 지방 하급 관리인 한 정장亭長 역시 죄수들을 압송하고 있었는데, 노역장으로 가는 도중 많은 죄수들이 도망쳤다. 가는 길이 워낙 멀고 험해 기한 내에 도착하기도 어렵거니와 대다수의 죄수들이 도망쳤기 때문에, 정장은 자신도 큰 벌을 피하지 못할 것이라 예견했다. 낙담한 정장은 풍읍豐邑에 이르러 죄수들에게 술과 음식을 배불리 먹이고는 도망치라고 명하고, 자신도 망탕芒碭에 몸을 숨겼다. 이 문제의 정장이 바로 진나라를 무너뜨리고 한나라를 세운 한고조 유방이다.

장성 축조를 비롯한 무리한 역사役事와 가혹한 법률 체계로 인해 진나라는 멸망의 길로 접어든다. 진시황이 통일된 제국의 방방곡곡을 돌아보는 순수巡狩 도중 죽게 되자, 그 아들 호해胡亥는 환관 조고의 농간 덕분에 진나라 이세 황제에 등극하게 되었다. 황제 앞에서도 스스럼없이 사슴을 가리켜 말이라고 할 정도로, 조고의 전횡은 심각했고 진나라의 국력은 급격히 쇠락하게 된다. 결국 호로 인해 진이 멸망하리라는 〈녹도서〉의 점괘는 흉노가 아니라 진시황의 아들 호해를 가리키는 것이었다.

진시황은 참서讖書가 지목하는 호를 흉노라고 철썩같이 믿었다. 두려움에 사로잡혀 무리하게 장성을 축조하다, 결국 평범한 하급 관리 유방의 봉기를 야기했다. 이 얼마나 아이러니한 일인가. 이 기묘한 아이러니는 오이디푸스 신화를 떠올리게 한다. 테바이의 왕 라이오스가 아들을 버리지 않고 왕궁에서 부모의 사랑으로 지극정성 길렀다면, 길에서 객사할 일은 결단코 없었을 것이다. 결국 복서卜筮의 점괘 혹은 신탁이란 얼마나 허망한 것인가. 헛된 예언에 갇히게 되면, 도리어 저주의 함정에 빠질 수밖에 없다.

나는 점 보러 가는 것을 극도로 혐오한다. 세상 누구도 미래를 알 수 없다. 그저 바넘 효과 덕분에 수많은 점쟁이들이

목구멍에 풀칠을 하며 생계를 이어가는 것이라 믿는다. 19세기 말 쇼맨 피니스 바넘은 서커스 단원으로 미국 전역을 돌며 사람들의 성격을 맞혔다. 신통하게도, 바넘의 예측은 백발백중이었다. 서커스를 구경하던 사람들은 속임수라고 생각하고 자원하여 무대로 나섰지만, 바넘은 생판 모르는 구경꾼들의 성격을 척척 알아맞혔고 이에 놀란 사람들은 바넘의 열렬한 추종자가 되었다.

무려 백 년이 지나고 나서야 심리학자 버트램 포러가 바넘의 알량한 비결을 알아챘다. 포러는 새롭게 설계된 심리 실험이라며 학생들에게 설문을 실시했고, 일주일 후 결과지를 나눠줬다. 그러고는 학생들에게 실제 자신의 성격과 얼마나 일치하는지 점수를 매기라고 말하자, 학생들은 5점 만점에 4.26점이라는 평균치 결과를 제출했다. 100점 만점으로 환산하면 무려 85점이 넘는 점수다.

그러나 꽤나 높은 결과치가 무색하게도 포러가 학생들에게 나눠준 성격 검사지에는 모두 동일한 내용이 적혀 있었다. 수많은 학생들의 성격이 서로 상이할 터인데 같은 심리 결과를 듣고는 자신의 성격과 일치한다고 평가한 셈이다. 결과에 충격을 받은 포러는 이 실험을 여러 차례 반복했지만, 매번 비슷한 수치를 받아들었다.

'때때로 당신은 외향적이고 붙임성 있으며 사교적이지만, 때로는 내향적이고 사람을 경계하며 위축되기도 한다.'

포러의 결과지에는 이처럼 애매모호하고 귀에 걸면 귀걸이요 코에 걸면 코걸이 같은 말들만 잔뜩 적혀 있었다. 세상 사람 대부분 때로는 사교적이고 때로는 움츠러든다. 때로는 정의감에 불타지만 때로는 불의 앞에 소심해지기도 한다. 늘 밝거나 늘 어두운 사람이 몇 명이나 될까. 바넘 역시 이렇게 두루뭉술한 멘트와 카리스마로 무대에 올라온 구경꾼들을 압도해버렸다. 사람들은 대체로 애매하면 자신에게 맞는 상황이라고 받아넘긴다.

포러는 이러한 실험 결과를 바탕으로 바넘 효과라는 심리학 개념을 만들어냈으니, 대부분의 역술인과 점술인은 바넘 효과의 덕을 톡톡히 보고 있는 셈이다. 포러가 정의하는 바넘 효과란, 누구에게나 해당되는 일반적인 성격 특성을 마치 자신에게만 해당된다고 믿고 받아들이는 심리 상태를 의미한다.

물론 세상이 굴러가는 이치에 운運이라는 것이 존재하며, 우리네 삶이 그 운에 좌지우지된다는 명제는 참이다. 하지만 한 인간이 타인의 운을 미리 알거나, 쉽사리 바꿀 수 있다는 명제는 거짓이다. 백 보 양보해 만에 하나 누군가 미래를 볼 수 있다 해도, 그리하여 설혹 복채를 점쟁이에게 쥐어준 내가 나의 미래를 알게 된다 해도, 결단코 운명을 쉽사리 바꿀 수는 없다. 진시황과 테바이의 왕 라이오스가 가르쳐준 지혜다.

자신의 운을 바꾸려면 삶의 태도를 송두리째 뒤엎어야 한다. 점쟁이의 말 한마디에 동쪽으로 가야 할 것을 서쪽으로 간다고 해서, 마당의 사과나무를 뽑아내고 복숭아나무로 갈아 심는다고 해서 나의 운명이 비약적으로 개선되지는 않는다. '쉽사리 운명을 바꿀 수 없다'는 관념에 대해 오해가 있을 것 같아, 노파심에 덧붙인다. 그저 주어진 운명에 굴복하여 무기력하게 살아가라는 말이 아니다. 점쟁이의 말에 휘둘리지 말고, 스스로 마음가짐부터 바꾸어 씩씩하게 실천해 나가야만 삶을 바꿀 수 있다는 의미다. 무라카미 하루키의 말마따나 누군가의 부탁이 아니라 '소설을 쓰고 싶다'는 강한 욕구로부터 진정한 창작이 이루어지듯이, 우리네 삶은 점쟁이의 예언 따위에 흔들려서는 안 된다.

세상일을 흔히 '운칠기삼運七技三'이라 표현하지만, 내 인생의 경험칙은 '운구기일運九技一'이라고 말한다. 허나 운이 9할이나 차지하니, 노력하지 말고 나무 밑에 서서 입만 벌리고 있으라는 뜻이 아니다. 운에 의해 당락이 결정되고, 운에 의해 사업의 흥망이 결정되지만 기技 '하나'를 갖추지 못한 자에게 합격과 성공의 여신은 결코 미소를 보여주지 않는다. '진인사대천명盡人事待天命'이라는 표현처럼 내가 할 수 있는 일에는 최선을 다하되, 그 이후의 영역은 하늘의 뜻에 맡겨야 한다.

주식 관련 서적이나 부동산 재테크 책이 독자의 통장 잔고가 아닌 저자의 인세만 불릴 뿐인 것처럼, 점을 보는 행위는 결국 점술가만 살찌운다. 세상에서 빨리 망하는 지름길은 알 수 없는 것을 알려고 하거나, 알 수 없는 것을 안다고 거짓부렁을 말하거나, 알 수 없는 미래를 바꾸려고 무리수를 두는 일이다. 알 수 없는 것을 알려고 자꾸 욕심 부리다가는 말라비틀어진 삶의 균열과 마주하게 될 것이다.

> 공자는 괴이한 일,
>
> 위세 부리는 일,
>
> 어지럽히는 일,
>
> 귀신에 대한 일에 관해서는 말씀을 하지 않았다.
>
> ◆ 〈논어論語〉술이述而

전쟁의 공포와 미래에 대한 불안이 세상을 뒤흔들던 춘추전국시대, 그 와중에도 공자는 이른바 괴력난신怪力亂神에 대해서는 아예 언급을 하지 않았다. 죽음을 묻는 제자에게는 "삶도 모르는데 어찌 죽음을 말하느냐!"며 역시나 선을 그었다.

공자가 이상향으로 삼았던 주나라. 그 주나라를 건국한 주역은 무왕武王이지만, 그 기반을 닦은 것은 문왕文王 희창姬昌이다. 은나라 주왕紂王이 주지육림에 빠져 폭정이 극에 달했던 시기, 제후 희창은 도탄에 빠진 백성들의 안위를 진심으로 격정했다. 하여 천하의 민심이 희창에게 쏠리자, 주왕은 희창의 아들을 잡아다 국을 끓이고는 희창에게 먹으라고 명했다.

"희창을 성인聖人이라 하는 백성들이 많다는데, 무릇 성인이라면 자신의 아들로 끓인 탕은 알아보고 먹지 않을 것이다."

희창은 폭군의 만행을 알아챘지만 슬픔을 억누르며 고깃국을 입에 쑤셔 넣었다. 만약 희창이 국을 마시지 않았다면 주왕은 그를 시기하여 주살하였을 터, 먹지 않을 도리가 없었다. 자식의 인육을 삼키는 극한의 고통을 감내하고 살아남은 희창은 목숨을 겨우 부지한 채 중국 역사상 최초의 감옥인 유리성羑里城에 갇힌다.

이피게네이아를 희생하게 만든 것은 어디까지나 욕망에 눈이 먼 애비 아가멤논의 내적 충동에 의한 선택 때문이었다. 하지만 희창은 자신의 의지와는 반대로 자식의 죽음을 받아들일 수밖에 없었고, 심지어 자식의 인육을 삼켜야만 했다. 하여 희창의 고통은 아가멤논의 그것과는 차원이 다르다. 절망에 빠져 모든 것을 포기할 법한 상황에서도, 희창은 끝내 희망의 끈을 놓지 않고 〈주역周易〉을 엮어낸다.

〈주역〉이란 대체 어떤 책인가.

〈역경易經〉이라고도 불리며 사서삼경 가운데에서도 최고의 경전으로 꼽히는 저작이다. 주로 유가에서 열심히 연구한 경전이지만 다른 제자백가들도 귀히 여길 정도로 두루 통하는 바가 있는 책이다. 역易은 '바꾸다' 혹은 '바뀌다'라는 의미를 지닌다. 〈주역〉의 행간을 파악하자면, 결국 변화에 대한 연구서라고 말할 수 있다.

〈주역〉책장을 넘기다 보면, 학창 시절의 한 순간이 생생하게 떠오른다. 국어 수업 시간이었다. 선생님이 수업 도중 칠판에 점을 하나 딱! 찍더니 "이게 뭐 같아?"라고 물었다. "점이요!" 우리는 이구동성 대답했고, 선생님은 이렇게 말했다.

"그렇지? 이게 점點이야. 너희들 요즘 많이 불안하지? 고3이 되었으니 여기저기 점占도 좀 보고 다닐 거야. 그런데 점쟁이에게

보는 점이라는 게 말이야, 이렇게 커다란 칠판 한가운데 작디
작은 점 하나를 찍는 거랑 똑같은 행동이야. 칠판의 넓이만큼
이나 무한한 가능성 가운데, 겨우 점 하나 크기의 선택지라는
말이지. 내 말 무슨 말인지 알겠어?

결국 점을 본다는 것은 수많은 선택 가운데 겨우 알게 된 한 가
지의 가능성에 목을 매는 무모하고 어리석은 행동일 뿐이야.
무한한 가능성과 미래를 내팽개치고 말이야.”

다가올 미래가 두려워 발만 동동거리던 수험생 제자들에게
선생님은 ‘알 수 없는 미래’에 대한 화두를 던졌다. 그 시절 불
안한 고3 수험생들, 그리고 그보다 서너 배는 더 불안해하던
수험생의 어머니들이 찾는 곳을 흔히 철학관哲學館이라 불렀
다. 철.학.관. 말 그대로 ‘철학하는 집’이란 뜻이다. 아마도 이
런 명칭으로 불리게 된 이유는 〈주역〉이라는 제자백가 최고
의 철학서 때문이 아닐까.

〈주역〉이 무슨 책이에요? 누군가 묻는다면 가장 간단하고
명쾌한 답은 ‘삼천 년 전부터 내려오는 점치는 책!’이 될 것
이다. 반면 가장 모호하지만 지혜로운 답은 다음과 같다. ‘〈주
역〉이란 인간의 생래적 한계를 받아들이고 우리를 둘러싼 만
물의 무궁무진한 변화를 인정하며, 우리 인지의 한계 저 너

머의 것에 대해서는 겸허해지기 위한 책이야!' 공자는 군자가 두려워해야 할 것 세 가지 가운데 '천명'을 으뜸으로 꼽았다.(〈논어論語〉 계씨季氏) 천명을 두려워하라는 가르침은 다시 말해 우리에게 주어지는 운명 앞에 겸허해지라는 의미다.

얼마 전 뉴스에서 자다가 봉창 두드리듯 〈주역〉의 점괘가 심심찮게 들려와 놀랐다. 〈주역〉을 대중에게 널리 알렸다는 기특한 마음도 잠시, 화천대유化天大有니 천화동인天火同人이니 하는 회사 이름은 모욕적이다. 화천대유나 천화동인은 정조 임금도 좋아했다던 대길大吉의 괘다. 하지만 여기서의 대길은 온 백성과 더불어 나누는 행운이다. 특정인 몇 명이 불법을 통해 투자금의 수십 배 아니 수백 배씩 챙기며 자신의 욕심을 채우는 협잡 따위에 붙일 수 있는 괘가 아닌 것이다. 더러운 욕망의 시궁창에 〈주역〉의 순수가 더럽혀진 기분이다. 〈주역〉의 본의에 어긋난 채 인간의 탐욕을 끝 간 데 없이 밀어붙이는 회사 따위에게 주어질 수 있는 명칭이 아니기에, 차오르는 분노를 감당키 어렵다.

세상사에 통달한 모습을 보여주는 공자조차 〈주역〉이 뿜어내는 아우라에 종종 의지했다. '위편삼절韋編三絶'이란 표현이 있다. 책을 묶는 가죽으로 만든 끈이 세 번 끊어질 정도로 열심히 독서한다는 의미로, 공자가 〈주역〉을 열정적으로 읽는 모습에서 유래한 사자성어다. 〈사기史記〉 '공자세가孔子世家'에 따르면, 공자는 만년에 〈주역〉에 유독 심취하여 죽간을 엮는 가죽 끈을 세 번이나 끊어버렸다. 〈논어〉에는 〈주역〉의 진가를 알아채고 애지중지하는 공자의 마음이 고스란히 드러나 있다.

나에게 몇 년을 더 보태주어

쉰 살이 될 때까지 〈주역〉을 배우게 된다면,

살아가며 큰 허물이 없게 할 것이다.

◆ 〈논어論語〉 술이述而

퇴계退溪 이황李滉 역시 〈주역〉의 매력에 푹 빠진 인물이다.

임금 앞에서 신하가 유학儒學과 관련된 주제에 관해 강의하는 것을 경연經筵이라고 한다. 그 경연 자리에서 퇴계는 이제 갓 임금의 자리에 오른 열일곱 살짜리 임금, 선조에게 '항룡유회亢龍有悔'라는 괘를 설명한다.

"만약 임금이 어진 이를 홀대하고 자신만 성인聖人인 체하거나, 오직 자신만 지혜롭다고 생각하며 세상을 마음대로 주무르려 하고, 아랫사람에게 자신을 낮추려는 의지가 없다면, 재앙을 맞이하게 될 것입니다.

임금께서 이 점을 아신다면, 큰 허물은 없게 될 것입니다."

〈주역〉에서는 인간의 처지를 잠룡潛龍, 현룡見龍, 척룡惕龍, 약룡躍龍, 비룡飛龍, 항룡亢龍에 빗대어 설명한다. 정치 뉴스에서 '대권잠룡'이란 표현을 자주 사용하기 때문에, 여섯 용 가운데 잠룡은 낯익을 것이다. 물에 잠겨 숨어 있는 상태를 일컬어 잠룡, 물속에서 비축한 힘으로 이제 막 세상 밖으로 나오면 현룡, 밖으로 나와 시기와 질투를 받다가 조심하고 두려워하는 상태가 척룡, 하늘로 솟았다가 다시 물에 잠기면 약룡, 하늘 높이 날아오르면 비룡이라 일컫는다. 그리고 마지막으로 하늘 끝까지 올라 더 이상 오를 곳이 없으면 그것이 바로 항룡이다.

잠룡부터 항룡까지 순서대로 처지가 나아짐을 의미하니, 항룡은 최고의 경지에 다다른 상태를 뜻한다. 항룡유회亢龍有悔. 하늘 끝까지 올라가서 내려올 줄 모르는 용은 반드시 후회한다. 퇴계는 이제 막 국정을 시작하는 어린 임금에게 겸손이란 덕목을 가르치려고 항룡을 언급한 것이다. 국정에 임하는 어린 임금에게 무엇보다 겸손할 것을 주문하는 늙은 신하의 충정이다.

지난 2020년 퇴계 서거 450주기를 기리는 행사가 안동에서 열렸다. 국학진흥원은 그의 삶을 다음과 같이 조명하려 한다고 행사의 기획의도를 밝혔다. "행사 주제는 퇴계가 세상을 떠나기 하루 전, 마지막으로 스승을 뵙고 나온 제자들이 〈주역〉을 통해 얻은 겸괘謙卦에서 따왔습니다." 평생 공경과 겸손으로 자신을 완성한 학자에게 바치는 괘는 결국 겸괘였다.

> 옛날에 학문을 배우는 자들은 자신의 수양을 위해서 학문을 닦았는데, 오늘날 배우는 자들은 남의 인정을 받기 위해서 학문을 닦는다.
>
> ◆ 〈논어論語〉 헌문憲問

퇴계는 고향 시냇가에 양진암養眞庵을 짓고 시내의 이름인 토계兎溪를 퇴계退溪로 바꾼 후, 자신의 호號로 삼았다. 굳이 물러나다는 의미의 퇴退로 시내의 이름을 바꾸면서까지 퇴계는 공명을 다투는 관직생활을 꺼렸다. 겸양과 자조의 태도가 사뭇 진지하게 느껴지는 작명 솜씨다. 하지만 임금은 한사코 그에게 관직을 강요했고, 퇴계는 은퇴와 출사를 반복할 수밖에 없었다. 퇴계는 남에게 인정받는 학문이 아닌 스스로의 수양을 위한 학문을 닦았기 때문에 성균관 대사성이란 자리조차 한낱 지푸라기, 초개草介처럼 여기고 버릴 수 있었다.

겸양과 물러남의 자세야말로 〈주역〉이 독자에게 선물하는 가장 큰 교훈이다. 인간이 삼히 어찌 세성사를 모두 알 수 있을 것이며, 하물며 일어나지 않은 일까지 예측할 수 있겠는가.

주 문왕 희창, 공자, 퇴계에 이르기까지 위대한 사상가들이 모두 〈주역〉에 빠져든 이유는 바로 인간의 한계를 수용하는 겸허한 자세를 갖췄기 때문이다.

퇴계의 겸괘가 시간을 거슬러 진시황이나 저 멀리 아가멤논에게 전해졌다면 어땠을까. 그렇다면 장성의 무리한 축조도, 그로 인한 민심의 이반도, 유방의 봉기로 인한 진의 멸망도 없었을 것이다. 또한 트로이를 억지스레 멸망시키는 일도, 이를 위해 자신의 혈육을 희생하는 비극도, 그로 인해 아가멤논이 맞닥뜨린 비참한 죽음도 없었을 것이다. 분서갱유에서 〈주역〉을 빼두었다면 진나라의 운명은 적어도 '십오 년 최단명 통일왕조'라는 불명예를 덮어쓰지는 않았을 것이다.

〈주역〉은 미래에 대해 묻는 책이다. 하지만 섣부르게 미래를 알려고 하지도 않고, 예단하여 누군가를 희생하려 들지도 않는다. 〈녹도서〉나 그리스 신화의 신탁이 미처 다다르지 못하는 미덕이다. 〈주역〉은 그저 질문 자체에 의미를 부여하고, 늘 겸양의 자세로 다가올 미래를 맞이하라는 주문을 던진다. 우리는 인생에서 답을 구하려고 동동거리지만, 때로는 그저 올바른 질문을 던지는 것만으로 인생의 굴곡을 피하거나 삶이 선사하는 행복감을 맛볼 수 있다.

러시아의 대문호이자 사상가인 레프 톨스토이는 '인간에

게는 얼마만큼의 땅이 필요한가?'라는 질문을 던진다. 인간이 행복하기 위해 필요한 재화의 양을 묻는 것이자, 욕망의 한계를 가늠해보는 잣대이기도 하다. 〈세 가지 질문〉이란 단편 소설에서 그는 노골적으로 우리가 스스로에게 물어야 할 세 가지 질문을 제시한다.

첫째, 세상에서 가장 중요한 때는 언제인가?
둘째, 세상에서 가장 중요한 사람은 누구인가?
마지막으로, 세상에서 가장 중요한 일은 무엇인가?

톨스토이는 늘 스스로에게 올바른 질문을 던졌고, 이에 대한 해답을 찾으려 노력했다. 그의 작품에는 나름의 해답이 담겨 있다. 하지만 훨씬 더 중요한 점은 그의 작품마다 차고 넘치는 질문 세례다. 삶을 꿰뚫는 심오한 질문 덕택에 톨스토이는 '작가들의 작가'가 되었고, 수많은 후대 작가들에게 큰 사랑을 받았다. 버지니아 울프는 말했다. "톨스토이는 가장 위대한 소설가이다.《전쟁과 평화》의 작가를 그 외에 뭐라 부를 수 있겠는가?" 또한 제임스 조이스는 이렇게 평가한다. "톨스토이의 〈사람에게는 얼마만큼의 땅이 필요한가?〉는 세계의 문학 가운데 가장 훌륭한 이야기이다." 마지막으로 오르한 파묵은 이렇게 상찬한다. "《안나 카레니나》는 세상에 존재하는 모든 소설을 통틀어 가장 위대한 작품이다."

문학가로서 톨스토이가 받은 수많은 상찬보다 나를 더욱 깊이 울리는 대목은 알렉산드르 솔제니친의 평가다. "이 세상에서 단 한 권의 책만 가지라고 한다면, 나는 주저 없이 톨스토이의 《인생독본》을 선택할 것이다." 솔제니친은 인생을 향해 제대로 질문할 줄 아는 자, 톨스토이의 모습에 자신의 경의와 흠모를 바쳤다.

톨스토이가 인간과 세계를 탐구하여 얻은 지혜를 집대성한 책이 《인생독본》이다. 톨스토이는 《인생독본》에서 여러 차례 공자의 말씀을 인용한다. 그중 가장 인상적인 대목은 다음과 같다.

'자기 자신을 존중하듯이 남을 존중하며,
남이 자신에게 해주기 원하는 바를 남에게 해줄 수 있다면,
그는 사랑을 아는 사람이라 할 수 있다.
이 세상에 그 이상의 것은 없다.'

〈사람은 무엇으로 사는가〉라는 직설적 제목의 소설에서 톨스토이는 주인공의 입을 빌려 이렇게 말한다. "모든 사람은 자신에 대한 걱정이 아닌, 사랑으로 살아간다."

〈주역〉은 미래를 걱정하고 예단하는 책이 아니라, 늘 겸양의 자세로 우리 주변의 이웃을 사랑하라는 가르침을 일깨우는 경전이다.

답은 구할 수 없지만 때로는 질문만으로도 삶이 나아지듯, 알 수 없는 영역은 알 수 없는 대로 묻어두는 것이야말로 삶을 행복하게 만드는 지름길이다.

풍요롭고 안온한 삶을
원한다면

습첩

익히다

배우고 때때로 익히니 즐겁지 아니한가!
〈논어〉 학이

조선 후기의 실학자 이덕무의 별명은 간서치看書痴다.

우리말로 풀이하자면 '책만 보는 바보'다. 이 책만 보는 바보는 정조 즉위 이후 중용됐지만, 그전에는 서얼 출신이라는 이유로 뛰어난 학문을 갖추고도 빛을 보지 못했다. 그럼에도 불구하고 이덕무는 글 읽기를 게을리하지 않았다. 가난한 이덕무는 겨울에도 땔감이 부족해 냉방에서 잠을 자야 했다. 하루는 글을 읽다 잠을 청하는데 너무 추운 나머지 〈한서漢書〉를 덮고, 〈논어論語〉를 병풍 삼아 바람을 막았다는 일화도 전해진다.

선비나 군자가 한가로이 지내며 책을 읽지 않으면 무엇을 한단 말인가!

독서를 하지 않으면

작게는 낮잠을 자거나 바둑이나 장기나 둘 것이요,

크게는 남을 비방하거나 재물과 여색에 힘을 쏟게 될 것이다.

아! 나는 무엇을 할 것인고!

오직 책을 읽을 뿐이로다.

◆ 〈이목구심서耳目口心書〉

　이덕무는 자신의 저서 〈이목구심서〉를 통해 독서에 대한 갈망을 여지없이 드러낸다. 책은 그에게 인생의 설계도이며 존재의 목적 그 자체다. 달콤한 한낮의 오수나 재미난 오락거리는 그의 삶에서 중요치 않다. 우리 모두가 그토록 열망하는 재산과 음식남녀飮食男女의 세계조차, 그에게는 한낱 지나가는 바람일 뿐이다. 간서치라는 별명에 걸맞게 이덕무는 독서에 임하는 자세에 대하여 자신의 뜻을 명확히 밝혔으니, 특별히 네 가지를 실천하라고 강조한다.

　첫째, 책이 익숙해지도록 반복하여 읽는다.

　둘째, 책의 내용과 다른 관점을 비교하며 읽는다.

　셋째, 책을 읽다가 모르는 내용이 나오면 스스로 해결하며 읽되, 확신하지 말고 조심한다.

넷째, 독서하다 잘못된 내용이라고 판단하면 걸러서 읽되, 자신의 생각만 옳다고 독선에 빠지지 말라.

이덕무가 강조하는 독서 습관 가운데 으뜸은 역시나 반복反復이다. 공자 역시 '배우고 때때로 익히니 즐겁지 아니한가(학이시습지 불역열호學而時習之 不亦說乎)'라고 힘주어 말한다. 여기서의 방점은 '습'에 찍힌다. 익힐 습習을 파자하면 깃 우羽와 일백 백白이지만, 본디 처음에는 깃 우羽와 스스로 자自인데 훗날 변형된 것이다. 알에서 깨어난 어린 새가 날갯짓을 연습하여 스스로 날 수 있게 성장한 모습에서 착안한 글자다.

수천 번 아니 수만 번의 날갯짓을 통해 앙상하고 가녀린 날갯죽지가 창공을 휘젓는 튼실한 날개로 변모하는 과정을 상상해보라. 얼마나 많은 노력과 인내가 스며들어 있을까. 배움에는 바로 그런 '익힘'의 담금질이 필요하다. 그 아름다운 성장에는 더디지만 힘 있는 발걸음이 느껴진다.

끝없는 반복과 단련을 통해 기본을 다져놔야, 비로소 다음 단계인 비판적 수용이 가능하다. 내가 해마다 1월 1일이 되면 서가에서 꺼내보는 글이 몇 편 있다. 《월든》이나《숨결이 바람이 될 때》등 아예 책장 한 구석에 따로 모셔두는 책들이 그 주인공이다. 정동진의 해맞이가 주는 감동이 며칠을 못 가는 것처럼, 헨리 데이비드 소로우나 폴 칼라니티의 가르침에 감복하는 것도 잠시, 안타깝지만 몇 달이 지나면 다시 속물스런 나로 돌아가게 된다. 신록이 우거진 여름까지는 월든 호숫가의 청명한 물빛이 가슴에 아로새겨져 있지만, 단풍이 들기 시작하면 이내 마음속에서 목가적인 풍경은 사라지고 옹색하고 비루한 욕망을 흉악하게 덧칠하는 자신을 발견하게 된다. 그래서 좋은 글은 반복해서 읽어야 한다. 저자의 메시지가 멍징하고 가슴에 와닿을수록 그와 정확히 비례하여 실천이 어렵기 때문에, 우리에겐 간헐적 반복 독서가 필요하다.

후한後漢 말, 동우董遇라는 인물은 어려운 환경에 굴하지 않고 공부에 정진해서 황제의 글공부 상대가 되기도 하고 시중侍中이라는 고위직에 오르기까지 했다. 주변의 세인들이 동우에게 공부를 배우고 싶다며 몰려들자, 선뜻 가르치려 하지 않고 이렇게 대꾸했다.

"마땅히 먼저 백 번을 읽어야 한다. 백 번 읽으면 그 뜻이 저절로 일어난다."

진수의 정사正史, 〈삼국지三國志〉 '위서魏書'편에 나오는 이야기로 고사성어 독서백편의자현讀書百遍義自見의 출전이다. 누군가의 가르침보다 반복 독서를 통한 스스로의 깨우침이 더 중요하다는 동우의 진심 어린 조언이다. 동우는 시간이 없어 독서를 못 하겠다는 사람들에게 다음과 같은 가르침을 남겼다.

"세 가지 여가만 있으면 충분히 책을 읽을 수 있다. 겨울은 한 해의 여가이고, 밤은 하루의 여가이며, 내리는 비는 한때의 여가다."

짬이 안 나 책을 못 읽는다는 말은 다 핑계요, 의지만 있다면 언제든 시간을 쪼개 독서할 수 있다는 따끔한 충고다.

다산 정약용은 귀양살이 가서도 자식들에게 공부에 정진하라는 잔소리를 끊임없이 해댔다. '폐족廢族의 자손이 제대로 처신하는 길은 오직 독서뿐이다', '뜻밖의 고난을 당한 너희 같은 젊은이들만이 진정한 독서를 할 수 있다', '학연아! 너의 재주와 총명함이 나 젊은 시절만 못한 것 같다', '둘째 학유야! 너의 재주와 역량은 형보다 못한 듯하다', '너희는 독서에서 마음이 떨어져, 쓸데없는 물건처럼 글자를 보는구나!' 등등 편지의 꾸지람을 읽고 있노라면, 다산의 두 아들이 안쓰러울 지경이다.

아버지의 잔소리 덕분인지는 모르겠으나 다산의 자식들은

학문에 정진해 세인들의 높은 평가를 받았다. 비록 다산의 육신은 저 멀리 강진에 있을지언정 스스로 독서를 실천하는 정신만큼은 자식들에게 오롯이 전달됐기 때문이리라.

시대와 국경을 초월해 이덕무, 동우, 정약용이 서책에 대해 보내는 경의와 열정을 곱씹어보게 되는 밤이다. 책 읽을 겨를이 없다고, 책 읽어서 뭐하냐며, 책을 읽어도 이해가 안 된다는 핑계로 독서를 미뤄온 나를 돌아보게 된다. 이제 인생의 반환점을 돌아가는 시기에, 지금부터라도 배우고 때때로 익히는 즐거움을 맛봐야겠다. 배움이 없는 삶은 공허하다. 내 마음의 행복을 가득 채우기 위해서라도 기쁨의 손길로 책장을 넘겨본다.

우리가 공부를 열심히 하는 이유는 스스로에 대해 잘 알기 위해서다. 책을 읽는다는 행위는 결국 수많은 저자들이 만들어놓은 거울을 통해 자신을 들여다보는 소중한 기회다. 이덕무를 책만 보는 바보라고 놀릴 일이 아니다. 그는 자신이 누구인지, 또한 어떻게 살아가야 하는지 끊임없이 연구한 수도승이자 구도자다.

다산이 초의선사에게 써준 글에는 배우는 사람이 갖춰야 할 덕목을 명시하고 있다. '배움을 위해 필요한 세 가지는 혜

慧, 근勤, 적寂이다.' 초의선사가 주목하는 세 가지는 지혜, 근면 그리고 고요를 의미한다. 다산은 지혜로움이 없으면 굳센 것을 뚫지 못하고, 부지런하지 못하면 힘을 쌓을 수 없으며, 고요함이 결여되면 정밀해질 수 없음을 강조한다.

지혜롭게 열심히 공부에 매진하라는 이야기야 누구나 내뱉는 흔한 충고겠지만, 마지막 키워드 적寂은 바쁘게 살아가는 현대인들이 곱씹어볼 만한 화두다. 우리 현대인들에게 가장 소중한 자원은 누가 뭐래도 관심이다. 우리가 활용하는 대부분의 SNS는 인간의 주의력 혹은 관심이라는 한정된 자원을 활용해 수익모델을 창출해낸다. 페이스북이나 인스타그램에 쏟아붓는 나의 관심은 분주하고 경망스러우며 결정적으로 타인을 향해 촉수를 뻗치고 있다. 가끔은 그 관심을 거두어 스스로의 내면으로 곧추세워보자. 그때 당신에게 찾아오는 선물이 바로 '적'이다. 서늘한 통찰을 통해 자신의 본모습을 들여다볼 때 찾아오는 정신적 고양감이 바로 그 고요함의 정체다.

책을 사랑하고, 책을 곁에 두려하고, 책과의 관계에 진심이라면 책에 관한 친연성이 높다고 할 수 있다. 책에 관한 친연성이 높은 사람일수록 삶을 사색적으로 바라본다. 우리에게 주어진 한정된 주의력을 엉뚱한 남에게 낭비하지 않고 스스로에게 쏟아붓는 종족이야말로 바로 책을 사랑하는 인류다. 뭉근하게 끓여낸 삶의 맛을 아는 인생이랄까. 그런 의미에서 이덕무야말로 책만 아는 바보가 아니라 독서의 본질을 꿰뚫어본 천재라 할 수 있다. 책을 부리는 삶은 얼마나 아름다운가. 비록 가난하여 책의 물성을 활용해 추위를 피한 삶이었지만, 그 내면은 책의 정신이 온전히 깃든 풍요롭고 안온한 삶이었다.

**배우고 때때로 익혀야
나의 삶을 충일하게 채워나갈 수 있다.**

내가 가진 것이
보잘것없어 보여도

비備

갖추다

지위가 없음을 걱정하지 말고,
지위에 서서 행할 것을 걱정하라.
자신을 알아주는 이가 없음을 걱정하지 말고,
알려질 만한 사람이 되도록 노력하라.
〈논어〉 이인

〈장자莊子〉를 읽다 보면, 기夔라는 독특한 동물을 만나게 된다.

다리가 하나뿐인 이 동물은 발이 여러 개인 지네를 부러워한다. 그런데 지네는 다리 없이도 잘 기어 다니는 뱀을 부러워한다. 뱀은 척추와 갈빗대를 써가며 애써 움직이지 않고, 마음껏 날아다니는 바람을 부러워한다. 바람은 세상만사를 볼 수 있는 눈을 부러워한다. 눈은 보이지 않는 것도 볼 수 있다는 마음을 부러워한다.

그 마음에게 누군가 묻는다.

"당신은 세상에 부러운 것이 있습니까?"

마음이 답한다.

"저도 부러운 것이 하나 있지요.

바로 전설 속의 외발 짐승 기夔입니다."

돌고, 돌고, 돌아, 결국 제자리다. 자신의 꼬리를 물고 있는 뱀, 우로보로스를 연상케 하는 일화다. 세상에서 가장 부러운 것은 항상 내가 갖지 못한 것이다. 굳이 프랑스의 정신 분석 학자 자크 라캉의 표현을 빌자면, 인간은 타자의 욕망을 욕망한다. 네가 진짜로 원하는 게 뭐야, 라는 신해철의 노랫말이 가슴에 와닿았던 이유는 우리네 대다수가 진정 원하는 것에 눈을 감고 살아가기 때문이다.

찜찜한 기분이지만 인정할 건 인정하자. 우리네 인간도 '기'라는 동물로부터 그리 멀지 않다. 월급쟁이는 큰돈을 만지는 사업가를 선망의 눈빛으로 바라보고, 자영업자는 꼬박꼬박 월급 나오는 봉급쟁이가 세상 부럽다. 행정병은 일과 시간 후에 휴식이 보장되는 보병이 부럽고, 흙먼지 구덩이에서 땀 흘리며 구르는 보병은 시원한 막사 안에서 컴퓨터 자판 두드리는 행정병이 얄밉다.

누가 옆에서 주식으로 돈을 벌었다더라, 빚내서 산 아파트 가격이 두 배로 뛰었다더라, 혹은 코인으로 인생역전하고 시원하게 퇴사했다더라, 라는 얘기를 들으면 떼굴떼굴 구를 정도로 배가 아픈 게 당연하다. 나는 왜 의연하지 못할까, 나는 왜 이렇게 속이 좁은 것일까, 자책할 필요는 없다. 본디 인간이란 그렇게 설계된 동물이기 때문이다. 어쩌면 부러움이란 감정도 공감 능력만큼이나 생존에 유리한 방어기제가 아니었을까. 하여 시기심은 원시인 시절부터 지금까지 우리의 유전자에 아로새겨진 본능이 아닐까 생각하게 된다.

부러움은 인간 내면의 본질이다. 부럽지 않다는 말은 대체로 거짓이거나, 신포도 심리다. 만에 하나 그도 아니라면, 당신이 정신승리의 달인이란 것을 증명할 뿐이다. 공자도 〈논어〉에서 일찍이 고백했다. "가난하면서 누군가를 원망하지 않기란 여간 어려운 일이 아니다." 내가 갖지 못하면 부러운 것은 당연한 이치요, 심지어 내가 갖지 못하게 된 이유를 남에게서 찾게 되는 경우도 많다.

조선왕조 최악의 암군暗君 선조는 시기심에 눈이 멀어 이순신 장군과 의병장 김덕령을 죽음으로 내몰았다. 남해에서 연전연승하며 왜군의 보급로를 차단한 충무공의 용병술을 시샘하여, 혹독한 고문을 가하고 백의종군을 지시했다. 의병장 김덕령은 어떠한가. 홍의장군 곽재우와 더불어 적의 대군을 여러 차례 물리친 수훈갑의 의병장이었지만, 이몽학의 반란에 가담했다는 무고를 덧씌워 죽음으로 내몰았다.

프랑스의 국왕 샤를 7세는 또 어떠한가. 자신의 왕권이 위태로울 때는 잔 다르크를 중용하지만, 대관식을 치르고 나자 오뉴월 서리 내리듯 살벌하게 돌변한다. 옹졸한 왕은 잔 다르크의 국민적 인기를 시샘해 그녀를 죽음으로 내몬다. 동서고금을 막론하고 군주의 시기심은 언제나 충신의 피를 제물로 삼았다. 한 나라의 지도자가 이러할진대, 우리네 장삼이사에게 시기심을 버리라고 강요하는 것은 가혹하다.

그러니 부러워해도 괜찮다. 다만, 중심을 잃으면 안 된다.

수면 위의 결과만 볼 게 아니라, 그 아래 뿌리 내리고 있는 본질을 파악해야 한다. 코인으로 인생역전을 이룬 사람에게는 언제 휴지 조각이 될지 모르는 암호화폐에 피땀 흘려 모은 종잣돈을 쏟아붓는 용기가 있었던 것이다. 누군가는 무모함이라고 말할지 모르지만 당사자에게는 엄연히 과감한 결단이자 용기다. 결과론에 함몰되어 이 중요한 차이를 잊으면 안 된다.

내가 가진 것이 보잘것없어 보여도, 누군가에겐 부러움일수 있다. 이 점을 간과하지 말고, 명심해야 한다. 라디오 피디라는 직업의 특성상, 나는 절정의 인기를 누리는 가수들을 자주 만나게 된다. 그들은 졸린 눈을 부비며 라디오 생방송 스튜디오에 들어와 푸념을 늘어놓는다. "피디님, 저희 일주일째 밤샘이에요. 단 두 시간만이라도 좋으니 침대에 누워 편히 자고 싶어요." 아무리 큰 부와 명예가 따라와도 하루에 한 시간 쪽잠만 자며 며칠을 보내면, 늘어지게 잘 수 있는 백수를 부러워하게 된다. 하지만 백수는 이렇게 푸념한다. "날밤을 새도 좋으니, 제발 일거리가 있었으면 좋겠네!" 얄궂지만 그게 바로 세상의 이치다.

누군가 주변 이웃이 부자가 되었다는 소문을 듣는다면, 부러워하기에 앞서 나는 그렇게 어마어마한 부를 감당할 수 있는가, 그런 깜냥을 지녔는가, 돌아봐야 한다. 공자는 일찍이 말했다.

"지위가 없음을 걱정하지 말고, 지위에 서서 행할 것을 걱정하라. 자신을 알아주는 이가 없음을 걱정하지 말고, 알려질 만한 사람이 되도록 노력하라."

〈논어〉의 표현을 빌려 말하자면, 돈이 없다고 걱정하지 말고, 내가 그 돈을 감당할 수 있는지 걱정해야 한다. 더 나아가

돈이 내 주머니로 굴러 들어오지 않는다고 걱정하지 말고, 먼저 큰돈을 감당할 만한 사람이 되도록 노력해야 한다.

영화 〈미나리〉로 배우 윤여정은 아카데미 영화제에서 여우조연상을 거머쥐었다. 칠순을 훌쩍 넘긴 노배우의 수상에 모두 한마음으로 축하하지만, 대한민국의 영화팬들은 그 누구도 〈미나리〉의 연기가 그녀의 인생 열연이라고 생각하지 않는다. 김기영 감독의 〈화녀〉, 〈충녀〉에서 시작해 〈바람난 가족〉, 〈죽여주는 여자〉로 이어지는 수십 년 동안의 필모그래피를 통해 그녀는 관객들에게 웅숭깊은 감동을 선사해왔다. 그 노력 끝에 〈미나리〉가 대표로 그녀에게 수상을 안긴 것이다. 공자의 말씀을 따르자면, 배우 윤여정은 아카데미 수상이 없음을 걱정하지 않고, 수상을 맞이했을 때 감당할 만한 배우가 되기 위해 노력해왔다.

공자는 일찍이 단언했다. "학문에 정진하고 인격을 닦으면 지위는 저절로 따라온다." 돈도 마찬가지다. 주식이든 부동산이든 재테크에 성공한 사람들이 말하는 비결은 한결같다. "재밌어서 열심히 공부하다 보니, 일도 술술 잘 풀리더군요." 그들의 성공비결은 몰입이다. 일확천금 해보겠다고 덤비는 사람에게서 돈은 쏜 화살처럼 인정사정없이 달아난다. 반면, 재무제표까지 훑어가며 기업의 가치를 분석하고 금리와 환율을 공부한 사람에게 돈은 스스로 달라붙는다. 누군가 땀 흘려 벌어놓은 큰돈을 부러워하지 말고, 그 열정을 부러워하는 편이 생산적이다. 부러움은 인간의 당연한 본성이다. 다만, 그 아래 똬리를 틀고 숨어 있는 본질을 놓치지 말아야 한다.

부러움을 부러움에서 멈추면 당신도 기蠆와 다를 바가 없다. 엄밀하게 말하자면, 기에서 시작해 지네, 뱀, 바람, 눈, 마음을 거쳐 다시 기로 돌아오는 순환의 굴레에 갇힌 것이나 마찬가지다. 인간의 결핍과 불완전성은 이 가망 없는 시샘의 고리처럼 끝없이 이어질 뿐이다. 무엇인가 혹은 누군가가 부럽다면, 부러움을 인정하라! 다만, 부러움의 본질을 온전히 감당할 만한 깜냥을 먼저 갖춰야 그 부러움은 생산적인 결과를 낳게 된다. 그제야 시기심은 나를 지탱해주는 버팀목으로 탈바꿈하게 되는 것이다.

부러우면 지는 거야!
하지만 부러워해도 괜찮아!
늘 이길 수는 없으니까.

마음의 거리두기

격隔

거리를 두다

> 성인聖人은 시비是非를 조화시키고 하늘의 균형에 맡겨 순응할 것이니,
> 이를 일컬어 옳고 그름이 함께한다고 하는 것이다.
> 〈장자〉 제물론

나이를 먹으면서 바뀌는 것이 어디 한둘이랴 마는, 해가 갈수록 주변에서 듣게 되는 고민의 내용이 심각해진다는 점을 유독 실감하게 된다. 천성인지 학습된 성향인지 모르겠지만 어찌 됐든, 나는 남의 이야기를 잘 들어준다. 누가 하소연 하면 대책은 시원스레 마련해주지 못할지언정 성심껏 들어는 준다. 장점이라고는 찾아볼 수 없는 인간 김훈종에게 오아시스처럼 귀한 미덕이다.

그래서인지 가족이나 친구를 비롯한 주변 지인들의 고민 사연을 자주 듣게 된다. 기실 대부분의 고민은 들어만 주고 공

감만 해줘도 쉽사리 해결된다. 뾰족한 수를 바라기보다는 그저 누군가에게 하소연하고 싶은 경우가 대부분이라 그렇다. 물론 들어만 줘서는 해결이 안 나는 경우도 가끔 있는데, 그럴 때면 티벳 속담을 하나 들려준다.

"걱정을 해서 걱정이 없어지면 걱정이 없겠네!"

그런데 안타깝게도 서너 해 전부터, 한참을 들어주고 티벳 속담까지 말해주었는데도 해결되지 않는 고민이 발생하기 시작했다. 내 주변의 사람들도 나이를 먹어가기 때문일 것이다. 사람이 나이를 먹으면 똑같은 고민도 나잇살을 먹는지 두툼하게 살피듬이 오른다. 이혼을 생각하는 친구도 어찌해야 하냐며 번민을 털어놓기 시작했고, 이직을 심각하게 고민하는 후배도 나타났다.

번뇌에 시름하는 그들에게 내가 건네는 최후의 방책은 고민거리에서 조금 멀어지라는 충고다. 마치 내 일이 아닌 양 제삼자의 시선으로 사안을 바라보라는 조언이다. 그러나 나름 진심을 담은 고언이지만, 씨알도 먹히지 않는다. 강 건너 불구경이라는 둥, 공감 능력이 떨어진다는 둥 온갖 비난에 시달렸다.

지난 서너 해 동안 우리는 코비드 19 때문에 여러 단계의 사회적 거리두기를 실천했다. 바이러스를 피하기 위한 육신의 거리두기만 필요한 게 아니라, 때로는 우리 마음의 건강을 지키기 위한 심리적 거리두기도 필요하다. 이른바 '마음의 거리두기'가 그것이다. 인간관계에서 피치 못하게 벌어지는 여러 가지 갈등과 번민에서 벗어나는 방법 가운데 으뜸은 마음의 거리두기를 실천하는 것이다.

누군가와의 관계에서 숨도 못 쉴 만큼 지치고 힘들어지면 억지스레 그 관계를 고치려 애쓰지 말 것. 차라리 거리를 두고 그 관계에서 벗어나 보는 것도 좋은 방법이다. 세상에는 무조건 지키고 무조건 유지하고 무조건 견뎌야 하는 관계는 없다. 혈연으로 이루어진 가족조차 그럴진대, 대부분의 인간관계는 기러기 깃털처럼 가볍게 훌훌 털어버려도 된다.

"인생은 가까이서 보면 비극이지만, 멀리서 보면 희극이다!"

찰리 채플린의 말로 유명한 경구다. 원문은 영화감독답게 '삶은 클로즈업하면 비극, 멀리서 찍으면 희극'이다. 어린 시절 나는 채플린의 혜안에 감탄했다. 어느 가정이든 자세히 들여다보면 걱정거리 하나씩은 다 있단다, 정도의 자기 위안으로 읽었다. 아무리 겉보기에 화려하고 멋져 보여도 속살과 민낯을 뒤지면 실망하게 되어 있다는 세상의 이치를 알려주는 경구라고 생각했다. 하지만 불혹을 훌쩍 넘긴 이즈음 똑같은 경구가 달리 보인다. 고난의 보편성과 너나없이 시궁창이라는 피장파장의 미학을 보여준다고 생각했던 경구였지만, 이제는 마음의 거리두기가 얼마나 중요한지 역설하는 채플린의 통찰로 읽힌다.

누구나 살다 보면 환멸을 느끼게 되는 일들을 겪게 마련이다. 혹여나 인생에서 슬픔이나 억울함 때문에 밤을 지새우지 않았다면, 당신은 억세게 운이 좋거나 로빈슨 크루소일 가능성이 농후하다. 기가 막힌 운을 타고나지도 않고 사회적 관계에서 자유롭지 못한 우리들 대부분은 삶이 선사하는 걸림돌에 휘청대고 넘어지고 주저앉는다. 하지만 애써 걸림돌을 채집해 현미경 아래 놓고 클로즈업해서 들여다볼 필요는 없다. 그저 툭툭 털고 일어나 저 고개 너머까지 걸어간 후 멀리서 한번 굽어보면 그만이다. 마음의 거리두기는 이렇게 실천해야 하는 것이다. 인생에서 맞닥뜨리는 괴로움에 집착하지 말지어다. 그저 멀리서 흘깃 눈길 한 번 주고, 나의 길을 다시 가면 된다. 뚜벅뚜벅.

세상사 마음의 회복탄력성을 기르는 것도 중요하지만 때로는 괴로움에서 그저 벗어나는 자기충족적 방법론도 유용하다. 이른바 삼십육계三十六計 주위상책走爲上策. 〈삼십육계〉는 명말 청초에 편찬된 병법서다. 모두 여섯 장으로 구성되어 있고, 각 장에는 여섯 계책이 포함되어 있다. 하여 서른여섯 가지 병법이 나열되어 있는데 공성계, 미인계, 반간계, 고육계 등 〈삼국지연의〉나 〈전국책〉 등에 언급된 수많은 계책들이 망라되어 있다. 온갖 계책을 동원하여 전투를 치르다가 도저히 승산이 나지 않을 경우에는 마지막 서른여섯 번째 계책, 즉 달아나는 것이야말로 최선의 방법이라고 말한다.

사람들은 흔히 퇴사나 이혼을 비겁한 도망이라고 매도한다. 하지만 사직서를 제출하는 행동이나 이혼이야말로 가장 용기 있는 결단이다. 줄행랑도 아무나 결행하는 것이 아니다. 관계가 파탄이 나도 관성에 떠밀려 밖으로 한 발자국도 내딛지 못하는 사람들이 태반이다. 그 안에 갇히면 그 세상이 전부인 것처럼 느껴지기 때문에, 줄행랑치려면 내 세상이 무너지는 고통을 감내해야 한다. 껍질을 깨부수고 뛰쳐나올 수 있는 줄탁동기啐啄同機의 용기가 필요한 것이다. 실상 밖으로 나와 보면 깨닫게 된다. 내가 전부라 믿었던 관계가 내 삶의 일부에 불과하다는 진실을. 마음의 거리두기를 실행하려면 때론 용감하게 던질 줄 알아야 한다.

저공이 원숭이들에게 도토리를 주면서 말했다.

"자, 오늘부터 아침에는 세 개, 저녁에는 네 개씩 도토리를 나눠

줄 터이니 그리 알거라."

그러자 원숭이들이 모두 불같이 화를 냈다.

그래서 다시 저공이 "좋다. 그렇다면 아침에 네 개, 저녁에 세

개를 주겠다"라고 말하자, 원숭이들이 모두 기뻐했다.

◆ 〈장자莊子〉제물론齊物論

우리가 흔히 사용하는 고사성어 조삼모사朝三暮四의 출전이
되는 일화다.

이 이야기는 〈열자〉에도 나오는데 조금 더 자세히 전후 사
정을 풀이하자면 다음과 같다. 송나라에 저공이라는 사람이
있었는데 원숭이를 사랑하여 여러 마리를 길렀다. 저공은 원
숭이들의 뜻을 파악할 수 있었으며, 원숭이들 또한 저공의 마
음을 헤아렸다. 저공은 집안 식구들의 먹거리를 줄여 가면서
원숭이의 식욕을 채워 주었다. 그러나 얼마 지나지 않아 식량
이 고갈되자 장차 그 먹이를 줄이려고 했으나, 원숭이들이 말
을 듣지 않을 것을 우려하여 먼저 속임수를 써서 말했다.

조삼모사를 사전에서 찾으면 '자기의 이익을 위해 교활한
꾀를 써서 남을 속이고 놀리는 것을 이르는 말'이라고 풀이한

다. 오늘날에 와서는 원숭이의 어리석음에 초점을 맞추는 경우도 많고, 변덕이 죽 끓듯 심하다는 의미로 쓰이기도 한다. 아무튼 속이는 교활함이나 속는 어리석음이나 부정적인 함의로 가득한 사자성어다. 모두 〈열자〉의 조삼모사 이야기를 바탕으로 파생된 의미다. 하지만 조삼모사에 대한 〈장자〉의 해석은 전혀 다르다. 원숭이들에게 도토리를 나눠주는 이야기의 앞뒤에 붙은 원문을 살펴보자.

> 마음을 괴롭혀 억지로 하나가 되려고 하지만, 근본을 캐보면 본디 같은 것임을 알지 못하니, 이를 일러 조삼朝三이라고 한다. 어떻게 조삼이란 말이 나왔는가?
>
> (중략)
>
> 명분도 실리도 다름이 없는데 기뻐했다 화를 냈다 하는 것도 이와 마찬가지 이유다. 성인聖人은 시비是非를 조화시키고 하늘의 균형에 맡겨 순응할 것이니, 이를 일컬어 옳고 그름이 함께한다고 하는 것이다.
>
> ◆ 〈장자莊子〉 제물론齊物論

장자는 원숭이들의 변덕과 까탈에도 자연스럽고 의연하게 대처하는 저공의 자세를 강조하고 있다. 저공은 우리 인간의 관점과 시비를 원숭이에게 강요하지 않고, 도리어 원숭이의 견해를 받아들여 아침에 세 개를 아침에 네 개로 바꾼 것이다. 하늘의 균형이란 나의 편견에 사로잡힌 옳고 그름이 아니라, 세상의 만물이 부여하는 시비다. 이른바 전면적 진실의 추구랄까.

상대주의적 관점에 따르면 아침에 세 개가 옳을 수도 있고 아침에 네 개가 맞을 수도 있다. 허나 우리네 장삼이사들은 조삼모사가 옳다, 아니다 조사모삼이 옳다, 핏대를 세워가며 자신의 주장을 관철시키기 위해 울부짖는다. 이 얼마나 어리석은가. 아침이라는 시계열을 고작 하루 종일로 바꾸기만 해도, 조삼모사와 조사모삼이 결국 하나임을 쉽사리 깨달을 수 있다.

한번 들어간 회사는 정년퇴직 할 때까지 다녀야만 하고, 한번 맺은 인연은 죽음이 갈라놓을 때까지 이어져야 한다는 생각이 바로 대표적인 조삼朝三이다. 일이 부대끼고 벅차면 퇴사하고 다른 일을 찾을 수도 있는 것이다. 또 배우자와 도저히 마음이 맞지 않으면 헤어지고 다른 반려를 찾는 것도 좋은 방법이다. 이 유연한 태도야말로 도리어 저공이 원숭이에게 대처하듯 의연하고 자연스러운 인생 노정이다.

기나긴 인생이란 관점에서 바라보면, 비겁한 도망이라고

매도당한 행동이 도리어 새로운 커리어를 위한 초석이 될 수도 있고, 누군가와 헤어지고 더 좋은 사람을 만나는 일도 허다하다. 이 직업만이 내게 주어진 유일한 소명이고, 이 사람만이 내게 허락된 유일한 사랑이라는 헛된 망상에서 벗어나기만 하면 된다.

누군가 힘들고 지친다고 하소연하면, 나는 늘 인생의 시계열을 최대한 줌아웃해서 멀리 바라보라고 충고한다. 어려운 일이겠지만 조금 떨어져 제삼자의 시선으로 지켜보는 것도 훌륭한 대안이다. 아무리 괴로운 일도 과몰입에서 벗어나 조금 냉정하게 바라보면, 사실 별일 아니다. 죽을 일도 아니고, 낙담할 일도 아니며, 기죽을 일도 아니다.

'옳고 그름이 함께한다'는 의미는 얼핏 모순되어 보이지만 이 문장에는 진실이 그득 담겨 있다. 실상 시시비비가 긴 안목으로 바라보면 결국 하나로 수렴함을 의미하는 것이다. 최대한 멀리 바라보고 냉정한 관점을 유지하는 것이 바로 마음의 거리두기다. 힘들고 지친 영혼들에게 고하노니, 마음의 거리두기를 한번 실천해보시라. 채플린의 말마따나, 당신의 삶이 비극에서 희극으로 바뀔 것이다.

걱정이나 괴로움에 함몰되지 말 것.

때로는

마음의 거리두기도 필요하다.

시간과 공간도
소유하지 않는 마음

무無

없다

> 있음有이 이로움을 만드는 것은,
> 없음無이 쓰임새를 만들기 때문이다
> 〈도덕경〉 11장

우리가 살아가는 세상은 본디 부조리와 모순으로 가득 차 있다.

아니, 도리어 이치대로 흘러가는 일이 과연 얼마나 될까 싶다. 이성, 순리, 합리로 완성되는 일은 가물에 콩 나듯 드물다. 세상은 참혹하고 허무하며, 우리네 대부분은 세상의 불합리와 모순 앞에 한없이 무력하다. 하여 가끔이지만 순리대로 착착 이루어지는 일을 목도할 때마다 감사한 마음이 가슴을 덥히고 울컥 눈물을 떨구게 만든다.

모순으로 점철된 우리네 인생이지만, 가끔은 견디기 어려울 정도로 심하다 싶은 순간을 맞닥뜨리게 된다. '제발 조용히 해! 시끄러워!'라고 고래고래 소리 지르는 경우, 라면 끓일 때 안 먹는다고 해놓고는 '한 입만'을 갈구하는 경우, 마지막으로 법정 스님의 수필집《무소유無所有》초판 저자 친필 서명본을 찾아 헤매는 장서가의 경우가 그러하다. 무소유의 정신으로 마음을 비우려고 읽는 책인데, 한정판에 목을 매는 행동은 볼썽사납기 그지없다.

책의 제목이기도 한 무無.소所.유有.
나를 비롯한 세속의 무리들은 법정이 살아생전 사용하던 물건을 열거하며, 그가 무소유 정신을 실천했다고 상찬한다. 낡은 라디오, 일회용 면도기, 탁상시계, 펜과 잉크, 액자, 책 몇 권이 유품의 전부일 정도로 법정은 무소유를 실천했다. 길상사 건립 당시, "길상사는 가난한 절이 되었으면 합니다!"라는 창건법문이 화제가 되기도 했다.

세상사 말이 앞서는 경우가 태반이다. 왕양명王陽明이 목 놓아 주창했지만, 지행합일知行合一의 길은 결코 쉽지 않다. 그러나 법정의 삶을 돌아보면, 도리어 행동이 말을 앞지른 것 같아 숙연한 기분마저 든다. 법정의 유품사진집을 가끔씩 펼쳐볼 때마다 세상에 이렇게 맑은 삶도 있구나, 탄복을 멈출 길 없다. 맑은 녹차 한 잔과 더불어 사진을 응시하고 있노라면, 카메라 렌즈로는 미처 담아내지 못한 소박함과 한없이 자신을 낮추는 그의 겸양이 마음으로 전해진다. 이심전심以心傳心이랄까, 혹은 염화미소拈華微笑랄까.

한겨울 엄동설한에 오대산 오두막에 들어앉아, 직접 진흙으로 빚은 화로에 무쇠 주전자를 올려 차를 끓여 마시는 스님의 모습이 눈에 선하다. 겨우 차 한 잔 나올 법하게 작디작은 무쇠 주전자는 소담하고 앙증맞지만, 작은 거인이라도 되는 듯 중후한 아우라를 뿜어내고 있다. 고작 주전자 하나지만 스님이 실천한 일상의 정신적 고양이 느껴진다.

삶을 영위하는 데 쓰이는 일상의 물품들이 간소한 것은 물론이요, 마지막 죽음을 맞이하는 방식조차 실로 법정다운 모습이었다. 시인 류시화가 전한 그의 유지遺志는 세상 어떤 연꽃보다 맑고 향기롭다.

절대로 다비식茶毘式 같은 것은 하지 말거라.
이 몸뚱어리 하나를 처리하기 위해,
소중한 나무를 베지 마라.

내가 죽거든 강원도 오두막 앞,

늘 좌선하던 바위에 얹어놓고

남아 있는 땔감으로 화장해다오.

수의壽衣도 절대 짓지 말고

입던 옷 그대로 태워라.

그리고 타고 남은 재는

봄마다 나에게 아름다운 꽃 봉양을 해주던

오두막 옆 철쭉나무에 뿌려다오.

그것이 내가 그 나무에게 보답하는 길이다.

영화 〈툼레이더〉의 촬영지로 널리 알려진 앙코르와트 유적지는 인류 역사상 쉽사리 찾아볼 수 없는 수준 높은 건축물이다. 특히나 방추형 석탑과 부조浮彫로 화려하게 장식된 회랑이 압권이다. 건축물의 위용이 얼마나 웅장하고 아름다운지 안 본 사람은 있어도, 한 번 본 사람은 없다는 풍문이 전해질 정도다. 그만큼 재방문율이 높아, 오늘날 캄보디아를 먹여 살리고 있는 유적지다.

12세기 초반 크메르의 군주 수히아바르만 2세는 자신의 무덤에 '수도首都의 사원寺院'이라는 이름을 달아, 앙코르와트를 건립했다. 수히아바르만 2세 역시 진시황처럼 죽음의 공포를 극복하지 못했다. 하여 세계의 보존과 유지를 담당하는 신神, 비슈누와의 합일을 꿈꾸며 이 장엄한 건축물을 축조했다. 건축의 목적이라는 측면에서, 이집트의 피라미드 혹은 진시황의 병마용과 정확히 궤를 함께하고 있는 사원이다.

일국의 왕이나 파라오나 황제조차도 두려움에 사로잡혀 불가사의 수준의 건축물을 짓게 만드는 것이 바로 죽음이라는 존재다. 그들의 질서정연한 삶도 죽음이란 괴물 앞에서 균열을 면치 못했다.

하지만 법정에게만큼은 다르다. 그에게 죽음은 다과를 즐기며 담소를 나눌 수 있는 친구처럼 살갑고 다정한 존재다. 앙코르와트, 피라미드, 병마용 축조에 동원되어 죽어나간 수많은 사람들의 귀중한 목숨이 무색하게도, 법정은 화장할 때 쓰일 땔감조차 살뜰하게 아꼈다. 땔감이 될 나무의 생명조차 인간과 더불어 윤회하는 소중한 동반자로 여기기 때문이다.

영생을 얻고자 수많은 백성들을 사지로 몰아놓고, 피라미드와 병마용을 축조한 이집트의 파라오와 진시황은 나무 한 그루조차 소중히 여긴 법정의 고결한 마음을 감히 짐작이나 할 수 있었을까. 건축물 축조에 희생된 수많은 사람들의 피와 법정이 아낀 나무 한 그루의 생명을 비교히자니, 그 가늠할 수 없는 간극에 정신이 아득해진다.

법정이 이생에서 보낸 시간은 온전히 무소유를 실천한 삶과 죽음이었다. 지금까지 나열한 행적도 감동적인데, 놀랍게도 법정은 한 발 더 나아간다. 그는 입적 이후 자신의 이름으로 나온 책을 더 이상 출판하지 말아달라는 유언을 남겼다. 위대한 사상가나 종교 지도자들도 현세의 삶에서야 수행, 금욕, 희생을 실천하지만, 자신의 사상과 철학이 담긴 저작을 남기는 데에는 욕망을 앞세우기 마련이다. 법정은 그마저도 피한 것이니, 그 철저함에 존경을 넘어 두려움마저 느껴진다. 외경 畏敬이란 단어는 이럴 때 사용하는 것이다.

"이제 시간과 공간을 버려야겠다."

입적 직전 남긴 마지막 법어는 공허한 메아리나 화려한 수사가 아니라, 그의 삶과 죽음을 압축하고 상징하는 견고한 문장이다.

서른 개의 바퀴살을 하나의 살통으로 모은다.
살통의 없음無 덕분에 수레의 쓰임이 있다.
찰흙을 주물러 그릇을 만든다.
그릇의 없음無 덕분에 그릇의 쓰임이 있다.
벽을 뚫어 문을 만들고 방을 만든다.

그 없음無으로 인해서 방의 쓰임이 있다.

그러므로 있음有이 이로움을 만드는 것은,

없음無이 쓰임새를 만들기 때문이다.

◆ 〈도덕경道德經〉11장

직관적으로 가장 이해하기 쉬운 그릇의 비유로 노자의 가르침을 해석해본다.

찰흙을 빚고 구워 주발을 하나 만들었다고 가정해보자. 주발이 손에 잡히지만 그것을 밥그릇이나 국그릇으로 사용할 수 있는 이유는 손에 잡히는 주발 때문이 아니요, 주발이 만들어낸 텅 빈 공간 덕분이다. 여기서의 무無는 허虛로 해석하면 이해가 쉽다. 의역하자면 다음과 같다. '찰흙을 주물러 그릇을 만든다. 그런데 하필 그릇이 비어 있기에 그 쓰임이 있는 것이다.' 없음이 있기에 있음이 빛을 발한다는 보완의 원리를 보여준다.

〈도덕경〉이 선사하는 이 어려운 가르침을 법정은 온전히 이해하고 실천했다. 무소유의 정신을 삶의 영역으로 끌어오고 심지어 죽음의 길에까지 동행했다. 없음을 오롯이 실천한 그의 행적은 역설적으로 있음이 빛을 뿜어내는 삶을 가득 메웠다. 불필요한 것들을 비워냄으로써 도리어 필요한 것에 몰입할 수 있었던 셈이다.

"무엇인가를 갖는다는 것은 다른 한편 무엇인가에 얽매인다는
뜻이다.
소유란 아무것도 갖지 않는 것이 아니라 불필요한 것을 갖지 않
는 것이다."

《무소유》의 수많은 가르침 가운데 유독 가슴 깊이 남는 문
장이다. 《무소유》를 일독하던 날, 문득 온 집 안을 찬찬히 둘
러보았다. 입지도 않는 옷이며 차지도 않는 시계, 읽지 않는
책, 쓰지 않는 그릇, 먹지 않는 냉동식품이 집 안을 가득 채우
고 있었다. 필요와 불필요를 가르는 분별이라고는 찾을 길 없
는 삶이었고, 안타깝게도 그 분별은 여전히 나를 찾아오지 않
고 있다.

불필요한 것을 소유하는 경험이 없음에 수렴하는 법정의
삶, 반면, 불필요한 물건이 산더미처럼 쌓여 있는 나의 삶. 무
無와 유有, 그 무시무시한 비대칭성에 압도당해버린 채, 그저
《무소유》를 읽을 때마다 한 번씩 마음의 때를 지워내고 마음
의 짐을 덜어내고 있을 뿐이다. 그야말로 간헐적 무소유의 실
천이요, 법정의 큰 뜻을 실천하지 못하는 어리석은 중생의 도
저한 발버둥일 뿐이다.

덧.

수필집 《무소유》가 절판되고 얼마 지나지 않아, 인터넷 중고 거래 사이트에 《무소유》 중고책이 여러 권 올라왔다. 판매 희망가격 가운데 무려 80만 원이라는 얼토당토않은 주문가도 있었다. 《무소유》를 읽은 독자로서 그런 가격을 올렸다면 용서가 어려울 터. 차라리 어디서 책을 주워온 소유자이기를 기원해본다. '있음이 이로움을 만드는 것은, 없음이 쓰임새를 만들기 때문이다'라는 〈도덕경〉의 가르침이 이렇게 현실화되는구나 싶어, 나는 실소를 참을 수 없었다. 자신의 고귀한 뜻과는 반대로 수십 배에 달하는 가격으로 중고책 품귀현상이 벌어졌음을 알게 된다면, 과연 법정 스님은 다음 세상에서 어떤 표정을 짓고 있을지 자못 궁금해진다.

내 마음이 더러운 욕망으로 얼룩질 때마다,
문득 오대산 오두막 옆 철쭉나무가 그리워진다.

행복으로
다가가는 비결

중中

치우치지 아니하다

안회가 말했다.
"저는 앉아서 모든 것을 잊을 수 있게 되었습니다."
공자가 깜짝 놀라 물었다.
"앉아서 모든 것을 잊는다는 것,
이것이 대체 무엇이냐?"
안회가 답했다.
"몸을 잊고, 지혜를 잊는 것입니다.
몸을 떠나고 지혜에서 떠나면 큰 도道와 하나가 되는데,
이것이 바로 좌망坐忘입니다."
〈장자〉 대종사

앞서 나만의 개똥철학으로 《무소유》를 읽어내고 공유해봤다.
이런 방식으로 《무소유》를 독해하는 것도 나쁘지는 않다. 다만
법정의 정수를 놓친 것일 수도 있으니, 지금부터는 장자와 어
깨를 나란히 하고 걸으며, 무소유의 참된 의미를 만끽해보자.

수필집《무소유》에는 재미난 일화가 한 편 실려 있다. 하루는 법정 스님이 시내에 용무가 있어 버스를 타려고 정류장으로 향했다. 저 앞에 정차한 버스를 타려고 뛰었는데, 그만 버스가 떠나버렸다. 심지어 하루에 몇 번 운행하지 않는 귀한 버스였다.

조금만 일찍 정류장에 나올 걸, 법정은 스스로 후회하고 원망했다. 그러자 마음이 불편해지고 이내 고통이 찾아왔다. 불현듯 고통에 빠진 법정의 마음에 놀랍게도 한 줄기 깨달음이 찾아왔다.

'아, 내가 너무 빨리 정류장에 도착했네. 내가 탈 버스는 뒤에 오고 있는데!'

법정은 다시 차분해진 마음으로 다음 버스를 기다리며 사색과 독서를 즐겼다.

간발의 차이로 놓친 버스가 내가 탈 버스라고 생각하니, 우리는 고통에 빠지는 것이다. 이미 지나간 버스를 내가 타야 할 버스로 상정하는 것, 이것이 바로 '소유'의 개념이다. 법정의 무소유는 단순한 재화의 유무만을 판가름하는 잣대가 아니라, 삼라만상의 번뇌에서 벗어나는 마음가짐을 의미한다. 무소유의 참된 의미는 낡은 라디오, 펜과 잉크, 소담한 주전자처럼 법정의 소박한 소유물에서 찾을 수 있는 것이 아니다. 그 정수는 함부로 욕망하고 단정하지 않는 열린 마음에 담겨 있다.

군대에서 배식을 받을 때, 내 바로 코앞에서 프라이드치킨이 동나면 그렇게 속이 상할 수가 없었다. 작전에 실패한 군인은 용서할 수 있지만, 배식에 실패한 군인은 용서할 수 없다, 는 군대 우스개가 있다. 혈기왕성한 스무 살 장정에게 치킨 없는 식판은 오아시스 없는 사막이었다. 이등병 김훈종의 마음이 원망으로 가득 찬 이유는 치킨을 먹어야만 한다고 내 멋대로 마음속에서 정해버렸기 때문이다. 하지만 치킨 없는 배식이 내가 먹을 끼니라고 생각하면 메마른 사막에서도 촉촉한 물기를 느낄 수 있다.

경제 뉴스에 특정 주식이 급등했다는 소식이 실리면, 우리 모두는 백팔번뇌에 빠져든다. 아, 나도 알았는데. 아, 언택트 시대가 올 줄 알았는데, 나는 왜 그 주식을 사지 못했을까. 그 주식을 쓸어 담았어야 하는데… 허나 일 년 전 그 주식은 내가 소유할 주식이 아닌 것이다. 내가 탈 버스가 아니고, 내가 먹을 반찬이 아닌 것처럼 말이다.

내가 주식시장에 주목했더라면 그 주식을 왕창 매수했을

텐데, 라고 멋대로 규정해버리는 것도 소유의 구렁텅이에 빠졌음을 의미한다. 내가 살 주식은 아직 내 주식 계좌에 들어오지 않았다. 주가 급등 뉴스에 마음이 혹했다면, 지금부터라도 재테크를 공부하고 주식 투자를 하면 된다. 이것이 진정한 무소유의 자세다. 생각의 틀에 갇히지 말고 자유롭게 나만의 길을 택하는 것, 바로 패러다임의 전환이다.

얼마 전 텔레비전으로 남미여행기를 재미나게 보다가, 문득 무소유의 깨달음을 얻은 기억이 있다. 중년에 접어든 출연자는 페루행 비행기에 올라탔고 리마, 이카, 나스카, 쿠스코를 경유해 마침내 마추픽추 전망대에 오른다. 하필 가는 날이 장날이라고 마추픽추는 안개에 뒤덮여 한 치 앞도 보이지 않는다. 이번 여행의 기획의도는 한마디로 마추픽추를 보러 달려온 여정이었다. 그러니 속이 상할 수밖에. 자욱한 안개 앞에서 실망감을 감추지 못한 채, 새벽부터 몰려온 전 세계 관광객들과 함께 우두커니 주저앉은 출연자는 소감을 전한다.

"안개 때문에 마추픽추를 못 보게 되자, 울컥하게 되더군요. 실망감에 주저앉아 있는데 한 줄기 깨달음이 찾아왔어요. 다 좋을 수는 없다. 어찌 보면 그동안의 여정이 행운이었고 감사한 것이었구나."

신선의 비급秘笈이라도 받았다면 모를까, 날씨는 우리네 인간의 소관이 아니다. 하지만 절경을 찾아가는 여행객들은 늘 멋대로 마음속으로 규정한 채 여정을 떠난다. '나는 비도 안개도 없이 화창한 백록담을, 천왕봉을, 대청봉을, 향일암을, 간절곶을 그리고 마추픽추를 보게 될 것이야.' 이것은 완벽하게 소유에 갇혀버린 마음이다. 그런데 그 실망하던 출연자가 '소유'의 속박을 버리고 무소유의 정신에 가까워지자, 놀랍게도 안개가 걷히며 마추픽추는 그 찬탄할 만한 비경을 오롯이 드러냈다.

'은메달리스트보다 동메달리스트가 행복하다'는 유명한 심리 실험 결과가 있다. 은메달리스트는 금메달을 목에 걸고 있는 자신의 모습을 마음속에서 멋대로 규정해버렸기 때문에 괴로운 것이다. 다시 말해 이것은 '소유'의 태도다. 반면 동메달리스트는 메달을 걸지 못할 수도 있다는 상황이 마음속에 규정되어 있기 때문에, 도리어 만족감이 높다. 법정의 무소유를 제대로 실천하려면, 은메달리스트가 되더라도 제멋대로 집착하지 말고 흔들리지 말지어다.

행복에 대한 현대인들의 강박도 일종의 '소유'다. 영화나 드라마를 보면 주인공이 주먹을 불끈 쥐고 내지르는 함성을 종종 듣는다. 하지만 현실에서 그렇게 아드레날린을 뿜어내며 즐거워할 일은 평생에 한두 번이다. 그나마 당신이 억세게 운이 좋다면 말이다. SNS를 두어 시간만 들여다보면, 온 세상이 행복으로 가득하다. 해외여행에, 명품에, 호텔 스위트룸에, 미슐랭 맛집으로 온통 도배되어 있다. '아, 나도 저들처럼 누리며 행복해야지.' 억지스레 남과 비교하며 스스로에게 행복을 강요하는 것 역시 잔인한 폭력이다. 행복하지 않아도 괜찮다는 마음이야말로 행복으로 다가가는 비결이자 무소유를 실천하는 길이다. 행복하지 않은 인생도 존중받아 마땅한 삶의 여러 양식 가운데 하나일 뿐이다.

안회가 공자에게 말했다.
"저는 좀 나아졌습니다."
공자가 물었다.
"무슨 의미이냐?"
"저는 인의仁義를 잊었습니다."
"좋구나. 허나 아직 부족하다."

다음에 다시 안회가 말했다.
"저는 좀 나아졌습니다."
공자가 물었다.

"무슨 의미이냐?"

"저는 예악禮樂을 잊었습니다."

"좋구나. 허나 아직 부족하다."

다음에 또 다시 만나 안회가 말했다.

"저는 좀 나아졌습니다."

공자가 물었다.

"무슨 의미이냐?"

"저는 좌망坐忘을 할 수 있게 되었습니다."

공자가 깜짝 놀라 물었다.

"좌망이란 무엇이냐?"

안회가 답했다.

"몸을 잊고 지혜를 잊는 것입니다.

몸을 떠나고 지혜에서 떠나면 큰 도道와 하나가 되는데,

이것이 바로 좌망입니다."

공자가 말했다.

"하나가 되면 호오好惡의 감정이 사라지고

도와 함께 변화하면 집착이 사라질 것이다.

안회야 너는 정말 똑똑하구나!

나도 너의 뒤를 따라야겠다."

◆ 〈장자莊子〉대종사大宗師

중국의 사상가 곽말약郭沫若은 〈십비판서十批判書〉에서 이 대목을 독특하게 해석한다.

"도道를 터득한 사람들은 적게 가진 자를 얕보지 않고, 성공을 대단하게 여기지 않고, 스스로 무엇인가를 계획하지 않고, 시기를 놓쳐도 후회하지 않고, 때를 얻더라도 몸을 잊지 않고, 높은 곳에 오르더라도 두려워하지 않고, 물속에 빠져도 젖지 않고, 불구덩이에 떨어져도 뜨거워하지 않는다고 한다."

곽말약의 해석을 따르자면, 장자가 말하는 도의 핵심은 결국 법정이 이야기하는 무소유와 일맥상통하는 개념이다. 그의 해석에는 본질보다 실존을 앞세우는 장자의 사상이 잘 녹아 있다. 우리는 우리 자신에게 마땅히 이루어야 할 의무를 덧씌우며 살아간다. 공부를 잘해서 대학에 가야 하고, 좋은 직장에 취업해야 하고, 결혼을 해서 아이를 낳아야 한다.

하지만 누구도 우리의 삶을 이렇게 규정할 수 없으며, 우리의 실존은 사회가 강요하는 여러 의무보다 중요하다. 곽말약은 좌망에 대해 해석하며 이 허상에서 빠져나오기를 주문한다. 특히 '시기를 놓쳐도 후회하지 않고' 이 대목이 핵심이다. 이 구절은 떠나간 버스를 내가 탈 버스라고 생각하는 아둔한 우리들에게 내리는 따끔한 죽비다.

소유의 삶은 쫓기듯 사는 인생이다. 억대 연봉을 받아야 하는데, 강남 아파트에 거주해야 하는데, 멋진 외제차를 몰아야 하는데, 라는 마음으로 살아가면 늘 불안하다. 번뇌와 집착에 겨워 갯벌에 빠진 것 마냥 한 발 내딛는 것조차 힘겹다. 하루하루가 전쟁이고 몸과 마음이 온통 무거워 삶이 괴로울 수밖에 없다.

　마포에 살고 있는 동료 J는 술만 취하면 푸념을 늘어놓는다. "나는 왜 강남에 살지 못할까." 조금 더 만취하면 옆 사람에게도 따지듯 묻는다. "너는 왜 강남에 아파트 한 채 없니?" J는 강남에서 아이를 육아하지 못하는 자신을 무능한 가장이라며 자책한다. 그가 살고 있는 아파트도 누군가에게는 선망의 주거지다. 대치동에서 자녀를 키워야 한다는 그의 집착은 실로 무시무시한 '소유'의 태도다. 쓰디쓴 소주잔을 채워주며 그에게 "제발 정신 좀 차려! 무소유의 정신으로 돌아오란 말이야!"라고 충고하고 싶지만, 마음뿐이지 차마 입으로 뱉지는 못 한다.

　팍팍한 현실에 발을 딛고 서 있지만, 나 역시 상상의 나래를 펼쳐본다. 언젠가 오대산 자락 눈 덮인 오두막 옆에서 곱은 손을 호호 불어가며 따뜻한 녹차 한 잔을 마시면, 얼마나 행복할까. 오두막 옆 철쭉나무는 앙상한 가지 위 눈꽃을 피우고 있을 것이다. 겨우내 쌓인 눈이 녹고 개울물이 흐르기 시작하면, 철쭉은 지나가는 상춘객들에게 꽃 봉양을 해주고 있을 터. 무소유의 깨달음을 전해준 진분홍 철쭉꽃에게 다시금 고마움을 전하고 싶다.

덧.

충남 서산에 가면 개심사開心寺라는 절이 있다. 사찰의 이름 그대로 그곳에 가면 마음이 열리고 편안해진다. 대체 왜 그럴까 둘러보니, 절집을 지은 기둥이며 보가 모두 구불구불하다. 반듯하게 서 있는 다른 절들의 기둥과는 달리 온통 뒤틀리고 구부러져 있다.

안토니 가우디는 직선은 인간의 선이고 곡선은 신神의 선이라고 말했다. 그리고 자신의 말대로 구엘 공원, 성가족성당, 까사 밀라 등 세계적인 건축물을 설계하며 곡선을 활용했다. 개심사의 주지와 목수는 가우디와 같은 미적 감각을 지닌 인물들이었을까. 물론 그럴 수도 있다.

하지만 내 추측은 다르다. 우리나라의 나무는 대체로 휘어져 자란다. 캐나다 로키에서 볼 수 있는 침엽수림처럼 하늘 높은 줄 모르고 쭉쭉 뻗어 있지 않다. 하여 늘씬하게 뻗은 기둥이나 보를 얻기 위해서 그보다 훨씬 큰 나무를 베어 다듬어야 한다. 큰 나무를 얻으려면 깊은 산중으로 들어가는 게 당연한 이치다. 곧게 뻗은 기둥을 얻고자 하면 심산유곡으로 찾아가야 하고 당연히 그곳으로부터 그 무거운 나무를 실어 날라야 하니, 사람의 힘으로는 부치고 응당 수레에 실어야 한다.

그런데 평지의 길과는 달리 산중에서 소나 말이 끄는 수레로 나무를 나르려면 산중턱에 자리 잡은 작은 나무를 베어내고 길을 터야 가능하다. 한마디로 곧은 기둥과 보를 이용하려면, 목수의 수고로움이 몇 갑절 더해지는 것은 물론이요, 이유도 없이 작은 나무의 생명이 스러져갈 수밖에 없다.

개심사의 주지住持가 이 점에 주목한 것은 아닐까. 일주문부터 시작해 범종각, 대웅전에 이르기까지 절집의 모든 기둥과 보는 올곧아야 한다는 '소유'의 관점에서 벗어나 철저히 '무소유'를 실천한 것은 아닐까. 만약 이 추측이 옳다고 가정한다면, 기둥과 보가 곧아야 신도들의 경외감을 일으키고 사찰의 권위가 설 것이라는 소유의 관점을 과감히 버린 셈이다.

문득 궁금해진다. 법정은 개심사를 방문한 적이 있을까. 만약 개심사를 둘러봤다면, 분명 건축물에 깃든 무소유 정신에 감복했을 것이다.

편견을 버리고 생각의 틀에 갇히지 말아야 한다.

그것이 진정한 무소유의 실천이다.

오십견이라는 스승

행후

행복하다

군자는 원인을 자신에게서 찾고,
소인은 원인을 남에게서 찾는다
〈논어〉 위령공

"신에게는 아직 열두 척의 배가 남아 있사옵니다."

대중의 기준으로 바라볼 때, 역사상 가장 유명한 상소문이
아닐까.

원문을 살펴보면, 저 유명한 '신에게는 아직 열두 척의 배가
남아 있사옵니다'라는 의미의 금신전선 상유십이今臣戰船 尚有十二
구절 뒤에, 미신불사微臣不死 네 글자가 붙어 있다.

"신은 아직 죽지 않았습니다."

세상 가장 무거운 실존의 외침이요, 치열한 전장 한 가운데에 서서 불굴의 의지를 드러내는 자신감의 발로다. "나 아직 안 죽었어!" '미천한 신하'라고 스스로를 한껏 낮추어 지칭하지만, 어찌 보면 오만해 보일 정도로 간담 서늘한 문장이다. 달리 해석하자면, 졸렬한 군주 선조에게 보내는 경고이자 무언의 꾸지람일 수 있다. 죽음을 각오하고 자신의 모든 것을 바쳐 왜군과 대적하는 장수의 결기와 당당함이 느껴진다.

죽음에 대해 이렇듯 당당한 언급이 있는가 하면, 때로는 무참하여 입에 올리기 어려운 죽음도 있다. 대부분의 회사가 그렇겠지만, 내가 몸담고 있는 방송국의 사내 전산시스템에도 부고訃告 게시판이 따로 있다. 누군가의 부모나 조부모의 부고가 일주일에 서너 건씩은 올라온다. 부고에는 고인의 향년부터 장례식장과 장지, 발인 날짜는 물론이요 심지어 마음 전하실 은행계좌까지, 실로 많은 정보가 담겨 있다.

장지를 통해서 내가 알고 지내던 직원의 고향이 대체로 어디쯤인지 가늠이 되고, 장례식장이 어느 병원인지, 혹은 일반실인지 특실인지를 보면 대개 그 집안의 위세를 알아챌 수 있다. 세속적인 속물의 기준에서 그렇다는 얘기다. 장례식장의 위세는 실상 망자에게는 해당이 없다. 그저 살아남은 자들의 겉치레일 뿐이다.

이렇듯 부고에 쓰인 몇 줄 정보에도 한 사람의 사연과 속사정이 촘촘하게 담겨 있다. 그 가운데 가장 참담한 경우는 단연 본인 부고다. 본인 부고를 읽고 있노라면, 일면식도 없는 직원이라 해도 마음 깊은 곳에서 까닭 모를 슬픔이 북받쳐 몰려온다. 우리 회사의 정년은 60세다. 그러니 본인 부고는 평균연령 83세를 기록하고 있는 대한민국에서 환갑도 맞이하기 전에 세상을 떠났다는 의미다. 한창 열심히 일해서 가족을 부양해야 하는 가장이 세상을 등졌다는 뜻이기도 하다. 하여 유가족으로 등재된 배우자나 아이들의 이름에는 미처 감당하기 어려운 물기가 서려 있다.

최근 본인 부고에서 본 망자의 나이는 향년 36세, 향년 47세였다. 환갑은커녕 쉰도 넘기지 못한 그야말로 한창 나이에 세상을 떠난 것이다. 심지어 서른여섯의 망자는 한때나마 같은 부서에서 일하던 친구여서 그 충격이 더 컸다. 내가 몸담고 있는 방송국의 특성인가 싶어, 다른 회사에 다니는 친구들에게 물었다. 돌아온 대답은 통계청이 발표하는 83세라는 평균 나이는 대체 어떻게 계산된 것인지 궁금할 정도로, 본인 부고가 종종 올라온다고 이구동성 입을 모았다. 너나 할 것 없이 마찬가지여서 황망하다는 것.

본인 부고의 서러움은 옛 속담이 여실히 말해준다. 정승 댁 개가 죽으면 문상객이 줄을 서지만, 정승이 죽으면 상가가 텅 텅 빈다. 모르긴 몰라도 본인 부고의 상가는 대체로 쓸쓸하고 적막할 것이다. 그런 생각에까지 다다르고 나면, 세상 모든 죽음은 슬프지만 때 이른 죽음은 더욱 처연하다고 느껴진다.

때 이른 죽음은 자식에게도 못할 짓이지만, 부모에게는 가슴에 대못을 박는 사납고 모진 상처다. 부모를 잃은 아픔은 천붕지통天崩之痛, 하늘이 무너지는 아픔이라고 표현한다. 배우자를 잃은 슬픔은 고분지탄鼓盆之歎이라고 한다. 아내가 세상을 떠나자, 장자莊子가 동이를 두드리며 노래를 불렀다는 고사에서 유래한 표현이다. 형제를 잃은 슬픔은 세상의 절반을 잃었다는 의미로 할반지통割半之痛이라고 칭한다.

자식을 잃은 아픔은 서하지통西河之痛이라고 일컬어지는데, 문자 그대로 서하의 아픔이란 뜻이다. 공자의 제자인 자하가 서하에 머무를 때 자식을 잃고 너무 슬퍼한 나머지 시력을 잃고 맹인이 되었는데, 이 일화에서 유래한 표현이다. 하여 세상의 빛을 잃었다는 의미로 상명지통喪明之痛이라고 일컫기도 한다.

〈세설신어世說新語〉에서는 자식을 잃은 슬픔을 장이 마디마디 끊어지는 단장斷腸의 아픔으로 표현한다. 동진東晉시대 장군 환온桓溫은 촉나라를 침공하기 위해 장강長江을 거슬러 올라가고 있었다. 그러던 중 수하의 병사 한 명이 강변에서 놀던 새끼 원숭이를 잡아 배에 올랐다. 어미 원숭이가 뒤늦게 알아채고는 함선을 따라 백리를 쫓아왔다. 그러다 함선이 협곡 근처에 이르러 육지와 가까워지자, 새끼가 잡혀 있는 배에 올라타려 몸을 날렸다가 그만 죽고 말았다. 한 병사가 죽은 어미 원숭이의 배를 가르자, 창자가 마디마디 끊어져 있는 게 아닌가. 이에 환온은 새끼 원숭이를 잡아온 병사에게 벌을 주었다.

이 이야기에서 창자가 끊어질 듯 깊은 슬픔, 단장지애斷腸之哀라는 고사성어가 유래했다. 반야월 선생이 작사한 〈단장의 미아리 고개〉라는 대중가요 역시 한국 전쟁 당시 생이별을 해야만 했던 가족의 아픔을 단장에 비유해 표현했고, 큰 사랑을 받았다.

박완서 작가는 아들을 사고로 잃고, 그 아픔을 이렇게 표현했다.

"통곡이 치받쳤다. 며칠 동안 주리 참듯 참던 울음이었다. 짐승 같은 울음소리를 참으려니 온몸이 격렬하게 요동을 쳤다. 구원의 가망이 없는 극형이었다."

독실한 천주교 신자였던 그녀가 한 가톨릭 잡지에 기고한 글이다. 슬픔에 가득 차 자신을 원망하기도 하고, 자신의 아들이 사라졌는데도 살판난 듯 돌아가는 세상을 견딜 수 없어했다. 산책하다가 들판에서 무심코 봉숭아를 뽑아 올리듯, 신이 자신의 아들을 데려간 것은 아닐까, 무참함에 시달리기도 했다. 그렇게 괴로움에 몸서리치던 박완서는 다음과 같은 결론에 다다른다.

"나는 남에게 뭘 준 적이 없었다. 물질도 사랑도. 내가 아낌없이 물질과 사랑을 나눈 범위는 가족과 친척 중의 극히 일부와 소수의 친구에 국한돼 있었다. 그밖에 이웃이라고 불리는 타인에게 나는 철저하게 무관심했다. 위선으로 착한 척조차 없었다. 물론 남을 해친 적도 없다고 여기고 있었다. 모르고 잘못한 적은 있을지도 모르지만 의식하고 남에게 악을 행한 적이 없다는 자신감이 내가 신에게도 겁먹지 않고 당당하게 대들 수 있는 유일한 도덕적 근거였다. 주지도 않고 받지도 않은, 타인에 대한 철저한 무관심이야말로 큰 죄라는 것을, 그리하여 그 벌로 나누어도 다함이 없는 태산 같은 고통을 받았음을, 나는 명료하게 깨달았다."

우리들 역시 박완서와 크게 다를 바 없는 삶을 살아간다.

그저 그녀보다 운이 조금 더 좋은 덕분에, 그녀만큼 지독한 고통을 겪지 않고 살아가는 것이다. 지독한 개인주의자로서 살아온 나는 그녀가 어렵사리 얻어낸 깨달음을 무임승차하는 기분으로 공유하고 있다. 뻔뻔스럽게도 말이다. 피눈물로 기고한 저 글은 내 자신을 돌아보게 만들었다. 박완서의 한 맺힌 고백을 접하고 난 후, 부끄러운 얘기지만, 나는 기부라는 것도 조금씩 하게 되었고 세상의 어려움에 진심으로 귀 기울이고 공감하게 되었다. 더불어 살아가는 이웃에 대한 관심을 미미하나마 기울이기 시작한 것이다.

우리는 누군가의 죽음 앞에서 애도의 마음을 다해야 한다. 특히나 타고난 수명, 천수天壽를 못 다 누린 죽음 앞에서는 한층 더 깊은 공감을 나눠야 한다. 국회 앞을 지나갈 때마다 유독 눈길이 머물던 시위가 있었다. 고 김용균 노동자의 죽음을 헛되이 해서는 안 된다고 절규하는 어머니의 1인 시위였다. 인간의 존엄과 세상 무엇과도 바꿀 수 없는 생명이 몇 푼의 돈과 효율이라는 이름의 괴물에게 잡아먹혔다.

김용균의 죽음은 우리 기억의 강에서 쉽사리 흘려보내서는 안 되는 상처다. 우리 모두는 그저 운이 좋아 신의 손아귀에 채이지 않은 봉숭아 꽃잎이 되었음을 기억해야 한다. 사회 안전 시스템의 부실로 인해 세상을 등진 이들을 그저 불운한 몇

몇의 사람들로 치부해서는 안 된다. 불공정한 제도와 욕심에 눈이 멀어 만들어진 부조리를 깨부숴야 한다. 그래야 봉숭아 꽃잎은 함부로 떨어지지 않게 된다.

이순신 장군 역시 아들을 잃는 아픔을 겪었고, 〈난중일기〉에 이렇게 기술했다.

10월 14일
맑았다.
저녁에 천안으로부터 사람이 와서 집안 편지를 전했다.
열어보기도 전에 몸이 떨리고 정신이 혼미해졌다.
정신없이 뜯어보니 겉봉에 '통곡痛哭' 두 글자가 쓰여 있는 것을 보고 면葂이 전사한 것을 알았다.
나도 모르게 간담이 떨어져 목 놓아 통곡하고 통곡했다.
하늘은 어찌 이렇게 어질지 않단 말인가.
(중략)
슬프도다. 내 아들아.
나를 버려두고 어디로 가느냐.
남달리 영특해 하늘이 이 세상에 머물러두지 않은 것이냐,
내가 지은 죄 때문에 너에게 화가 미친 것이냐!

박완서 작가나 이순신 장군이나 자식을 잃은 슬픔 앞에서는 똑같은 마음이었다.

구국의 전쟁영웅이나 대작가도 그저 자식을 잃고 울부짖는 불쌍한 부모일 뿐이다. 그들은 차마 감당하기 힘든 아픔 앞에서 슬피 울고, 하늘을 원망하고, 끝내 내 잘못으로 인해 자식을 먼저 떠나보냈다는 죄책감에 사로잡혔다. 크나큰 시련 앞에서 우리는 자신을 돌아보고 반성하게 된다. 스스로에게서 잘못의 원인을 구하는 태도야말로 우리에게 필요한 자세이며, 이를 세상의 어려움에 귀 기울이는 자세로 바꿔나갈 때, 세상의 억울한 죽음을 조금이나마 줄여나갈 수 있을 것이다.

지인至人은 무기無己하고,
신인神人은 무공無功하며,
성인聖人은 무명無名한다.

◆ 〈장자莊子〉 소요유逍遙遊

나이가 들면서 가장 슬픈 점은 뭘까? '덕통사고'를 쉽사리 당하지 않는다는 것이다. 요즘은 뭐 하나에 꽂혀 미친 듯이 열광하고 찾아 헤매는 일이 좀처럼 없다. 어릴 때는 노래 하나에 빠지면, 그 가수가 발표했던 모든 노래를 찾아들었다. 소설 하나에 감동해 이야기의 배경이 되는 바닷가를 찾아갔다. 영화

가 좋으면 몇 번이고 극장을 찾아가 대사를 외울 정도로 보고
또 봤다. 하지만 요즘은 나를 그토록 흥분시키거나 신나게 만
드는 일이 없다.

아이의 감성은 예민하기 짝이 없으니, 작은 자극에도 크게
반응한다. 반대로 어른이 되면 마음에도 굳은살이 박여서 그
런지, 웬만한 자극에는 꿈쩍도 않는다. 좋게 말하면 평화롭고
안온한 것이지만, 달리 표현하자면 무덤덤한 일상의 연속이
다. 아이들이 공 하나만 있어도 신나게 놀 수 있는 이유 혹은
굴러가는 낙엽만 봐도 꺄르르 웃어대는 이유 역시 충만한 감
수성에 있다.

비단 마음만 굳어가는 게 아니라 비루한 육신도 굳어간다
는 점은 나를 더 슬프게 만든다. 엊그제 찾아간 정형외과에서
오십견이라는 진단명을 들었다. 정식 의학용어로는 동결견
frozen shoulder이라고 한다. 문자 그대로 얼어붙은 어깨. 운동 부
족과 노화로 인해 어깨에 통증이 발생하고, 그로 인해 머리를
빗거나 셔츠를 입는 일상생활에 지장을 초래하는 질병이다.

지천명에 다다르려면 아직 몇 년이나 남았는데, 벌써 오십
견이라니! 병명에 나이가 붙어 있는 것도 영 께름칙하다. '당

신은 몸도 마음도 늙어가고 있소'라는 국가 공인 증명서를 발급받은 기분이다. 이미 알고 있는데 확인사살까지 당하고 나니, 생로병사의 시계추가 배속으로 움직이는 것만 같아 서글프다. '귀밑머리 서리같이 하얗게 세었다(간난고한번상빈艱難苦恨繁霜鬢)'고 한탄하는 두보杜甫에게 그래도 어깨가 아픈 것은 아니니 그나마 다행이라고 말해주고 싶을 정도다.

마음보다는 몸의 변화가 확실히 내 자신을 움츠러들게 만든다. 머릿속으로야 생로병사의 자명한 이치를 완벽하게 이해하고 있지만, 현실에서는 삶의 종착역에 죽음이 예정되어 있다는 사실을 늘 망각한 채 살아간다. 허나 몸이 아프면 다르다. 즉각적으로 느껴지는 통증은 내 삶에서 죽음이 그리 멀지 않았음을 순간순간 일깨워준다. 하여 오십견이란 녀석은 내게 삶의 유한함을 일깨워주는 소중한 스승이다.

삶의 유한함을 인지하고 살아가는 인생은 지혜롭고 온화하다. 애써 가득 채우려고 악다구니를 쓰지도 않고, 누군가에게 상처를 주면서까지 이루려 하지도 않는다. 다만 그 대가로 유한한 삶이 건네는 실존적 불안감을 등에 지고 살아가야 한다. 언젠가 죽음을 피할 길 없다는 불안감 혹은 죽음이 그리 멀지 않다는 초조함을 어떻게 이겨낼 수 있을까. 이 질곡에서 벗어나기 위해 장자는 자연의 섭리에 몸을 맡기라고 주문한다.

> 천하의 사물 가운데 가을 짐승의 터럭 끝보다 더 큰 것은 없으며,
> 태산泰山은 도리어 작다고 할 수 있다.
> 요절한 아이보다 장수한 자는 없고,
> 팽조彭祖는 일찍 죽었다고 할 수 있다.
>
> ◆ 〈장자〉 제물론齊物論

"역사를 왜곡할 생각은 추호도 없었습니다." 이렇게 우리는 '추호도 없다'는 관용구를 흔히 사용하지만, 추호의 본래 의미는 모른다. 추호秋毫는 말 그대로 가을 짐승의 털을 의미한다. 가을이 되면 털갈이를 하여 짐승의 터럭은 한없이 가늘어진다. 장자는 그 얇디얇은 터럭보다 큰 것은 세상에 없다고 말하면서, 동시에 가장 높고 신령한 산의 대명사 격인 태산은 도리어 작다고 말한다. 요절한 아이는 오래 산 것이라고 표현하면서, 반대로 팔백 살까지 산 팽조라는 인물에 대해서는 일찍 죽은 셈이라고 평가한다.

얼핏 보기에는 황당한 궤변이요 모순 덩어리 헛소리지만, 장자의 숨겨진 진의를 알고 나면 얼마나 탁월한 견해인지 깨닫게 될 것이다. 가을 짐승의 터럭이야 작디작은 존재지만 벼

룩이 보기에는 자신의 몸을 의탁할 수 있는 거대한 집이다. 진시황제秦始皇帝와 한무제漢武帝가 천하를 통일한 후, 하늘에 고하는 봉선封禪 의식을 거행한 신령스러운 산이 바로 태산이다. 하지만 드넓은 지구를 품고 있는 광활한 우주에 비하자면, 한낱 미물에 지나지 않는다. 태어난 지 몇 년 만에 요절한 아이지만 하루살이의 입장에서 보자면 가늠이 어려울 정도로 장수한 것이고, 팽조의 팔백 살 인생도 사십오 억 년이라는 지구의 나이에 견주어보면 지극히 짧은 순간이다. 아니, 찰나에 지나지 않는다.

우리가 세상을 바라보는 모든 관점은 결국 상대적일 수밖에 없다. 여행을 가면 예약한 숙소가 낯설게 느껴지지만, 숙소를 나서 하루 종일 발품을 팔고 돌아오면 낯설던 숙소가 내 집처럼 편안하게 여겨진다. 우리가 느끼는 모든 감정에는 모종의 상대성이 포함될 수밖에 없다. 삶의 유한함에 두려워할 수도 있지만, 마음먹기에 따라서는 그 소중한 여생을 마치 영겁의 시간처럼 알뜰히 활용할 수도 있는 것이다. 내면의 세계는 우리의 의지를 통해 광대무변의 공간으로 변화할 수 있다. 그 드넓은 공간에서 누리는 정신적 자유는 실존의 불안을 잠재우고 삶이 우리에게 선사하는 기쁨을 만끽하게 만든다.

정신적 자유를 얻기 위해서 우리는 스스로의 주인이 되어야 한다. 장자는 '소요유逍遙遊'편에서 이를 위해 세 가지를 주문한다. 무기無己, 무공無功, 무명無名. 도를 깨달아 아는 사람에게는 자신도 없고, 공적을 이루려는 욕망도 없고, 명성을 좇으려는 헛된 마음도 없다는 뜻이다. 무공이나 무명은 쉽사리 이해가 간다. 부와 명예에 얽매이지 말라는 뜻이니 실천하기는 어려워도 수긍이 가는 주문이다. 그런데 무기는 머릿속에서 명징하게 정리되지 않는다.

무기無己, '자신을 없애라'는 정언명령은 과연 무엇인가.

무아지경 혹은 물아일체라는 표현을 흔히 사용하니, 무기를 무아無我로 변환해 단초를 찾아보자. 무아지경의 사전적 의미는 '마음이 어느 한곳으로 온통 쏠려 자신의 존재를 잊고 있는 경지'다. 물아일체는 '일체의 대상과 그것을 마주한 주체 사이에 어떠한 구별도 없는 것'이라고 되어 있다. 두 가지 사전적 정의를 종합하자면, 한마디로 자신을 없애는 최선의 방법은 몰입이다. 흔히 〈장자〉'소요유'편의 무기는 올바른 앎을 통해 아집이 없는 상태를 의미한다고 해석한다. 그렇게 되려면 껍데기를 벗어던지고 순수하게 몰입해야 한다. 하여 아집 없는 나와 몰입하는 나는 결국 하나의 길로 수렴하게 된다.

나이가 들면서 행복한 이유는 삶의 덧없음을 깨닫기 때문이다. 비록 어린 시절처럼 굴러가는 낙엽을 보고 꺄르르 웃지는 못하지만, 봄여름가을겨울 계절의 순환이 가져다주는 작은 변화를 감지하고 감사해할 줄 알게 된다. 봄이면 돋아나는 새싹에 감사하고, 여름이면 초록 잎사귀의 싱그러움이 고마우며, 가을이면 새빨간 단풍의 아름다움에 취하고, 겨울이면 나뭇가지 위에 쌓인 눈송이의 순수함에 반하게 된다. 돈이나 명예 혹은 나만이 옳다는 독선과 아집은 삶의 유한함 앞에서, 한 여름 뙤약볕 아래 아이스크림처럼 가뭇없이 녹아 사라진다. 그저 자연이 선사하는 아름다움만이 내 눈길을 사로잡는다.

얼마 전 라디오 생방송에서 받은 청취자의 문자 하나가 무척이나 인상적이어서, 휴대전화에 적어놓고 수시로 꺼내본다.

"저는 제주에서 귤 농사를 지으며 살아요.
귤이 녹색이면 여름이고, 녹색에 황색이 섞이면 가을입니다.
샛노란 귤을 보고 있노라면 겨울이 왔음을 알 수 있고, 귤꽃 향기가 코를 찌르면, 봄이 다시 돌아왔다는 것을 알게 된답니다."

자연의 변화로 계절을 느끼고 있다는 단순하고 짧은 문자였지만, 가슴에 애틋하게 남는 글이다. 저 문자를 보낸 애청자는 장자가 이야기하는 소요유를 실천하고 있을 것이다. 하늘이 선물한 하루하루를 즐기며, 소풍 나온 듯 유쾌하고 자유로운 삶을 살아가고 있음에 틀림없다. 나이를 먹어 행복한 이유는 비록 마음도 몸도 굳어가지만, 삶이 소풍이라고 느낄 수 있는 '마음의 눈'으로 바라보기 때문이다.

비록 어깨는 욱신거리지만 아침에 일어나 샤워할 때면 따뜻한 물이 온몸을 적실 때마다 기묘한 행복감에 젖어든다. 샤워를 마치고 나와 마시는 커피 한 잔의 향기가 그 행복감을 배가시킨다. 젊은 시절 누리던 강렬한 행복감은 사라졌지만, 조금씩 자주 행복을 만끽하게 된다. 왠지 모르겠지만 별것 아닌 것에 미소가 절로 지어지기도 한다. 행복은 강도가 아닌 빈도에서 찾아온다. 아드레날린이 주는 기쁨과 환희는 사라지고 있지만, 세로토닌이 주는 행복에 젖어드는 요즘이다. 나이가 들어 행복한 이유가 바로 여기에 있다.

덧.
세상에 불행한 사람은 넘쳐나고 행복한 사람은 적은 이유를 아는가.
불행은 손에 잡히고, 행복은 추상적이기 때문이다. 나이를 먹어가며 즐거운 일이 없다고 한탄만 할 게 아니라, 스스로 행복을 만들어내야 한다. 커피 향이 행복감을 준다면, 좋은 원두를 구해다가 아침에 일어나 그라인더로 갈아서 내려 마셔보시라. 일기 쓰는 것에서 행복감을 느낀다면, 문구점에 나가 예쁜 일기장과 손에 착 붙는 펜을 하나 구입해서 매일 저녁 하루의 단상을 적어보시라. 관념에 머무르게 방치하지 말고 구체적으로 만들어 손에 쥘 수 있을 때, 행복은 우리를 무시로 찾아올 것이다.

삶은 소풍이다.
소풍까지 가서 욕심에 얽매이거나
아집에 사로잡히는 사람은 드물다.

중용을 지키는 삶

용庸

항상

사람들은 모두 '나는 이해했다'고 말하나,
중용을 선택하고는 한 달도 지키지 못한다.
〈중용〉

내 나이 불혹을 지난 지도 한참이다.

건강검진을 할 때마다 온갖 지표들이 적신호를 보내오기 시작했다. 이대로는 안 되겠다 싶어, 일 년 전부터 운동을 시작했다. 코로나 시기인지라 유튜브에 나오는 홈트레이닝을 찾아보며 땀을 흘렸다. 처음에는 초심자용 영상을 찾아 겨우 겨우 따라 하기 바빴다. 다음번 건강검진에서는 기필코 모든 수치를 정상으로 낮추리라! 의욕에 가득 찬 나는 점점 난이도 높은 동영상을 따라 하기 시작했다. 군 전역 후 한 번도 가져보지 못한 '王' 자 복근을 새겨보리라 다짐하며, 피곤하고 지친 날도 꾸역꾸역 운동을 해나갔다. 시나브로 체력이 좋아졌고 어느새 최상급 버전의 영상을 찾아보며 단련하게 되었다. 평생을 책상물림으로 살아오다 보니, 몸을 쓰는 일에서 이토록 큰 성취감을 맛보게 될 줄은 몰랐다.

그러던 어느 날, 나는 병원 응급실로 실려 갔고, 배에 '王' 자가 아닌 '一' 자 칼자국을 새기고 퇴원해야만 했다. 신체적 과부하가 기흉을 불러왔고, 두 주 동안 병원 신세를 져야만 했으며, 난생 처음 전신마취와 수술을 경험했다. 그동안 내가 겪은 병치레는 시술의 범주에 있었다는 사실도 깨달았으며, 수술과 시술의 차이를 명확하게 인지하게 되었다.

술, 담배를 과하게 즐기다 아픈 것도 아니요, 그저 건강해지려고 운동 좀 열심히 했을 뿐인데, 제게 왜 이런 시련을 주시는 겁니까!

절로 원망이 터져 나왔다. 운동은 몸에 좋잖아! 그러니 조금 과하게 해도 괜찮을 줄 알았다. 하지만 아무리 좋은 것도 과하면 사달을 일으킨다. 세상 무슨 일이든 욕망을 자제하여 적정 수준의 목표를 설정하는 것은 여간 어려운 일이 아니다. 게다가 목표 달성이라는 괴물에게 잠식당하지 않고, 그 과정의 적절함을 끝까지 유지해내는 일은 더욱 어렵다.

사람들은 모두 '나는 이해했다'고 말하나, 그물이나 덫과 함정의 한가운데로 몰아넣어도 피할 줄을 모른다.
사람들은 모두 '나는 이해했다'고 말하나, 중용을 선택하고는 한 달도 지키지 못한다.

◆ 〈중용中庸〉

중용을 지킨다는 것은 성인聖人의 반열에 올라야나 비로소 가능한 일이다. 아니, 어쩌면 성인에게도 버거운 과제일지 모른다. 공자나 맹자 역시 항상 중용을 지키며 살지는 못했을 것이다. 머리로는 이해하지만 몸으로 체화하기는 어려울 터, 공자에게도 중용은 도전해야 하는 과제이자 평생의 숙제가 아니었을까.

내 삶에도 중용의 도를 접목시키고 싶어, 동시대의 인물 가운데 사표師表로 삼을 만한 인물을 찾아봤다. 그럴듯한 말로 나를 사로잡은 사기꾼은 꽤 여럿 되지만, 온전히 자신의 삶으로 나의 영혼을 휘어감은 인물은 법정 스님과 이태석 신부 정도였다.

수술을 마치고 흉관을 갈빗대 사이에 끼운 채 병실에 누워 신음하고 있는데, 마침 텔레비전 화면 속에 신부 이태석에 관한 미담이 펼쳐지고 있었다.

동시대를 살아가는 사람들 가운데 성인에 가까운 인물이 있다면 나는 주저 없이 이태석 신부를 꼽는다. 신부의 도움으로 남수단 톤즈에서 우리나라로 유학 온 친구들이 예능 프로그램 〈유퀴즈온더블록〉에 출연해, 유재석과 두런두런 이야기를 나누고 있었다. 그 순간, 몇 년 전 봤던 다큐멘터리 영화 〈울지마 톤즈〉가 다시 떠올랐다. 지구 반대편 저 먼 나라에도 이태석 신부의 갑작스런 죽음을 애도하는 이가 많았다.

"하느님은 왜 저를 데려가시지 않고, 신부님을 데려가셨는지 이해가 안 갑니다. 신부님은 이렇게 돌아가셔서는 안 되는 분이에요."

톤즈의 한 여인이 조금도 알아들을 수 없는 말로 인터뷰를 하고 있지만, 그 진심만큼은 또렷이 전달된다. 신부의 때 이른 죽음은 무참하고 형언하기 어려운 슬픔이었다. '의인은 비록 때 이르게 죽더라도 안식을 얻는다' 혹은 '죽은 의인이 살아 있는 악인을 단죄한다'는 〈성경〉 지혜서의 말씀으로도 도무지 위안이 되지 않는다.

이태석 신부는 등록금을 걱정할 정도로 어려운 가정 형편 속에서 의과대학을 졸업했고, 신부가 되었다. 그리고 세상 가장 낮은 곳으로 임하여 자신의 소명을 다했다. 신부는 내전이 한창인 남수단 톤즈에 자리를 잡고, 열과 성을 다해 아픈 사람들을 치료했다. 한밤중 자다가도 누군가 문을 두드리면, 기꺼이 자리에서 일어나 성심을 다해 치료해주었다.

"여기는 교통수단이 많이 부족해요. 아픔을 참고 이틀 사흘을 내쳐 걸어 온 환자들입니다. 어떻게 제가 그네들을 밀어낼 수 있겠어요."

톤즈에서 신부와 함께 봉사했던 간호사의 증언에 따르면, 그가 머무르는 일곱 해 동안 환자들을 향해 단 한 번도 얼굴을 찡그린 적이 없다고 한다. 신부는 톤즈에서도 가장 열악한 나병환자 마을에도 정기적으로 방문해 치료를 해주었다. 발가락이 떨어져나가고 손가락을 잃은 신부의 친구들은 그의 부고를 접하고는 눈물을 떨구며 애통해했다. 신체의 일부를 잃는 극한의 고통에도 무덤덤하던 나병환자들이지만, 신부의 부고에는 슬픔, 괴로움, 절망, 상실감, 비통함을 고스란히 드러냈다.

성스러운 삶을 살다 떠난 이태석 신부에게 존경의 마음을 넘어서, 원망하는 마음마저 들었다. 조금만 덜 열심히 하시지! 최소한 잠은 자가면서 치료하시지! 본인 건강은 좀 챙겨 가면서 봉사하시지! 신부의 삶에 보내는 경외만큼이나 안타 까운 마음은 커져만 갔다.

신부가 보낸 톤즈에서의 삶은 티끌 하나조차 비난할 수 없 는 완전무결한 선善, 그 자체다. 하지만 그런 선행조차도 과하 면 안 된다. 차라리 휴식을 취하며 의료 봉사를 이어갔다면, 지금도 톤즈는 이태석 신부의 그 너털웃음과 환자들의 미소 로 가득할 것이다. 중용을 지키는 삶은 이태석 신부처럼 완전 무결한 인간에게도 버거운 과제다.

그러니 오늘도 간절히 되뇌어본다. 나의 인생이여! 다만 한 푼어치라도 중용이 깃든 삶이기를.

이제 나는 더 이상 유튜브 홈트레이닝을 따라 하지 않는다. 땀을 비 오듯 쏟아내는 운동이나 등산도 삼가고 있다. 그저 매 일매일 가볍게 걷는다. 등허리에 땀이 살짝 밸 정도로만. 그러 다 가끔씩 격렬한 운동과 이마에서 흘러내리는 땀방울이 그 리워지면, 아직도 선명한 검붉은 수술자국을 거울에 비춰본 다. 그러면 마음이 이내 평온해지고 마음껏 산책할 수 있는 체 력에 감사함을 느끼게 된다.

공자는 낚시질은 하더라도 그물질은 하지 않았고,
활로 쏘아 잡는 주살질은 해도 잠든 새는 쏘지 않았다.

◆ 〈논어論語〉술이述而

나는 고풍스런 도시 경주를 사랑한다. 경주에 내려가면 어
릴 적 살던 옛 동네를 찾은 것 마냥, 마음이 편안해진다. '경주
김씨 상촌공파'라고 어려서부터 주워섬기던 본관 때문에 낯
익어서일까. 문화재보호법 때문에 땅에 착 달라붙어 있는 낮
은 건물들이 주는 편안함 덕분일까. 이유는 잘 모르겠지만, 아
무튼 경주는 언제나 정겨운 도시다.

황룡사지皇龍寺址에서 삼십 분 정도 가볍게 걸으면, 교촌마
을이 나타난다. 교촌마을은 내물왕릉奈勿王陵, 월정교月精橋, 향
교鄕校 등등 볼거리로 가득한데, 그중 압권은 단연 경주 최부
자댁 고택이다. 최부자댁은 재산의 규모도 규모려니와 일제
강점기 내내 독립운동자금을 조달하는 등 여러 방면에서 부
자의 품격을 제대로 보여준 가문이다. 발길을 재촉해 고택을
이곳저곳 누비다 보면, 한편으로는 쌀을 쌓아놓았던 창고의
크기에 압도당하고, 동시에 위엄 있게 뻗은 처마의 아름다움
에 반하게 된다. 하지만 건축물의 기품보다 황홀한 것이 하나
더 있으니, 바로 그 집 가훈이다.

첫째, 과거는 보되, 진사進士 이상의 벼슬은 하지마라.

둘째, 재산은 만석萬石 이상 늘리지 마라.

셋째, 나그네를 후하게 대접하라.

넷째, 흉년에는 논밭을 사들이지 마라.

다섯째, 사방 백 리 안에 굶어 죽는 이가 없게 하라.

여섯째, 며느리가 시집오면, 삼 년간 무명옷을 입혀라.

부자 삼 대 가기 어렵다는 말이 있지만, 최부자댁은 무려 열 세대에 걸쳐 가문의 부를 굳건하게 유지했다. 굳이 비교하자면, 피렌체를 지배했던 메디치가보다도 백 년이나 오랫동안 가문의 위세를 지켜낸 것이다. '최부자댁 육훈六訓'에는 노블리스 오블리주를 실천하여, 주변 어려운 이웃을 도우라는 준엄한 명령이 드러나 있다.

흉년에는 굶주린 서민들이 헐값에 전답을 내놓을 것이니, 전답을 사들이는 행동은 곧 백성의 고혈을 빠는 것이나 다름없다 여기고 엄격히 금지한 것이다. 당대 최고의 부잣집에 시집온 며느리들이니, 그 마음이 얼마나 들떴을까. 그런 며느리들에게도 어려운 이웃들의 고충을 알게 하려고 일부러 비단옷을 금한 것이니, 이 또한 아름다운 일이다. 소박하지만 약자를 배려하고 자신을 돌아보려는 깊은 뜻이 아로새겨진 가훈家訓이자 가훈佳訓이다.

하나같이 멋진 구절이지만, 경주 최부자댁 후손들 입장에서 가장 지키기 어려운 가훈은 무엇이었을까? 감히 짐작컨대, 첫 번째 가훈이 아니었을까 싶다. 가훈을 제정한 최부자도 지키기 어려운 주문이라 여겨, 가훈의 첫머리에 놓은 것은 아닐까 싶다.

역경보다는 모든 일이 뜻대로 술술 풀리는 순경을 이기기 어려운 게 인간의 본질이다. 대대로 만석꾼 집안에 공부도 남부럽지 않게 했겠다, 판서나 정승 한자리 해보고 싶다는 마음이 불끈댔을 터, 이를 누르기란 쉽지 않았을 것이다. 하지만 가훈을 정한 초대 최부자는 진즉에 알아챘다. 당쟁黨爭과 사화士禍로 점철된 조선에서 큰 벼슬을 하다가는 자신의 잘잘못과 상관없이, 하룻밤에 역모로 몰려 형장의 이슬로 사라지거나 멸문지화를 당하게 된다는 진실을.

공부는 열심히 하되, 벼슬 욕심은 버리라니!

최부자는 후손들에게 그 어렵다는 중용中庸의 도를 설파한 것이다. 공자와 같은 성인에게도 먹고사는 문제는 피할 수 없는 숙제였다. 물고기를 낚거나 사냥을 해서 식량을 마련해야 했다. 하지만 그 잔혹한 먹이 사슬의 소용돌이 안에서도, 지킬 것은 지켜냈다. 물고기를 낚아서 먹되, 그물질은 하지 않았다는 것은 씨알이 작은 고기까지 욕심내지 않았다는 뜻이다.

오만함을 내버려둬도 아니 되고,

욕심껏 행동해도 아니 되며,

뜻을 가득 채워도 아니 된다.

즐거움이 극에 달하도록 해서도 안 된다.

◆ 〈예기禮記〉곡례曲禮

〈예기〉의 이 대목은 본래 백성을 다스리는 지도자에게 주어진 충고다.

최부자는 아마도 이 구절에서 영감을 얻어, 가훈을 만들지 않았을까. 오만과 욕심을 버리고 심지어 뜻을 가득 채우는 것조차 삼가야 한다는 대목에서 벼슬은 하되 진사 이상은 하지 말라는 가르침을 도출해낸 것이다. '소년이여 야망을 가져라!'라고 배운 우리 세대에게, 뜻을 세우는 일만큼은 마음껏 욕심내도 되는 일이었다. 하지만 최부자의 가르침을 되새겨보자면, 그마저도 중용의 덕이 필요한 영역이다.

물론 중용을 지키며 산다는 것은 북극성만큼이나 멀고, 태산에 오르는 일만큼 어렵다. 그래도 최부자댁 후손들이 육훈을 주워섬기듯, 하루하루 〈예기〉나 〈논어〉의 구절을 되뇐다면 중용의 길에 조금은 가깝게 다가서지 않을까. 이토록 실천이 어려운 구절은 그냥 눈으로 읽는 것보다 필사筆寫하는 편이 훨씬 효과적이다. 원문으로 음미하며 한 땀 한 땀 적어 내려가 보자. 필사의 힘은 생각보다 강하다.

敖不可長
欲不可從
志不可滿
樂不可極
오불가장
욕불가종
지불가만
낙불가극

로마의 시인 오비디우스는 말했다.
중도를 가는 것이 가장 안전하다고.

멈추고
화해하고
돌아보고

고顧

돌아보다

노인을 편안하게 해주고,
벗들에게 믿음을 주고,
젊은이들을 품어주고자 한다.
〈논어〉 공야장

"영혼의 발달은 직선 위의 운동처럼 단계적으로 이루어지는 것
이 아니라, 알에서 구더기가 나오고 구더기에서 파리가 나오
는 변태 과정처럼 상태의 상승으로 이루어진다."

영혼에 관한 랄프 왈도 에머슨의 명언이다. 그의 표현을 빌
려 얘기하자면, 나이 들어가는 것이란 알에서 구더기가 나오
고 구더기에서 파리가 나오듯 정신상태의 상승으로 이루어진
다. 어르신 독자가 듣고는 머리에 피도 안 마른 시건방진 녀석

이 뭘 아냐며 꾸중하겠지만, 이 나이쯤 먹고 보니 이제 구더기쯤은 된 것 같아 내지르는 말이다.

마흔일곱이란 나이. 예비군은 물론이요 민방위 명부에서도 진즉에 버려진 나이다. 로마에서는 전쟁이 발발하면, 농사를 짓거나 장사를 하며 생업을 이어가던 시민들도 곧바로 징집되어 피비린내 진동하는 전장으로 끌려 나간다. 열일곱 살에서 마흔다섯 살 사이의 장정이 그 대상이었다. 서글프게도 로마군의 징집 대상에서도 비켜나는 나이가 되고 보니, 세상이 조금은 달라 보인다. 달리고 싸우고 부수는 삶에서, 멈추고 화해하고 돌아보는 삶으로 상태 상승이 일어난 것이다. 이른바 '관조하는 삶'으로의 전환이 이제 막 시작되었다.

나이가 들면서 감각이 둔해지는 경험을 종종 마주하게 된다. 눈도 침침해지고, 입맛도 예전처럼 날이 서 있지 않으며, 총기도 떨어져 셈과 사유가 현저히 느려졌다는 것을 자각한다. 그렇지만 반대급부로 주어지는 것들이 너무 소중해, 아쉬운 마음은 전혀 없다.

가장 좋은 점은 뭘까. 웬만한 일로는 부아가 나거나 노여움을 타지 않는다는 점이다. 갑자기 앞차가 끼어들어도, 배달 음식에 단무지가 빠져 있어도, 생방송 원고에 오타가 가득해도, 엔지니어의 실수로 엉뚱한 음악이 송출되어도, 화가 치밀어 오르지 않는다. '그럴 수도 있지' 혹은 '오죽하면 그러려고'와 같은 말을 중얼거리며 아무렇지 않게 다음 일을 이어간다. 젊은 날의 열정이 사라진 것이기도 하지만, 한편으로는 무의미한 발버둥이 없어진 터라 하루하루가 편안하다.

공자가 제자 안연顏淵과 자로子路에게 물었다.

"각자 자신의 포부를 한번 말해보아라."

자로가 답했다.

"수레, 말, 옷, 가죽옷을 벗과 함께 나누어 쓰다가, 그것들이 망가져도 섭섭해하지 않았으면 합니다."

안연이 답했다.

"제 자신이 잘한 점을 자랑하지 않고, 남들에게 저의 공로를 늘어놓지 않기를 바랍니다."

자로가 물었다.

"선생님의 포부를 듣고 싶습니다."

공자가 말했다.

"노인을 편안하게 해주고, 벗들에게 믿음을 주고, 젊은이들을 품어주고자 한다."

◆ 〈논어論語〉 공야장公冶長

공자가 가장 아끼는 두 제자와 더불어 삶의 지향점을 공유하는 정다운 장면이다.

각자의 캐릭터에 부합하게, 자로는 물질적인 욕망과 주변을 아우르려는 대장부의 씩씩함을 내비쳤고, 안연은 스스로에 대한 경계와 겸양의 모습을 보여주고 있다. 공자의 포부 또한 탄복할 만한 것은 당연한 이치요, 한편으로는 거꾸로 음미해볼 만한 문장이다.

편안하니까 노인이요,

믿음을 주고받아야 친구라 할 수 있으며,

누군가가 품어줘야만 하는 존재가 있으니, 바로 젊은이들이다.

〈장자〉 '달생達生'편에는 나무로 만든 닭 이야기가 전해진다.

주나라 선왕宣王은 투계를 몹시 좋아했다.

당대 최고의 투계 조련사 기성자記性子라는 인물이 있었는데,

선왕은 그에게 닭을 데려가서, 천하무적의 용맹한 투계로 훈련시켜 달라고 요청했다.

열흘이 지나고 선왕이 물었다.

"닭이 충분히 싸울 만한가?"

기성자가 답했다.

"아니옵니다. 아직 멀었습니다.

닭이 강하긴 하나 교만하여 자신이 최고인 줄 알고 있습니다.

교만을 떨치지 못하면 최고의 투계라 할 수 없사옵니다."

다시 열흘 후, 선왕이 물었다.

"닭이 충분히 싸울 만한가?"

기성자가 답했다.

"아니옵니다. 아직 멀었습니다.

교만은 떨쳐냈으나 상대방의 소리와 그림자에 너무 쉽게 반응

합니다. 태산 같은 진중함이 있어야 최고의 투계라 할 수 있사

옵니다."

또다시 열흘이 흘러 선왕이 묻자, 기성자가 답했다.

"아니옵니다. 아직 멀었습니다.

조급함은 버렸으나 상대를 쏘아보는 눈빛이 너무 공격적입니다.

공격적인 눈초리를 버려야 최고의 투계라 할 수 있사옵니다."

마지막 열흘이 지난 후, 선왕이 물었다.

"닭이 충분히 싸울 만한가?"

기성자가 답했다.

"이제 되었사옵니다.

상대방이 소리를 질러도 아무런 반응을 보이지 않으며, 평정심을 유지하는 '나무와 같은 닭木鷄'이 되었습니다. 겉으로 보기엔 나무로 만든 닭과 같지만, 그 덕德이 완전해졌기에 이제 다른 닭들은 목계의 모습만 보고도 도망칠 것이옵니다."

장자는 목계지덕木鷄之德 고사를 통해 교만함, 조급함, 그리고 섣부른 공격성을 버리라고 조언한다. 나이를 먹어가며 '그래도 이거 하나는 좋구나'라고 느끼게 되는 점은 스스로 목계가 되어가고 있음을 감지한다는 점이다. 돌이켜보건대, 젊은 시절에는 마음속에 교만이 가득하였고, 누가 공격하면 참지를 못하고 폭발했으며, 언제나 호전적인 눈빛으로 쏘아보며 하루를 보냈다. 사십대 중반을 넘어서고 나서야, 비로소 내 안의 교만과 공격성이 조금씩 누그러지는 것 같다. 물론 총명함이나 감각도 나무처럼 둔해지고 있지만, 조급함이나 교만도 함께 나뭇등걸처럼 굳어지고 있으니, 삶이 조금씩 행복으로 물들어간다.

나이 먹고 가장 추잡스러울 때는 언제인가. 부와 명예를 얻지 못했을 때는 그 추한 모습을 잘 드러내지 않는다. 누군가와 불화할 때, 흉물스런 민낯이 드러난다. 낮살이나 먹고도 아직도 누군가와 싸우고 있다면, 그것이야말로 가장 부끄러운 모습이다. 목계는 섣불리 누군가에게 눈을 부라리지 않지만, 싸움판에 들어온 닭들은 그 권위를 인정하고 조용히 무릎을 꿇는다. 가정에서건 일터에서건 핏대를 올려야만 일이 굴러간다면, 다시 한번 스스로를 돌아봐야 한다. 아직 나는 나무처럼 굳건해지지 못했구나. 아직 나는 목계의 미덕을 갖추지 못했구나.

물론 나 역시 예외는 아니다. 상대적으로 이십대, 삼십대 시절보다는 나아졌지만 아직도 목계의 덕을 갖추려면 많이 부족하다. 여유와 부드러움과 겸양으로 삶을 가득 메워도 모자랄 판에, 여전히 나는 도량이 좁고 느긋한 데가 없으며 교만하고 공격적이다. 안타깝게도 아직은 완성형 목계가 아니라는 말이다. 겨우 날갯죽지 하나에 부리와 벼슬 정도만 나무처럼 굳건해졌으니, 해는 뉘엿뉘엿 지는데 갈 길이 멀구나!

부드럽고 약한 것이 강하고
굳센 것을 능히 이기는 것이다.

◆ 〈도덕경道德經〉 36장

〈쇼미더머니〉라는 직설적 제목의 경연 프로그램이 있다. 다양한 방법으로 랩 실력을 겨뤄 우승자를 가린다. 이 프로

그램의 가장 흥미로운 지점은 이미 우승을 한 래퍼가 출연자로 다시 등장하기도 하고, 심사위원을 몇 번이나 역임했던 가수가 경연 참가자로 나서는 경우도 있다는 점이다. 다른 음악 경연 프로그램에서는 상상도 할 수 없는 일이다. 〈싱어게인〉 심사위원인 윤도현이 다음 시즌에는 경연참가자로 나서는 일이 가능이나 할까. 혹은 이미 우승을 차지한 악동뮤지션이 몇 년 후 다시 〈케이팝스타〉에 예선부터 참여하는 일이 가당키나 할까. 하지만 〈쇼미더머니〉에서는 종종 벌어지는 일이다.

2021년 방송된 시즌 10에는 시즌 4의 우승자 베이식이 등장해 같은 시즌에 출연했던 송민호에게 심사를 받는 장면이 연출되었다. 함께 경연에 나섰던 동료, 심지어 자신보다 순위가 뒤쳐졌던 후배에게 예선 심사를 받는 심정은 어땠을까. 상상하기도 어려운 그 상황을 베이식은 담담히 받아들이고, 도리어 그 전복적인 상황을 활용해 멋진 랩을 뱉어냈다. 그리고 그는 합격을 알리는 메달을 목에 걸었다.

전근대 사회나 산업화 사회 초기에는 후배가 선배에게 도제식으로 일을 배웠다. 그 시절에는 일단 습득한 지식을 갈고 닦고 연마하여 자신의 것으로 만드는 것이 중요했다. 하지만

4차 산업혁명의 시대에는 권위에 속박받지 않고 패러다임을 전환할 수 있는 능력이 필요하다. 내가 지난 시즌 심사위원을 했다는 경력이나 몇 해 전 우승을 차지했다는 사실은 전혀 중요치 않다. 지금, 현재, 나의 모습이 판단의 모든 근거다.

새로운 세상의 흐름을 받아들여야 하는 요즈음, 가장 경계해야 할 악덕은 생각의 틀에 갇히는 실수다. 내가 방송국 프로듀서라는 직업을 가지고 살아온 지 벌써 스무 해가 훌쩍 넘었다. 당연하게도 작가나 출연자 등 함께 일하는 동료들의 나이가 상대적으로 점점 어려지고 있다. 처음 라디오 피디라는 직업을 시작했을 때에는 대부분 선배였다. 그저 하나씩 장점을 배우자는 마음으로 대하고 연출하면 그만이었다.

하지만 요즘은 훨씬 더 많은 노력을 기울여야 한다. 조연출 후배의 한마디, 막내 작가의 한마디가 더 무섭다. 선배가 지적했으면 한 번 생각할 일도 후배가 하면 자연스레 두 번 고민하게 된다. 후생가외後生可畏라 했던가. 내 사고의 유연함이 부족한 것은 아닌지 되돌아보게 된다. 꼰대로 전락하지 않기 위한 발버둥이다.

고정관념에 사로잡히게 되면 인생의 해답을 찾기 어려워진다. 열린 시야로 모든 가능성을 고려할 수 있을 때에라야 미망

迷妄에서 벗어나게 된다. 이번 판의 심사위원이 다음 판에서는 경연참가자가 되어 신명나게 놀아재끼는 마음가짐이야말로 21세기를 살아가는 우리에게 가장 필요한 덕목이다. 이 덕목을 한마디로 요약하자면, 유연함柔이다. 휘어질 때는 휠 수 있고, 받아들일 때는 받아들일 줄 아는 사고의 유연함이 필요하다. 아무리 내가 부장이어도 신입사원의 아이디어가 참신하면 채택하고 수용해야 한다. 아무리 내가 집안의 어른이어도 아이의 말이 일리가 있다면 듣고 따라야 한다. 아무리 내가 감독이어도 선수의 생각이 옳으면 훈련 방법을 바꿀 줄 알아야 한다. 그래야 훌륭한 리더가 될 수 있다.

공자는 네 가지 일을 절대 하지 않았다.
근거 없는 억측을 하지 않았고,
반드시 하겠다는 것이 없었으며,
고집을 부리지 않았고,
나만이 옳다고 하지도 않았다.

◆ 〈논어論語〉자한子罕

이 얼마나 유연한 자세인가.

열심히 자신의 일을 하다 보면 빠지기 쉬운 함정이 하나 있다. 내가 생각해낸 아이디어가 최선이고, 내가 고안한 방법만이 유일한 선善이고, 내가 추진하는 속도가 최상의 결과를 낳는다는 착각이다. 한마디로 생각의 틀에 갇혀버리는 것이다. 나이가 들고 위치가 올라갈수록 생각의 틀에 쉽사리 갇혀버린다. 유연함을 잃어가기 때문이다.

'반드시 하겠다는 것이 없었다'는 구절은 꽤나 의미심장하다. 삼천 제자를 거느리고 온갖 나라를 돌아다니며 유세에 열을 올리던 공자에게 필생의 목표가 정말 없었을까. 아니다. 공자에게는 배워야 할 학문도, 설득해야 할 군주도, 가르쳐야 할 제자도 넘쳐났다. 다만 자신이 설정한 목표가 잘못되었을 수도 있음을 인정하고, 주변의 충고에 귀를 기울여 언제라도 방향을 바꿀 수 있다는 유연함을 보여주는 표현이다.

하늘의 도는 장차 이것을 움츠리고자 한다면 반드시 이것을 잠시 펴도록 고집한다. 장차 이것을 약하게 하고자 한다면 반드시 이것을 잠시 강하게 만든다. 장차 이것을 없애고자 한다면 반드시 이것을 잠시 흥하게 한다. 장차 이것을 빼앗고자 한다면 반드시 이것을 잠시 주고자 한다. 이것을 일컬어 보일 듯 말 듯한 밝음이라고 하는데 부드럽고 약한 것이 강하고 굳센 것을 능히 이기는 것이다.

◆ 〈도덕경道德經〉 36장

부드럽고 약한 것이 능히 강하고 굳센 것을 이길 수 있다는 노자의 일갈은 〈황석공소서黃石公素書〉에도 전하는 말씀이다. 〈황석공소서〉라는 책은 진한秦漢 교체기의 숨은 실력자 황석공黃石公이 장량張良에게 남긴 병법 비급秘笈이다. 피와 살이 튀는 전장에서 적을 제압하는 방법을 주된 주제로 삼는 책이 병법서다. 그 병법서에서조차 부드러움이야말로 최고의 무기임을 강조하고 있는 것이다. 하여 우리는 유연함을 잃고, 격식에 얽매이고, 시의적절하게 대처하지 못하는 순간 패배할 수밖에 없다.

나는 자꾸 몸이 굳어지고 뻣뻣해질 때면, 단하소목불丹霞燒木佛이란 고사를 떠올리며 스스로 마음을 다잡는다.

단하천연丹霞天然 화상和尙은 당나라 말기의 고승이다. 화상이란 보통 수행을 많이 한 승려를 의미한다. 단하천연 화상은 행각行脚을 다니다가 날이 어두워지자, 낙양의 혜림사慧林寺에 잠시 몸을 의탁했다. 겨울인데다 그날따라 날이 몹시도 추웠다. 하지만 절의 주지가 너무나 구두쇠여서 행각승인 단하천연의 방에는 군불 하나 때지 않았다. 하도 방이 냉골인지라 화상은 바깥으로 나와 땔감이 있는지 찾아보았지만, 땔 나무가 하나도 없었다. 발길이 법당에까지 이르렀는데 마침 목불이 하나 있는 게 아닌가. 화상은 냉큼 목불을 꺼내다 쪼개어 불쏘

시개로 사용했다.

한밤중에 연기 냄새를 맡은 주지는 단하천연의 방에 찾아왔다. 땔감을 어디서 구했는지 묻자, 천연덕스럽게 화상이 답했다.

"목불을 쪼개어 때고 있소."

주지는 펄쩍 뛰며 고함을 쳤다.

"아니 불상을 땔감으로 쓰다니, 지금 선사가 제정신이오?"

그러나 화상은 눈 하나 깜짝하지 않고 대답했다.

"주지 스님. 소승은 지금 부처님을 다비茶毘해서 사리를 얻으려 합니다. 대관절 무엇이 잘못되었단 말이오?"

주지는 화상의 대답에 화를 주체하지 못하고 소리를 질렀다.

"나무로 만든 부처에 대체 무슨 사리가 있단 말씀이오?"

대답을 듣고 화상은 천천히 그러나 단호하게 답했다.

"사리도 안 나오는 부처가 무슨 부처라고, 오밤중에 이 난리를 친단 말이오?"

이 일화를 전해 듣고 한 승려가 진각眞覺대사에게 물었다.

"단하는 목불을 태웠고 그 절의 주지는 화를 내었는데, 이것은 누구의 잘못입니까?"

진각이 답했다.

"주지는 부처만을 보았고 단하천연 화상은 나무토막만을 태웠느니라."

승려가 불상을 태웠다. 게다가 누군가의 목숨을 구해낸다는 대의를 위해서도 아니고, 그저 한겨울 따뜻한 아랫목에서 잠들기 위해 불상을 태웠다. 불가에 귀의한 몸으로 차마 결행하기 어려운 일이다. 하지만 단하천연 화상은 천연덕스럽게 불상을 불쏘시개로 만들었으니, 그의 사상적 유연함은 가늠하기 어려울 지경이다. 문득 어느덧 꼰대가 다 되어버린 내 모습을 발견할 때마다, 결연히 단하소목불을 떠올린다. 단하천연 화상은 어린 동자승에게도 배울 것이 있다고 느꼈다면, 스스럼없이 그 제자가 되었을 것이다.

생각의 틀에 갇히지 않기 위해서
늘 사고의 유연함을 기를 것.
그것이야말로
꼰대에서 멀어지는 최선의 방법이다.

'척'하는 자들에게

과휴寡虧

부족하다

성인聖人, 내가 만나보지 못했다.
군자라도 만나볼 수 있다면, 그것만으로 좋겠다.
선한 사람, 내가 만나보지 못했다.
한결같은 사람이라도 만나볼 수 있다면, 그것만으로 좋겠다.
〈논어〉술이

"소진과 장의는 나라를 기울게 만든 위험한 인물들이었다."
"소진과 장의는 나라를 일으켜 세우고 백성을 받든 호걸들이
었다."

전자는 사마천의 평가요, 후자는 제갈량이 내린 판단이다.
소진과 장의는 춘추전국시대 합종연횡合從連衡을 통해 여섯
나라의 재상을 겸임하며 위세를 떨치던 인물들이다. 탁월한
외교관이던 그들은 전쟁보다는 국가 간의 다층 복합적 연합

을 바탕으로 당대의 정치 지형을 재편했다. 시대를 꿰뚫어본 역사가 사마천의 시선과 당대 최고의 전략가 제갈량의 평가는 극단적으로 엇갈린다. 누구보다 예리한 통찰을 갖춘 최고의 지성들조차 동일한 인물의 동일한 행적을 달리 평가하고 있는 셈이다.

이 세상에 절대적인 진리는 존재하지 않는다. 역사와 인물에 대한 평가 혹은 문학이나 철학의 영역은 물론이요, 우리가 흔히 객관적이고 절대적이라 여기는 과학 분야조차 그러하다. 《과학 혁명의 구조》를 집필한 토마스 쿤에 따르면, 우리가 배우는 과학 지식은 당대 과학자들의 합의에 지나지 않는다. 내가 열심히 배운 물리 법칙을 내 증손주의 교과서는 오류 가득한 지식으로 취급할지 모른다. 예컨대, 우리 세대는 '빛은 파동이자 입자'라고 배웠다. 하지만 양자물리학의 세계에서 모든 물질은 결국 파동으로 수렴하게 되니, 내가 배운 과학 지식은 더 이상 진리가 아닌 것이다.

세상만물에 절대적 진리가 없듯, 인간의 본질 역시 여러 층위로 존재한다. 초지일관 한결같은 생각을 지니고 행동하는 태도는 무엇과도 바꿀 수 없는 멋진 덕목이다. 하지만 공자 같은 성인聖人조차 온전히 갖추지 못한 미덕이다. 〈논어〉를 읽다 보면, 공자의 언행도 일관되지 않다는 사실을 쉽사리 알아챌 수 있다. 심지어 똑같은 질문에 상이한 답을 내리는 경우도 왕왕 있다.

계문자季文子가 매사에 세 번씩 생각한 연후에 행동한다고 하자, 공자는 두 번이면 족하다고 말했다. 평소 신중하게 여러 번 생각하고 행동할 것을 권하던 공자의 언행과는 사뭇 다른 모습이다. 탁월한 행정가이자 용맹스런 장군이었던 제자 염구冉求가 "의義를 들으면 바로 행해야 합니까?"라고 묻자, 공자는 "즉시 의를 행해야 한다!"라고 답한다. 반면 자로가 같은 질문을 하자, "아버지와 형이 계신데, 어찌 듣고서 바로 행하겠느냐!"라고 나무란다.

누군가에게는 신중함을 권하지만 다른 누군가에는 가벼운 행보를 주문하는 공자의 태도, 이 납득할 수 없는 괴리를 어떻게 이해해야 할까. 얼핏 보면 모순덩어리 대답이지만, 나름의 논리와 이유는 명확하다. 계문자는 본래 뼛속까지 잇속에 밝은 인물이다. 그러므로 여러 번 생각하면 지나치게 이해타산적인 행동을 하게 될까 두려워, '두 번 생각하면 족하다'라고 대답한 것이다.

염구와 자로의 경우를 따져보자. 여기서 '의를 들으면'의 의미는 '부도덕하거나 불충한 사건을 듣고는, 목숨을 내놓고 협객처럼 거사를 도모해야 한다면'이라고 풀이하면 이해가 쉽다. 염구와 자로에게 상반된 대답을 내놓은 공자에게, 공서화가 의아한 듯 따져 물었다. 공자의 대답은 간명했다. "염구는 소극적이므로 나아가게 한 것이요, 자로는 항시 다른 사람을 이기려고 하니 물러서게 충고한 것이다." 같은 병이라도 체질에 따라 써야 하는 약재가 달라지듯, 공자는 제자의 성향과 처한 환경을 두루 고려해 맞춤처방을 내린 것이다.

우리네 인생 역시 마찬가지다.

우리는 삶의 옹이마다, 수많은 문제들을 맞닥뜨리게 된다. 그러나 같은 문제라도 언제 푸느냐, 어디서 푸느냐, 누구를 앞에 두고 푸느냐에 따라 해법은 천양지차로 갈린다. 세상 누구든 살아가며 겪은 일을 한 줄에 꿰어 한나절 동안 들여다보면, 지나온 삶의 궤적이 얼마나 계통 없고 모순되는지 깨닫게 되어, 깜짝 놀랄 것이다.

16부작 드라마도 하룻밤에 몰아보면, 한 주에 두 편씩 감상할 때와는 달리 플롯이며 캐릭터며 온갖 허점들이 거슬리게 된다. 눈만 벌겋게 충혈되는 게 아니라, 재미도 한여름 빙수 녹듯 스르르 사라져 버린다. 때에 따라 혹은 처지에 따라 변덕을 부리기도 하고, 이랬다저랬다 모순되는 말을 내뱉는 것이 바로 우리들의 참모습이다. 그러니 우리네 보통 사람들은 '왜 그리 일관성 없냐!'는 힐난에 애써 마음 쓸 필요가 없다.

> 한결같은 사람이라도 만나볼 수 있으면 좋겠다.
> 없으면서 있는 척하고,
> 비었으면서 가득 차 있는 척하며,
> 가난하면서 부자인 척하니,
> 어렵구나! 한결같음을 지닌다는 것이!
>
> ◆ 〈논어論語〉술이述而

인간은 자기 자신을 들여다보아야 할 때, 가장 괴롭다.

자신의 비루한 속내, 천박한 취향을 정면으로 마주하고 응시해야만 하니 그렇다. 자신과 마주하는 일은 마치 천 길 낭떠러지 위에 서 있는 듯 두렵고, 고립무원에 갇힌 것처럼 외롭다. 〈자화상〉을 통해 시인 윤동주가 표현한 것처럼, 자신을 들여다보는 일은 미워졌다가 다시 가여워져 돌아가고, 가엾다가도 다시 미워져 멀어지는 허무한 반복이다. 마치 시시포스가 행하는 아무런 보람도 없는 수고로움, 도로徒勞와 다름없다.

아리스토텔레스는 설득의 수단으로 로고스, 파토스 그리고 에토스를 제시했다. 로고스는 내용의 논리를 의미하며, 파토스는 청중의 정서와 감정에 호소하는 방법을 뜻한다. 그리고 마지막으로 에토스는 화자의 인격을 의미한다. 논리적 정합성과 감정과 정서에 기반한 접근도 중요하지만, 연사의 공신력이야말로 대중 설득의 필수 요소다. 흔히들 설득의 수단으로 에토스를 6할, 파토스를 3할, 로고스는 1할 정도라고 평가한다. 신뢰할 만한 삶의 태도를 견지해야만 우리는 앞으로 나아갈 수 있다.

세상의 모든 불행은 에토스를 갖추지 못한 채 감행하는 '척'에 기인한다. 한 번 사는 인생에서 각자에게 주어진 몫은 천차만별이다. 금수저를 물고 태어난 사람도 있고, 맨주먹으로 태어난 사람도 있다. 단순히 재산뿐 아니라 체력, 지력, 외모, 성격 등도 타고나는 정도가 제각각이다. 각자에게 주어진 몫이 천차만별이라는 점을 인정하고, '척'하지 않으며 받아들이면 세상에 어려울 일이 없다. 하지만 '척'하지 않으려면 시인 윤동주처럼 치열하고 강단 있게 자신을 마주해야 한다. 또한 마주한 그 모습을 여과 없이 공개할 수 있는 용기마저 필요하다. 그러니 '척'하지 않고 살기란 얼마나 어려운 일이던가.

〈닥터 하우스〉라는 미국 드라마가 있다. 주인공 하우스 박사는 괴팍하긴 하지만 누구보다 정확하게 병명을 진단해내고 불치병에 걸린 중환자의 생명을 구해내는 명의다. 다른 의사들과는 달리, 그에게는 환자의 진단명을 신속 정확하게 알아내는 비법이 하나 있다. 바로 환자의 말을 믿지 않는 것.

　모든 환자는 거짓을 말한다는 신념 아래, 그는 의심에 의심을 거듭하며 진단을 이어간다. 술을 마시지 않았다, 외도를 하지 않았다, 열대지방에 방문한 적 없다 등등 환자들은 자신의 과오를 감추기 위해 끊임없이 거짓을 말하고, 하우스는 그 진위를 분별해낸다. 진료실에 들어선 환자들이 하나같이 '척'하고 있음을 알고 있는 하우스 박사는 훌륭한 의사가 될 수밖에 없다.

　세상살이에서 가장 어려운 일은 '척'하지 않으며 살아가는 것이다. 거짓의 가면을 벗은 채 세상에 맨 얼굴을 들이밀기란 여간 어려운 일이 아니다. 반면, 인생에서 행복을 얻기 위한 가장 쉬운 방법 역시 '척'하지 않는 것이다. 세상에서 가장 어려운 일이 세상에서 가장 쉬운 일이라니, 일견 모순되어 보인다. 허나 행복의 본질을 꿰뚫어 볼 수 있는 사람이라면, 흔쾌히 수긍할 수 있는 명제다. 누군가에게는 행복해지는 일이 손바닥 뒤집듯 쉬운 일이지만, 다른 누군가에게는 세상 모든 부와 명예를 거머쥐어도 얻을 수 없는 신기루 같은 존재가 바로 행복이라는 요물이다.

한마디로, 마음먹기 달려 있다는 말이다. 허나 살다 보면 마음먹는 일은 결코 마음대로 되지 않음을 깨닫게 된다. 원효 대사의 해골 물, 다시 말해 일체유심조一切唯心造를 굳이 언급 하지 않더라도, 우리는 경험을 통해 알고 있다. '마음을 먹는 다!'라는 행동이 세상에서 가장 쉬운 듯 보이지만, 한편으론 가장 어려운 일이라는 진리를. 마음먹은 대로 마음먹을 수 있 다면 세상이 얼마나 쉬울까.

마음은 그래서 묘하다. 쉬우면서 어렵고, 복잡하면서 단순 하다. 어떤 날엔 계통을 찾으며 일관되다가도, 다음 날엔 알렉 산드로스 대왕이 단칼에 잘라버린 고르디우스의 매듭처럼 어 지럽다. 마음 다잡는 방법을 알아내려면, 언제 마음이 흔들리 는지 살펴볼 필요가 있다. 살면서 겪는 수많은 사건 가운데, 가장 크게 후회로 남는 일은 대체로 '아, 내가 그때 그렇게 하 지 않았더라면…' 혹은 '내가 다른 방법을 선택했더라면…'이 라는 회한을 남긴다. 가지 않은 길에 대한 미련이 가장 크고 깊으며, 또한 마음을 아리게 만든다.

하여 나를 휘감는 번뇌의 늪에서 헤어나는 가장 효율적인 방법은 '내가 어찌 할 수 없는 일을, 어찌 할 수 있는 일이라고 착각'하지 않는 것이다.

그때 오른쪽 길로 갔었어야 하는데, 라고 미련이 남지만 기억을 지우고 다시 갈림길에 던져지면 우리들 대부분은 역시나 왼쪽 길을 선택하게 되어 있다. 우리는 그렇게 타고났다. 산기슭의 갈래 길에 서면 왼편을 선호하게 설계되어 있으니, 후회는 접어두는 편이 낫다. 타임머신이 존재해 내 기억을 끌어안고 돌아가지 않는 이상, 다른 선택은 불가능하다. 그러니 어찌 할 도리가 없는 셈이다.

지금 이 순간, 타임머신 없이도 후회 없는 선택을 하려는 우리에게 가장 필요한 덕목은 바로 '척'하지 않는 것이다. 없으면 없는 대로, 모르면 모르는 대로, 살면 된다. 착한 마음을 지니고 있지 못하면 또한 그렇게 살면 된다. 선한 마음을 지니며 살아가는 것이 최선이겠지만, 거짓부렁으로 착한 척하는 것보다는 대놓고 자신의 마음을 드러내며 살아가는 편이 낫다. '척'을 하려면 엄청난 에너지가 소모된다. '척'을 하다가 민낯이 드러나면, 한 대 맞고 끝날 일이 백 대 두드려 맞을 일로 둔갑한다.

결정적으로 '척'을 하며 살다 보면, 자기 자신을 잃어버리게 된다.

자아를 잃어버린 채 살아가는 삶은 제아무리 화려해도 공허하고 허망하다. 반면 자아를 틀어쥔 채 살아가는 삶은 아무리 소박하고 하찮아 보여도 끝내 충일한 몰입을 선물한다. 남의 시선에 휘둘리지 않고 타인의 시선에 갇히지 않는 인생이야말로 참된 삶이다.

〈장자〉 잡편 가운데 31편 '어부'편에는 공자가 한 늙은 어부에게 가르침을 받는 장면이 등장한다. 공자는 걱정스러운 듯 탄식하며, 두 번 절하고 일어나 묻는다.

"저는 노나라에서 두 번이나 쫓겨났고, 위나라에서도 추방당했으며, 송나라에서는 나무에 깔려 죽을 뻔했고, 진나라와 채나라 국경에서는 포위를 당하기까지 했습니다. 저는 제가 무얼 잘못했는지 알지 못하겠습니다. 다만 제가 이처럼 네 번이나 모함을 받은 것은 대체 무엇 때문일까요?"

어부가 애처로운 표정을 지으며 답한다.

"너무 심하군요. 선생은 정말 말귀를 못 알아듣네요! 어떤 사람이 자기의 그림자가 두렵고 발자국이 싫어서 그것들을 피해 달아난다고 가정해봅시다.

발을 움직이는 횟수가 빨라질수록 발자국은 더욱 많아지고, 아무리 빨리 달려도 그림자는 그의 몸에서 떨어지지 않았습니다. 하여 그 사람은 여전히 자신이 느리게 달리고 있다고 생각하고는 쉬지 않고 더 빨리 달리다가 기력이 다해 결국엔 죽어버렸지 뭡니까.

만약 그가 그늘 속으로 들어갔더라면 그림자는 없어졌을 것이고, 또 가만히 있었더라면 발자국은 생기지 않았을 겁니다. 그는 이 사실을 몰랐던 겁니다. 지나치게 어리석었던 것이죠."

자신의 그림자를 피하려면 빛이 없는 곳으로 향해야 하며, 자신의 발자국은 걸음걸이를 멈춰야 비로소 사라진다. 타인의 시선감옥에 갇히지 않으려면 남을 의식하면 안 되고, 스스로의 마음속을 성심껏 들여다봐야 한다. 네 번의 모함이 어디에 기인하는지 묻는 공자의 질문에 어부는 질문 자체가 잘못되었음을 지적한다. 여러 나라에서 벌어진 일들을 모함이라고 단정 지을 것이 아니라, 스스로 그릇된 패러다임에 갇혀버린 것은 아닌지 되묻고 있는 것이다.

아무리 빨리 달리려 노력해도 그림자에서 벗어날 수는 없듯이, 공자가 달리 처신했어도 노나라에서 쫓겨나는 일은 불가피했음을 깨달으라는 어부의 꾸짖음이다. 공자가 더 많은 책을 읽고 더 많은 현인에게 가르침을 받는다고 해결될 수 있는 문제가 아니다. 세상을 바라보는 시선을 바꿔야만, 비로소 공자는 자신을 괴롭히는 '모함'에서 벗어날 수 있게 된다.

모함은 공자의 욕심이 키워낸 불만의 결과물이자, 타인을 의식하는 태도가 만들어낸 갈망이다. 노나라, 위나라 혹은 송나라에서 공자는 늘 제후의 신임을 얻어 출사하기 위해 자신의 모든 신경을 곤두세웠으리라. 스스로의 내면을 돌아다 볼 여유는 없었으니, 그는 늘 '모함'을 받을 수밖에. 제후의 눈에 들기 위해 아무리 열심히 노력해봐야, 그 욕망은 조갈에 겨워 바닷물을 들이켜는 어리석은 행동처럼 절대 채워질 수 없는 것이다.

> 고로 고귀함은 비천함을 근본으로 삼고,
> 높음은 낮음을 기초로 삼는다.
> 이것이 임금이 스스로 부르기를
> '외롭고, 부족하고, 하늘의 보살핌을 잃어버렸다孤寡不穀'고 하는 것이니,
> 이는 비천함을 근본으로 삼는 것이 아니겠는가!
> 진실로 그렇지 않은가!
> ◆ 〈도덕경道德經〉39장

통치자들에게 스스로 겸양할 것을 강조하는 노자의 일갈이다. 통치자들이 스스로 고인孤人, 과인寡人, 불곡不穀, 짐朕이라고 부르는 이유와 맥락을 설명하고 있는 구절이다. 고인은 부모

가 없는 사람을, 과인은 남편이 없는 사람을, 불곡은 곡식이 번창하게 잘 자라게 하지 못하는 사람을, 짐은 조그맣게 갈라진 틈처럼 사소한 사람을 의미한다. '짐이 부덕하여 흉년이 계속되는구나!' 혹은 '과인이 출정을 명하노라'와 같은 사극 대사를 종종 들어봤을 터, 임금이 스스로를 지칭하는 표현들이다.

오늘날 왕이 사라진 이 시대에, 나 자신이 곧 왕이다. 내가 숭배하고 온 신경을 곤두세워야 할 존재는 바로 나 자신이다. 하여 도덕경의 저 가르침은 우리에게 그대로 적용해봄 직하다. 나 스스로가 부덕하고 부족하고 사소한 존재임을 인정하는 삶이야말로 진정 나 자신을 고귀하게 만드는 방법이다. 이는 자존감을 낮추라는 주문이 아니다. 내가 가진 것에 자존을 덧붙이되, 내가 가진 것이 얼마 없으면, 그 부족함을 선선히 인정하라는 뜻이다. 남에게 보이는 겸양의 표현이 아니라, 내가 스스로 부족함을 깨닫고, 인정하며 사는 삶이야말로 행복으로 향하는 지름길이다.

나의 인생 영화 〈포레스트 검프〉에는 모두가 아는 톰 행크스의 명대사가 나온다. "내 어머니는 늘 말씀하셨지. '인생은 초콜릿 상자와 같단다. 뭐가 나올지 알 수가 없지'."

그렇다! 내가 고른 초콜릿 안에 아몬드가 들어 있을지, 위스키가 들어 있을지, 민트크림이 들어 있을지 도통 알 수가 없다. 입에 넣고 녹여봐야 비로소 우리는 깨닫는다. 내 인생이 달콤한지 씁쓸한지. 누군가는 '주어진 운명에 기대어 살아가는 수동적인 삶의 태도'라며, 이 명대사를 비난한다. 하지만 검프의 어머니가 강조하고 싶은 메시지는 '우리에게 주어진 삶을 온전히 받아들이라'는 것이다. 주어진 운명을 온전히 받아들이고 나서야, 우리는 앞으로 나아갈 수 있다.

있는 척, 잘난 척, 아는 척, 착한 척 하지 말고
비천함을 뿌리로 삼는 자세야말로
행복으로 향하는 지름길이다.

2부

고전으로
단단해지는
나

어찌할 수 없는
진퇴 앞에 있다면

분憤

힘쓰다

분憤을 일으키면 먹는 것도 잊고,
즐거워하면 근심을 잊는다.
그리하여 늙음이 장차 다가오는 것마저 알지 못한다.
〈논어〉 술이

얼마 전 사내전산망에서 공지사항을 하릴없이 열어보다가 화
들짝 놀랐다.

'희망퇴직 시행안내'라는 게시물을 클릭해 내용을 찬찬히
훑어보는데, 신청대상에 '1976년 12월 31일 이전 출생자'라
고 쓰여 있는 게 아닌가. 76년이라고? 정말? 76년생인 나는
2001년 입사 이후 처음으로 희망퇴직 대상자가 되었다. 세상
사 늘 그렇듯이, 희망퇴직이건 명예퇴직이건 나만 해당되지
않으면 강 건너 불구경이다. 그런데 이젠 내 코가 석자다.

때는 바야흐로 꿈꾸면 무엇이라도 될 수 있을 것만 같았던 밀레니엄의 초입, 신입사원의 패기와 열정으로 무장하고 하루하루 즐겁게 출근하던 것이 엊그제 같은데, 희망퇴직 대상이 될 정도로 나이를 먹었다는 사실이 실감이 나지 않는다. 붕어빵에 붕어가 없듯, 희망퇴직에도 희망은 찾을 길이 없다.

본디 인간은 자신에게 가장 부족한 지점을 유독 강조하게끔 설계되어 있다. 1980년 신군부 세력에게는 민주와 정의가 결여되어 있었기에, 그들은 민정당이란 이름을 앞세워 창당을 했다. 누구도 자발적으로 봉사를 하지 않지만, 대학 지원을 위해 억지스레 꾸역꾸역 채워나가야 하는 것이 자원봉사의 실체다. 희망하지도 희망이 보이지도 않는 퇴직이 희망퇴직이며, 가장 불명예스럽게 등 떠밀려 쫓기듯 회사를 떠나야 하는 것이 바로 명예퇴직이다.

사전을 뒤적여 은퇴隱退라는 단어를 찾아보면 '맡은 바 직책에서 손을 떼고 물러나서 한가로이 지냄'이라고 되어 있다. 한자로 풀이하자면 '숨다' 은隱에 '물러나다' 퇴退. 물러나는 것만 해도 서러운데 왜 굳이 숨어서 물러나야 하는 걸까. 은이란 한자를 톺아보면 '기대다'라는 의미도 있다. 하여 은퇴 이후의 삶은 스스로 서지 못하고 누군가에게 기대어 살아간다는 뜻을 내포하고 있는 것일까. 이래저래 어떤 의미로 해석하든 은퇴가 서글프기는 매한가지다.

서글픈 명퇴자들에게 조금은 위안이 될 만한 사료가 하나 있어 소개하고자 한다. 조선 최고의 명재상으로 꼽히는 서애西厓 유성룡柳成龍. 그토록 뛰어난 인물도 등 떠밀려 은퇴를 당해야만 했다. 유성룡은 임진왜란이 발발하자 이순신을 천거하여 종묘사직을 지켜냈고, 도승지, 대제학, 대사헌, 이조판서 등 두루 요직을 거치다 끝내 영의정의 자리까지 올랐다. 하지만 전란이 끝난 후 '화친을 주장해 나라를 그르쳤다'는 죄목으로 정인홍을 비롯한 북인의 탄핵을 받고 실각했다.

유성룡은 낙향하여 고향인 안동 하회마을로 돌아가 집필에 몰두하였고, 그 결과물로 〈징비록懲毖錄〉이라는 저술을 내놓았다. 〈징비록〉은 임진왜란 당시 조선의 참혹한 실상을 기록한 책으로 왜란 연구사에서 가장 중요한 자료로 손꼽힌다. 서애는 비록 조정에서 물러났지만 어찌 보면 현직에 있을 때보다 더 큰 업적을 남겼다. 비록 은퇴당했지만, 숨지도 기대지도 않는 당당한 삶을 이어간 것이다.

지난 일을 경계하여予其懲
앞으로 후환이 생기지 않도록 대비한다毖後患.

◆ 〈시경詩經〉

〈시경〉의 한 구절(여기징이비후환予其懲而毖後患)에서 따와, 제목을 붙인 〈징비록〉은 은퇴한 재상만이 쓸 수 있는 최고의 저작이다. 임진왜란을 몸소 겪으며 앞으로 조선에 다시는 이런 환란이 일어나지 않기를 바라는 갸륵한 마음이 녹아 있는 기록이기도 하다. 유성룡은 낙향하고 얼마 지나지 않아 복권되었고, 선조는 그를 다시 조정으로 불러들이려 했다. 하지만 끝끝내 고사하며 출사하지 않았다. 비록 서애는 안동으로 떠밀려 내려왔지만, 자신의 진퇴를 스스로 결정한 것이다.

떠나야 할 때와 머무를 때를 스스로 결정한다는 것은 멋진 일이다. 세상의 많은 사람들은 나아감과 물러섬을 자신의 의지로 결정하지 못한다. 때로는 밥벌이의 의무감으로 떠나지 못한 채 질척거리기도 하고, 때로는 두방망이질하는 충동에 겨워 남아야 함에도 불구하고 자리를 박차는 경우가 허다하다. 어쩌면 진퇴의 서걱거림을 감내하는 것이야말로 우리네 삶이 견뎌야 하는 전부일지도 모른다.

어느덧 희망퇴직이 가능한 나이에 들어서보니, 세월의 무상함이 뼛속까지 파고들어 시리고 아프다. 나이를 먹는다는 것, 다시 말해 인생의 황혼에 점차 가깝게 다가가고 있다는 것을 체감하게 된다. 그러다 문득 고민한다. 어떻게 나이를 먹어야, 멋지게 늙어간다고 할 수 있을까. 노화라는 어휘는 이제 더 이상 남의 일이 아니다. 하여 이 질문은 내게 절박함으로 다가온다.

> 섭공이 자로에게 공자에 대해 물었다.
> 그런데 자로는 대답하지 않았다.
> 이 사실을 알고는 공자가 말했다.
> "너는 어찌하여 '그분은 사람됨이 분을 일으키면 먹는 것도 잊고, 즐거워하면 근심을 잊는다. 그리하여 늙음이 장차 다가오는 것마저 알지 못한다'라고 말하지 않았느냐!"
>
> ◆ 〈논어論語〉술이述而

자긍심 가득한 공자의 자평이다. 발분發憤하면 먹는 것도 잊을 정도이고 도道를 즐기면 근심도 잊게 되는 사람이 곧 자신이라는 말이다. 게다가 한 발 더 나아가 늙음이 다가오는 것마저 모르게 된다는 것이니, 공자의 열정이 사뭇 강렬하게 전해진다. '분을 일으킨다'는 것은 학문에 대한 끓어오르는 열정을 의미하고, 즐거워한다는 것은 유학의 도를 만끽한다는 의미다. 열심히 배우고 수양하여 도를 즐기게 된다면 나이 먹는 것조차 초월하게 된다는 뜻이니, 희망퇴직의 나이에 접어든 우리 모두가 가슴 깊이 새겨볼 만한 말씀이다.

공자의 가르침에 문득 내 자신을 돌아보며 반성하게 된다. 희망퇴직이 가능한 나이에 접어든 내가 요즘 업무를 처리하며 공자처럼 발분한 적이 있는가, 혹은 즐거워한 적이 있는가. 열정으로 가득 찬 초심은 어느새 사라지고, 그저 보신과 안일로 하루하루를 채워나갔던 듯싶다. 당연하게도 공자는 늙음이 장차 다가오는 것을 미처 알지 못했지만, 나는 오직 늙음이 다가오는 것만을 예의주시하고 있었을 뿐이나.

하여 희망퇴직당할까, 명예퇴직당할까, 두려워하느니 자신에게 주어진 업무에 최선을 다하는 편이 낫지 않을까, 라는 자못 건강한 결론에 다다르게 된다. 어차피 나의 진퇴는 어찌할 수 없는 영역이다. 유성룡 역시 특별히 잘못을 저질러서 실각한 것이 아니다. 때마침 북인 세력이 치고 올라왔고, 교활한 선조가 남인을 견제하려고 이를 이용했기 때문에 벌어진 사달이다. 서애가 안동으로 내려가 굽이치는 물길을 바라보며 징비懲毖의 마음을 한 땀 한 땀 아로새겼듯이, 우리는 우리의 일에 최선의 열정을 쏟아부으면 그만이다. 굽이치는 물길이 어디로 향할지는 오직 하늘만이 알 것이다.

밥벌이의 괴로움도

밥벌이의 즐거움도

모두 잊고 그저 최선을 다하다 보면,

장차 퇴직이 다가오는 것마저 알지 못하게 된다.

상처받지 않는
인간관계는 없다

희稀

드물다

날씨가 일 년 중 가장 추워진 연후에야,
소나무와 잣나무가 늦게 시든다는 것을 알 수 있다.
〈논어〉 자한

동서고금을 막론하고, 친구 잘 사귀라고 다투어 말한다.

　교무실에 불려온 어머니들의 레퍼토리는 마치 사전에 서너 차례 회의를 거치고 합의라도 한 것처럼 한결같다. 우리 애가 원래 심성은 착한 아이인데, 친구를 잘못 사귀어서 이 지경에 이르렀다는 자기변명과 운명의 장난을 원망하는 스토리가 그 것이다.

　〈명심보감明心寶鑑〉 '교우交友'편에서는 친구를 이렇게 표현한다. '더불어 술 마시고 음식을 나눌 때 친한 벗은 천 병이나 있지만, 위급하고 어려울 때 돕는 친구는 한 명도 없다.' 좋은 친구를 사귀는 것도 어렵고, 진정한 친구를 만나는 것은 더욱 어렵다.

사랑해서 결혼하는 남녀에게도 최소한 사계절은 함께 겪어보라고 권한다. 여행을 떠나보라는 충고도 흔하다. 한 여름의 무더위나 엄동설한도 겪어보고, 타지에서 왕왕 일어나는 예기치 못한 고생도 맞닥뜨려봐야 한다는 의미다. 음양의 조화가 어우러지는 남녀 사이도 이럴진대, 하물며 교우관계는 어떻겠는가. 송나라의 학자 진원정陳元靚은 진정한 벗을 만나기 어렵다는 진실을 이렇게 표현한다.

"길이 멀어야 말의 힘을 알고,

세월이 오래 지나야 사람의 마음을 알 수 있다."

추사秋史 김정희金正喜는 비바람 몰아치는 제주의 유배지에서 오랜 세월 동안 고난을 겪었다. 덕분에 그는 진정한 벗이 누구인지 가늠하게 되었다. 몇 해 전, 한 독지가가 〈세한도歲寒圖〉를 국립중앙박물관에 기증해 화제가 되었다. 〈세한도〉는 추사가 자신의 제자 이상적李尙迪에게 그려준 그림이다. 그림도 유명하거니와, 꽤나 긴 추사의 발문跋文이 압권이다.

사마천은 말했다.

"권세나 이익 때문에 벗을 사귀는 경우에 그 권세나 이익이 바닥나면, 교제가 멀어지는 법이다."

그대 역시 세속의 거친 풍조風潮 속에 살아가는 한 인간일 뿐이다. 그런데 어찌 그대는 권세가와 재력가를 좇는 세속의 풍조로부터 초연히 벗어나, 권세나 재력을 잣대로 삼아 나를 대하지 않는단 말인가? 사마천의 말이 틀렸는가?

공자가 말했다.

"날씨가 일 년 중 가장 추워진 연후에야, 소나무와 잣나무가 늦게 시든다는 것을 알 수 있다."

소나무와 잣나무는 사철을 통해 늘 잎이 지지 않는 존재다. 엄동이 되기 이전에도 똑같은 소나무와 잣나무요, 엄동이 된 이후에도 변함없는 소나무와 잣나무다. 그런데 성인聖人께서는 유달리 엄동이 된 이후에 그것을 칭찬했다.

지금 그대가 나를 대하는 것을 보면, 내가 곤경을 겪기 전에 더 잘 대해주지도 않았고 곤경에 처한 후에 더 소홀히 대해주지도 않는다. 내가 곤경에 처하기 이전의 그대는 칭찬할 만한 것이 없

겠지만, 내가 곤경에 처한 이후의 그대는 역시 성인으로부터 칭
찬을 들을 만하도다.

◆ 〈세한도歲寒圖〉발문跋文

제주에서 위리안치圍籬安置 중이던 추사는 두 가지를 두려워
했다. 언제 닥칠지 모르는 죽음의 그림자가 하나요, 지적 목마
름을 채우지 못하는 신세가 바로 그 둘이다.

조선의 땅 끝으로도 모자라 바다 건너 제주까지 귀양 온 추
사이기에, 거친 풍랑을 헤치고 금부도사가 새로이 도착한다
는 것은 곧 죽음을 의미했다. 금부도사가 제주까지 다시 올 일
이야, 사약賜藥을 내리는 것 말고 또 무엇이 있겠는가. 말발굽
소리 하나에도 추사는 두려움에 떨었다.

위리안치는 주로 중죄인에게 가해지는 유배형 중 하나다.
죄인을 달아나지 못하게 하려고 귀양 간 배소配所의 둘레에 가
시가 많은 탱자나무를 심었는데 실질적 효과보다는 '이 죄인
과 교류하지 말라'는 상징적 의미가 컸다. 그 와중에도 새로운
문물을 접하고 배우고자 하는 추사의 욕망은 죽음의 두려움
만큼이나 억셌다. 허나 대역죄인과 교분을 유지하려는 친구
도 없었고, 더군다나 청나라에서 구해온 귀한 서적을 제주까
지 내려주는 지인은 더더욱 없었다.

그러나 이상적만은 추사의 수많은 지인들과 달랐다. 스승의 지적 목마름을 십분 이해했고, 세상의 눈초리를 아랑곳하지 않았다. 그는 열두 번이나 청나라에 다녀온 출중한 역관이었는데, 청나라에서 어렵사리 구한 만학집晩學集, 대운산방문고大運山房文藁, 황조경세문편皇朝經世文編 등 수백 권의 책을 제주로 내려보냈다. 지금이야 중국 물건 하나 제주로 보내는 것이 일도 아니지만, 당시 여건에서 수십 권의 책을 제주까지 실어보내는 일은 여간 수고로운 일이 아니었다. 추사는 제주에서도 궁벽하기로 손에 꼽는 대정大靜 땅 가시울타리 안에서, 이상적이 보내준 귀한 서적을 읽고 또 읽었다.

겸재謙齋 정선鄭敾의 〈인왕제색도仁王霽色圖〉나 안견安堅의 〈몽유도원도夢遊桃源圖〉와 비교하자면, 〈세한도〉는 그저 평범한 그림이다. 아니, 평범함을 넘어 일견 조악해 보이기까지 한다. 얼핏 보면 그림에 문외한인 나도 그릴 수 있겠는데, 라고 착각할 정도로 붓놀림이 단조롭다. 그럼에도 불구하고 수많은 후대 사람들의 감탄을 자아내는 이유는 〈세한도〉에 담긴 사연과 발문 때문이다. 훌륭한 문인화란 어떠해야 하는지를 단적으로 보여주는 그림이기도 하다.

사람은 누구나 살다 보면, 인간관계에서 뒤통수를 세게 얻어맞기 마련이다. 인간관계에서 상처 받지 않으려면 '나는 자

연인이다'의 삶을 좇아야 하지만, 가만 보고 있노라면 첩첩산
중의 자연인들조차 종종 상처에 아파한다. 살면서 마주하게
되는 배신이나 배반으로 인한 상처를 피하려고 노력하면 할
수록 더욱 괴로워진다. 왜냐? 마치 '숨 쉬지 말고 살아!'라는
명령처럼, 그것은 불가능한 일이기 때문이다.

　우리가 살아가며 겪게 되는 고통과 번뇌의 이유는 무엇일
까. 인간관계를 통해 우리가 겪게 되는 상처는 마치 우리가 들
이쉬는 들숨과 내뱉는 날숨처럼 우리의 삶과 견고하게 연결
되어 있다. 그런데 우리는 이 사실을 종종 망각한다. '그때 내
가 조금 더 잘했더라면, 오늘의 이 결과는 달라지지 않았을까'
라는 번뇌가 언제나 우리를 괴롭힌다.

　하지만 대부분의 상처는 필수불가결하다. 피할 수도 없고
막을 수도 없다. 우리와 함께 살아가는 사람들도 그리고 나 자
신도 모두 불완전한 인간이기 때문이다. 우리는 어차피 상호
간 상처를 주고받을 수밖에 없다. 그러니 배신이나 배반을 삶
의 일부로 덤덤히 받아들이는 것이야말로 가장 효과적인 치
유법이다. 상처가 두려워 탱자나무 가시덤불 안에 숨어 있을
수만은 없는 노릇이다.

자공子貢이 말했다.

"나는 다른 사람들이 나를 거짓으로 모함하거나 능멸하지 않기를 바랍니다. 그리고 나 또한 타인을 거짓으로 모함하거나 능멸하지 않기를 바랍니다."

그러자 공자가 말했다.

"자공아! 그것은 네 능력이 미칠 수 있는 일이 아니다."

◆ 〈논어論語〉 공야장公冶長

자공은 '없는 사실을 거짓으로 꾸며 누군가를 함정에 빠뜨리고 싶지 않다'는 자신의 소망을 밝히며, 동시에 자신도 그런 억울한 일을 당하고 싶지 않다는 의지를 피력하고 있다. 하지만 공자는 결단코 그런 일은 우리가 소망할 수 있는 영역이 아니라는 점을 명백히 밝힌다.

자공이 누구던가. 공자가 가장 아끼는 세 명의 제자 가운데 하나로 정치적 수완이 탁월해 노魯나라와 위衛나라의 재상을 역임했다. 게다가 장사에도 비범한 재능을 지녀 천금을 쌓아 둘 정도로 거부巨富가 되었고, 공자 일행의 신산한 유세 여정 가운데 재정적으로 가장 큰 도움을 준 제자이기도 하다.

때로는 '자공이 공자보다 낫다'라는 평가를 들을 정도로 특출 나게 잘난 제자임에도 불구하고, 공자는 남에게 모함받지 않거나 남을 모함하지 않는 일이 불가능에 가깝다는 진실을 들려주고 있는 것이다. 놀랍게도, 공자는 이토록 현실적이다.

남과 더불어, 남과 부딪히며, 남과 함께 살아가다 보면 필연적으로 우리는 있지도 않은 일을 꾸며 남을 함정에 빠뜨리기도 하고, 나 역시 그런 모지락스러운 일을 당하기도 한다. 그게 세상의 이치요 삶이 굴러가는 원리다.

인간관계로 상처받을 때마다, 나는 〈세한도〉를 찾아 물끄러미 들여다본다. 추사와 이상적의 멋진 교류가 일상다반사였다면, 〈세한도〉가 이토록 큰 명성을 얻고 문인화의 최고봉으로 추앙받을 수 있었을까. 앙상한 소나무 가지 너머 슬그머니 따뜻한 위로의 빛 한줄기가 나에게 찾아온다. 이제 그만 용기를 내어 가시덤불을 헤치고 나가야겠다.

**뒤통수 맞지 않는 인간관계는
〈세한도〉만큼이나 드물다.**

어쩌나
생긴 대로
살아야지!

친親

사이좋게 지내다

남이 나를 알아주지 않는 것을 걱정하지 말고,
내가 남을 알지 못하는 것을 걱정하라.
〈논어〉학이

〈대학大學〉은 사서삼경四書三經 가운데 가장 난해한 저작이다.

〈예기禮記〉가운데 제 42편을 따로 편집해 만든 책으로, 〈논
어〉, 〈맹자〉, 〈중용〉과 더불어 성리학 최고의 경전으로 손꼽
힌다. 〈예기〉의 한 챕터를 하나의 책으로 엮은 것이니 당연히
분량이 얼마 되지 않지만, 형이상학적인 내용이 주를 이루어
쉽사리 진도를 빼기 어려운 책이다. 진도는커녕 〈대학〉은 첫
구절부터 난감하다.

大學之道 在明明德 在親民 在止於至善
대학지도 재명명덕 재친민 재지어지선

큰 배움의 길은 밝은 덕을 밝히는 데 있고, 백성과 친함에 있고, 지극한 선善에 머무름에 있다. 우리말로 풀어봤지만 쉽사리 이해가 가지 않는다. 이준익 감독의 영화 〈자산어보玆山魚譜〉의 주인공 창대(변요한 분) 역시 〈천자문〉, 〈소학〉, 〈명심보감〉 등의 교재를 옥편 찾아가며 독학했지만, 〈대학〉의 첫 구절에서 그만 딱, 막혀버린다. 오죽하면 곁에서 지켜보던 창대의 어머니가 타박을 줄까. "대학지도는 재명명덕하며 재친민하고 재지어지선이라… 고자리만 맴맴, 매미새끼냐! 인자는 나도 외우겠다!"

스승이 필요해진 창대는 "나의 성리학 지식과 너의 물고기 지식을 맞바꾸자!"라고 말하던 정약전(설경구 분)의 제안을 받아들인다. 창대의 입장에선 사학邪學쟁이이자 천주天主쟁이요, 성리학을 단단히 잘못 배워 흑산도까지 유배 내려온 서학죄인西學罪人 정약전이기에, 그의 제안을 진즉에 거절했다. 하지만 며칠 동안 끙끙대며 풀어대지 못하던 〈대학〉의 첫 문장을 정약전이 술술 해설해주니, 이제 어쩌랴. 배움에 목이 마른 창대는 그 학문의 깊이에 매료되어 스승으로 모시게 된다.

영화에서 창대는 아버지가 없다. 나주의 거상 장진사(김의성 분)가 흑산도에 홍어를 매입하러 왔다가 청상이 된 여인(방은진 분)을 거두어 태어난 서자가 바로 그의 신분이다. 인연을 맺은 후 초반에는 장진사가 쌀도 보내고 자주 들르기도 했지만, 발길을 딱 끊은 지 어느덧 10년이다. 하여 창대는 낮에는 물고기를 잡고 밤에는 글을 읽는 주경야독의 신세가 되었다.

정약전의 가르침 덕분에 실력이 일취월장하여 그 소문이 친부인 장진사의 귀에까지 흘러 들어가게 되었고, 마침내 장진사는 창대를 자신의 호적에 올리고 과거를 치르게 배려한다.

소과小科를 단박에 붙어 진사가 된 창대는 장진사가 줄을 댄 덕분에 나주 목사 밑에서 목민관의 업무를 배우게 된다. 하지만 위로는 목사로부터 아래로는 아전들까지 한마음 한뜻으로 백성들을 착취하는 현실에 분노하며 창대는 괴로워한다.

하루는 한 사내가 가혹한 군포 징수에 항의의 뜻을 전하러 관아를 찾아왔고, 끝내 자신의 양물을 낫으로 베어내며 "나 이제 사내구실 안 할 것이니까, 군포는 징수하지 마시오!"라는 탄식을 내뱉고 쓰러진다. 다산 정약용이 노래한 한시 〈애절양哀絶陽〉에서 묘사하는 참혹한 모습이다.

갈대밭 마을 젊은 아낙네가 우는 소리 길고 길도다
관아 앞 달려가 통곡하다 하늘 보고 울부짖네
출정 나간 지아비 돌아오지 못했다는 소리를 들어봤지만
사내가 제 양물을 잘랐다는 얘기는 들어본 적이 없네

시아버지 삼년상 벌써 지났고
갓난아이 배냇물도 아직 안 말랐는데
삼대의 이름 모두 군적에 올라 있다네
억울한 하소연 하려 해도 관가의 문지기는 호랑이 같고
이장은 으르렁대며 외양간 소마저 끌고 갔다네

남편이 칼을 들고 들어가더니 피가 방에 그득하네
'아이를 낳은 죄로구나!' 스스로 울부짖네
누에 치던 방에서 고환을 제거하는 형벌도 억울한데
민나라 자식*의 거세도 진실로 슬픈 것이거늘

자식을 낳고 사는 이치는 하늘이 내린 것이요
하늘의 도는 남자가 되고 땅의 도는 여자가 되는 것이라
거세한 말과 거세한 돼지도 오히려 슬프다 할 것인데
하물며 백성이 후사를 이을 것을 생각함에 있어서랴!

부자집은 일 년 내내 풍악을 울리며 흥청망청한데
쌀 한 톨, 베 한 치 내다 바치는 일이 없다네
다 같은 백성인데 이렇게 불공평하다니
객창에 우두커니 앉아 시구편을 거듭 읊어대누나

◆ 〈애절양〉 정약용

"배운 대로 못 살 것이면, 생긴 대로 살아야지!"

관리들의 가렴주구에 질려버린 창대는 이렇게 일갈하고
는 가족과 함께 다시 섬으로 돌아간다. 안부를 전하기 위해 정
약전의 집을 찾은 창대를 기다리는 것은 스승의 죽음이었다.
"아이고, 왜 이제야 오시는가! 선생님이 자네를 얼마나 기다
리셨는지 모르네." 정약전과 함께 지내던 가거댁(이정은 분)의
한탄에 창대는 회한의 눈물을 떨군다.

창대가 그토록 바라던 세상, 다시 말해 '성리학의 진리가
위로는 임금으로부터 아래로는 만백성에 이르기까지 공평무
사하게 굽어 비추는 세상'은 더 이상 유효하지 않다. 그런 이
상향은 요순시대 이래 찾아볼 길 없다. 스승은 이미 깨달은 이
진실을 제자 창대는 뒤늦게 알아챈 것이다.

"홍어 가는 길은 홍어가 알고, 가오리 가는 길은 가오리가 알
지요."

창대의 지나가듯 흘리는 말 한마디가 정약전을 일깨웠고, 아우 정약용이 여전히 성리학의 질서에 매몰되어 〈목민심서〉를 집필할 때, 형님 정약전은 〈자산어보〉를 남겼다. 정약용이 질서 안에서 변화와 개혁을 추구했다면, 정약전은 패러다임의 전환을 통해 새로운 세상을 꿈꾸었다.

조지 오웰은 작가가 글을 쓰게 되는 이유로 네 가지 동력을 강조한다. 순전한 이기심, 미학적 열정, 역사적 충동, 정치적 목적이 그것이다. 짐작컨대, 정약전이 〈자산어보〉를 집필한 이유에는 역사적 충동이 가장 크게 자리 잡고 있었을 것이다. 성리학의 허울에서 벗어나 사물을 있는 그대로 보고, 세상이 돌아가는 원리와 진실을 알아내고 그것을 후세에게 남기려는 충동. 〈자산어보〉의 위대함은 바로 여기에 숨어 있다.

〈자산어보〉의 가장 큰 미덕은 과학에 입각해 정리한 어류도감의 방대함에 있는 것이 아니다. '창대가 말했다', '창대에 따르면', '창대가 이르기를', 책 곳곳에 언급되어 있는 창대라는 이름은 이 저작물이 얼마나 위대한지 웅변해준다. 정약전에게 창대는 유배되어 내려온 궁벽한 섬에 사는 일개 청년일 뿐이다. 하지만 정약전은 창대를 존중했고 필생의 역작에 창대의 이름을 수차례 언급하며, 그의 공을 명백히 밝혀두었다.

어쩌면 이준익 감독이 영화 〈자산어보〉를 만든 이유는 여기에 있는 게 아닐까. 이준익의 시선은 언제나 사회의 약자들에게 닿아 있다. 영화 〈자산어보〉의 주인공은 누가 뭐래도 정약전이 아니라 창대다. 이준익표 사극이 유독 맛깔 나는 이유는 그의 역사의식 덕분이다. 그가 역사를 바라보는 시선은 저고귀한 왕족과 사대부들의 위선이 아니라, 백성들의 질박하고 거친 삶에 꽂혀 있다.

〈라디오스타〉에서는 한물간 인기 가수를 비추는가 싶더니 어느새 그 매니저와 다방 직원, 무명 밴드, 국밥집 아이에게 따뜻한 눈길을 돌린다. 흔히 계백 장군과 김유신 장군에게만 스포트라이트를 비추는 〈황산벌〉 전투에서는 '거시기'를 입에 달고 사는 말단 병사들의 대화에 귀 기울인다. 〈왕의 남자〉는 또 어떤가. 연산군을 다루는 사극은 대체로 요부 장녹수, 간신 임사홍에 주목하지만, 이준익은 사회의 가장 낮은 곳으로 임해 광대 장생과 공길이의 삶을 플롯의 중심에 놓고 조명한다.

천만 관객의 영화를 만들고 유수의 영화제에서 감독상과 작품상을 거머쥔 이준익이시만, 그는 여전히 우리 사회의 루저들에게 관심이 많다. 위에서 굽어보는 것이 아니고 그들과 어깨동무를 하며 함께 비바람을 맞고, 함께 흙먼지를 마시며, 함께 진창에서 뒹군다.

영화 〈자산어보〉의 창대 역시 그러하다. 성리학이 세상을 바꿔줄 것이란 헛된 믿음을 가지고 공부에 정진할 때에는, 아전들이 옆집에서 밥 지을 솥까지 후무려 가도 눈 하나 꿈쩍하지 않는다. 하지만 정작 진사 시험에 합격하고 출세가도가 눈앞에 다가온 나주 관아에서 그는, 관리들의 가혹한 수탈에 분을 참지 못하고 옹골찬 주먹을 혹리酷吏에게 날린다. 영화 〈자산어보〉가 메타 영화로 읽힐 수밖에 없는 장면이다.

영화의 후반부, 검은 성게를 뚫고 파랑새 한 마리가 고개를 삐죽이 내민다. 시종일관 한 폭의 수묵화인 듯 흑백 화면으로 일관하던 영화에서 새파란 색감의 장면이 튀어나와 관객의 눈을 사로잡는다. 기득권층에게만 전유되던 역사가 기층 민중의 삶을 기록하는 역사로 탈바꿈할 수 있다는 희망을 보여주는 명장면이다.

흑산도黑山島에 주로 머물며 저작을 써 내려간 정약전은 왜 〈흑산어보黑山魚譜〉가 아닌 〈자산어보〉라는 제목을 선택했을까. 그는 〈자산어보〉 서문에서 이렇게 밝힌다.

"흑산이란 이름은 음침하고 어두워 두렵다."

이준익은 한 인터뷰에서 이 대목을 이렇게 해석한다. "자색滋色과 흑색黑色이 무엇이 다르냐. 흑색은 그저 검정 하나에요. 하지만 자색은 빨강, 파랑, 노랑을 다 합쳤을 때 이루어지는 검정이에요. 같은 검정색이라도 여러 가지 색이 다 합쳐진 색이 자색이고, 석탄처럼 그냥 검은 색은 흑색이에요."

영화 〈자산어보〉의 흑백 화면은 파랑새의 파랑에 빨강, 노랑이 더해진 수묵화다. 임금과 양반의 기득권만이 아닌, 민중의 신념과 가치관이 아로새겨진 책이기에 〈자산어보〉인 것이다.

영화 〈자산어보〉는 결국, 새드엔딩인 것인가.

영화의 엔딩 이후를 상상해본다. 창대는 스승의 죽음 앞에 눈물을 쏟고 다시 자신의 터전으로 돌아갔을 것이다. 그곳에서 그는 물고기를 잡아 어머니, 아내, 자식들과 입에 풀칠하며 근근이 살아가지만, 진정한 자유와 행복을 느낄 것이다. 또한 창대는 섬에 하나뿐인 서당을 열고 아이들을 모아 〈천자문〉과 〈논어〉를 가르칠 것이며, 동시에 서학을 통해 배워온 항해 지식을 공유할 것이다. 그렇게 배움을 이어간 수많은 제자 가운데 돌쇠는 동학농민운동의 핵심이 되고, 쇠똥이는 항일독

립운동의 주역이 되지는 않았을까. 그렇다면 파랑새 장면을 굳이 언급하지 않더라도 이 영화는 명백한 해피엔딩이다. 실패를 딛고 일어선 창대의 강인한 모습이야말로 감독 이준익이 뚝심 있게 밀어붙이려는 연출 의도이리라.

창대가 정약전에게 물고기 지식을 가르치려 바닷가로 함께 걸어가는 장면이 있다. 시간을 쪼개 공부하려는 창대는 걸으면서도 〈논어〉를 읊어댄다. "남이 나를 알아주지 않는 것을 걱정하지 말고…"

이준익은 왜 〈논어〉의 수많은 가르침 가운데, 유독 이 구절을 창대의 입을 빌려 관객들에게 전했을까. 천만 영화의 감독이자 백상예술대상에서 영화부문 대상 트로피를 손에 거머쥔 감독이지만, 늘 세계의 슬픔을 위로하고 약자의 곁에 서겠다는 다짐은 아닐까. 비록 세상 그 누구도 알아주지 않더라도 말이다.

영화 〈자산어보〉에서 제일 좋아하는 장면은 정약전과 가거댁이 초가 마루에 앉아 도란도란 이야기 나누며 달을 바라보는 모습이다. 슬며시 손을 들어 가거댁의 어깨를 감싸는 정약전의 손에서 공감과 연대의 따사로움이 뭉클하게 전해진다. 소담하게 끓여낸 홍어애탕에 탁주 한 사발 들이켜고 싶다.

당신도 언젠가 실패할 수 있고

약자가 될 수도 있다.

그러니 우리의 시선은 늘 낮은 곳으로 임해야 한다.

민閩나라(909년~945년)는 오대십국 가운데 하나로, 절도사 왕심지王審知가 오늘날의 복건성 지역을 중심으로 건국한 나라다. 당나라 왕조 시기, 민나라가 자리 잡은 지역에서는 유독 자식을 거세해서 조정에 환관으로 보내는 일이 잦았다. 심지어 자식을 환관으로 바친 덕에 거부가 된 부모도 많았다. 아들을 축재의 도구로 삼는 비인간적인 행태를 보인 것이다. 아이를 환관으로 보내는 일이 일상다반사처럼 여겨지는 민나라에서조차 누군가 거세당하는 일은 안타까운 비극일진대, 하물며 조선의 지아비가 멀쩡한 양물을 자르는 세태가 얼마나 참혹한 모습인지 전고典故를 통해 정약용이 시로 표현한 것이다.

존중받고 싶다면

받아들이다

군자는 화이부동和而不同하고
소인은 동이불화同而不和한다.
〈논어〉 자로

20세기 최고의 문학비평가로 칭송받는 해럴드 블룸은 이렇게
말했다. "셰익스피어가 〈햄릿〉을 쓰기 전에는 햄릿과 같은 인
간형은 존재하지 않았다."

블룸을 빌려 말하자면, 사마천이 〈사기〉 열전을 쓰기 전에
는 여불위呂不韋 같은 인간형이나 오자서伍子胥 같은 인간형은
존재하지 않았다. 사마천의 위대함은 한 인물을 입체적으로
바라보고, 동시에 뼈와 살을 지녔으며 피가 흐르는 구체적인
인간형으로 그린다는 점이다.

사마천의 역사 기술은 단편적인 사실의 나열에서 한참 벗

어나 있다. 다양한 실사와 연구, 조사, 검증을 통해 중국의 정치, 경제, 사회, 문화를 비교적 공정하게 담아냈다. 또한 모든 것이 하늘에 달려 있다는 기존의 천명사상天命思想에 치우치기보다는 사람에게 초점을 맞추고 사람을 중하게 여겼다. 하여 〈사기〉는 인본주의가 가미된 기록물이자, 인간의 온도가 느껴지는 역사서다.

청나라 말기의 위대한 사상가 양계초는 '흉노열전匈奴列傳' 편을 〈사기〉의 십대명편 가운데 하나로 꼽았다. 이민족에 대한 사마천의 역사의식이 잘 드러나 있기 때문이다. 〈사기〉 '흉노열전'에는 사마천의 열린 시각을 그대로 드러내는 일화가 실려 있다. 한나라의 환관 중항열中行說에 관한 기록이다.

노상계육 선우가 즉위하자 효문제는 종실의 딸을 공주라 속이고 선우(왕)에게 보내 연지(왕비)로 삼게 하였다.

이때 공주와 함께 중항열이란 환관이 떠밀려 흉노로 가게 된다. 사신단의 일원으로 흉노를 찾아왔던 중항열은 이내 흉노에 귀순하여 숫자를 기록하는 방법 등 선진문명을 전파하였고, 선우는 그를 몹시 총애했다. 흉노족 사이에서는 한나라의 비단과 무명, 음식이 무척 인기였다. 이에 중항열이 경계하며 선우에게 진언했다.

"흉노의 인구는 한나라의 군郡 하나에도 미치지 못합니다. 그런데도 강한 이유는 먹고 입는 것이 한나라와 달라 의존하지 않기 때문입니다. 지금 선우께서 풍속을 바꾸어 한나라 물자를 좋아하게 된다면, 흉노의 백성은 모두 한나라에 귀속될 것입니다."

하루는 한나라의 사자使者가 찾아와서 이렇게 말한다.

"흉노에는 노인을 천대하는 풍습이 있소!"

그러자 중항열이 사자를 꾸짖으며 대꾸한다.

"당신네 한나라에서도 종군從軍하여 떠나려 할 때, 그의 늙은 어버이가 자신의 두꺼운 옷을 벗어주고 영양 많고 맛있는 음식을 주어 보내지 않소? 흉노는 분명 전투를 일삼는 민족이오. 늙고 약한 사람이 싸울 수는 없소. 그러니 영양 많은 음식은 건장한 사람들이 먹게 하는 것이오. 이렇게 하여 스스로를 지키고 아버지와 아들이 서로 오랫동안 함께 살아갈 수 있는 것인데, 어찌 이것을 두고 흉노가 노인을 천대한다고 욕한단 말이오?"

이번에는 한나라 사자가 다른 이슈를 제기한다.

"흉노는 아버지와 아들이 같은 막사에 살며 아버지가 죽으면 아들이 그 계모를 아내로 삼고, 형제가 죽으면 남은 형제가 그 아내를 맞아 자신의 아내로 삼는다 하오. 옷, 관, 허리띠로 꾸미지도 않고 조정에서도 예의가 없소."

이에 중항열이 답한다.

"흉노의 풍습에 사람은 가축의 고기를 먹고 그 젖을 마시며 그 가죽으로 옷을 지어 입소. 가축은 풀을 먹고 물을 마시며 철마다 옮겨 다니오. 그래서 흉노족은 싸울 때를 대비해 말 타기와 활쏘기를 익히고 평시에는 일을 하지 않소. 흉노족의 약속은 간편하여 실행하기 쉽고, 군주와 신하의 관계는 간단하여 한 나라의 정치가 마치 한 몸인 듯하오. 아버지, 아들, 형, 동생이 죽으면 그들의 아내를 맞아들이는 것은 대가 끊길까 염려하기 때문이오."

이른바 유목민에게 널리 퍼져있는 형사취수兄死娶嫂제도의 야만성을 지적하자, 유목민의 삶이 어떠한지 그 특성을 중항열이 설파하고 있는 장면이다. 한나라 사신은 북방 유목민족의 미개함을 드러내는 제도라고 비난하지만, 실은 형사취수제가 중국에만 국한한 제도가 아니었다. 고구려나 부여에도 형사취수에 관한 기록이 명백히 남아 있다. 인간을 둘러싼 다양한 형태의 제도들은 국가와 민족의 우열에 따라 결정되는 것이 아니라, 농경이냐 혹은 유목이냐, 라는 생계의 방식에 따라 좌우되는 문제인 것이다.

물론 현대 문명의 관점에서 바라보자면, 패륜적이고 야만

적인 제도다. 그러나 당시 유목이라는 삶의 방식을 자세히 들여다보면, 어느 정도 수긍이 가는 제도이기도 하다. 농경이 아닌 유목 중심의 생활에서 성인 남성이 사라진다는 것은 경제 기반이 송두리째 날아가는 것을 의미한다.

지금도 몽고를 방문해본 사람들은 입을 모아 말한다. 그 광활한 대지에 서서 지평선 너머 아무것도 보이지 않는 대자연을 목도하고 있노라면 압도적인 경관에 입이 벌어지다가도, 알 수 없는 두려움이 엄습한다고. 끝없이 펼쳐진 대초원 위에 가장을 잃은 여인과 아이는 죽음으로 내몰릴 수밖에 없다. 그 참혹한 환경 아래에서 형사취수의 비윤리성은 생명의 소중함 앞에 무릎을 꿇을 수밖에 없는 것이다.

사마천은 이미 이천 년 전, 문화상대주의를 깨닫고 이를 역사의 기록으로 남겼다.

양계초가 〈사기〉 가운데 '흉노열전'을 명편으로 손에 꼽는 이유도 여기에 있지 않을까. 한나라는 고조 유방의 재위 시절부터 줄곧 흉노의 무자비한 침략에 시달리고 괴로워했다. 한 고조는 백등산白登山에서 흉노의 묵특(왕)에게 포위되자 연지(왕비)에게 뇌물을 바쳐 겨우 목숨을 부지했으며, 고조의 부인 여태후呂太后는 묵특으로부터 '하룻밤 같이 보내자'는 성희롱성 편지를 받고도 끝내 참아야만 했다.

전한前漢의 원제元帝는 자신의 후궁 가운데 한 명을 흉노 호한야에게 시집보내야 했는데, 그 비련의 주인공이 바로 왕소군王昭君이다. 천고마비天高馬肥라는 흔한 고사성어가 있다. 지금이야 '맑고 풍요로운 가을 날씨'를 비유하는 뜻으로 쓰이지만, 본디 흉노의 노략질로 인한 백성들의 괴로움과 절박함을 뜻하는 표현이었다. 가을이 되면 흉노족은 토실토실 건강해진 말을 타고 침입하여 한나라 백성들을 노략질하고 곡식을 뺏어갔다.

한나라가 이토록 흉노에게 괴롭힘을 당하고 업신여김을 당한 이유는 병민일치兵民一致 시스템 덕에 막강해진 흉노의 군사력 때문이었다. 흉노는 한나라에게는 치욕이고 금기이며 동시에 두려움이었다. 여기서 주목할 점은 한나라의 봉록을 받는 신하 사마천이 '흉노열전'이라는 편명을 따로 뽑아 기술하고 있다는 사실이다.

사마천이 중항열의 일화를 있는 그대로 기록한 행동은 마치 엄혹했던 우리의 70년대 유신 시절에 김일성 자서전 혹은 '주체사상이란 무엇인가' 따위의 논문을 펴낸 것과 마찬가지로 까무러칠 만한 도발이었다. 시대를 앞서간 그의 사상적 깊이와 학자로서의 기개를 가늠할 수 있는 대목이다. 그가 실천한 문화상대주의는 공자도 미처 다다르지 못한 경지다. 공자가 관중管仲의 공적을 높게 평가한 구절을 보면, 이 점이 명확해진다.

> 관중은 환공을 도와 제후들의 우두머리로 만들고 단숨에 천하를 바로잡았다. 백성들은 오늘날까지 그의 은혜를 입고 있다. 관중이 없었다면 우리는 아마도 머리를 풀어헤치고 옷깃을 왼쪽으로 여미었을 것이다.
>
> ◆ 〈논어論語〉 헌문憲問

반고班固의 〈한서漢書〉에 따르면, 흉노족匈奴族은 옷깃을 왼쪽으로 여미고 머리를 산발한다. 관중의 공으로 환공이 춘추오패가 된 덕분에 중원이 오랑캐의 손아귀에 떨어지지 않았다는 칭송이다. 공자 역시 오랑캐 문화에 대해 백안시하고 있음이 드러나는 언사이기도 하다. 그에 반해 사마천은 흉노의 문화를 온전히 인정하고 '틀렸음'이 아닌, '다름'으로 받아들이고 있다.

2021년 즈음 아프가니스탄에서 벌어졌던 일련의 사건들을, 후대의 역사가들은 어떻게 기록할까. 도무지 인간의 온도를 느낄 수 없는 추악한 살상이 아프가니스탄을 붉은 피로 물들였다. 죽음을 무릅쓰고 군용 수송기 날개에 매달려 날아가다 추락한 망자들은 탈레반 치하의 삶이 지옥이라는 사실을 온몸으로 입증했다.

특히나 여성 인권을 탄압하는 일련의 사건들은 가슴을 먹먹하게 만들었다. 눈만 빼고 모든 신체를 검은색 천으로 가리는 복장을 부르카라고 부른다. 탈레반은 이슬람 율법이라는 미명 아래 부르카를 강요했다. 심지어 부르카를 입지 않은 여성이 거리에서 총살당하는 비극까지 발생했다. 그리고 얼마 지나지 않아, 히잡만 입고 시위에 나섰던 여성들이 채찍과 몽둥이에 맞는 사건이 벌어졌다. 이 영상을 오백 년 후, 우리의 후손 누군가가 본다면 조작된 가짜뉴스라고 의심할지도 모른다.

문화상대주의에 입각해 부르카를 존중했던 나의 마음이 시나브로 사라져가고 있는 요즘이다. 열사의 사막에서 주로 무역과 상업을 바탕으로 이곳저곳으로 옮겨 다니며 생활하는 이슬람 문명권 사람들의 특성을 고려해, 그동안 부르카나 히잡 문화를 선선히 인정해왔다. 하지만 척박한 사막에서 여성을 보호하겠다는 취지는 가뭇없이 사라지고 있다. 탈레반의 만행으로 인해 이슬람의 전통은 이제 악습으로 전락했다. 이제는 부르카, 차도르. 히잡, 그 어떤 것도 용납할 마음이 없다.

탈레반은 지난 집권기에 우상 숭배라는 미명 하에 전통 유적과 유물을 무자비하게 파괴했다. 천오백 년 전 만들어진 바미얀 석불은 탈레반의 로켓포 아래 산산이 부셔졌다. 〈왕오천축국전往五天竺國傳〉을 남긴 혜초慧超가 순례 중에 돌아봤던 귀중한 문화유산이 사라진 것이다. 하지만 2021년 탈레반이 보여준 비인간적인 작태는 위대한 바미얀 석불의 파괴보다 더 폭력적인 야만이다. 이슬람 문화를 존중하던 전 세계인들의 마음을 산산조각 부숴버렸기 때문이다. 이제 이슬람 고유의 전통과 문화는 온전히 존중받지 못할 지경으로 추락했다.

세상살이에도 이 교훈은 그대로 적용된다. 존중받고 싶으면 상대방을 먼저 존중해야 하고, 인정받고 싶으면 상대방의 다름을 먼저 인정해야 한다. 새삼 공자의 말씀이 가슴에 다가온다. "남이 나를 알아주지 않는다고 근심하지 말고, 내가 남을 알지 못할까 걱정해야 한다."

공자는 강조한다. "군자는 화이부동和而不同하고, 소인은 동이불화同而不和한다." 군자는 화합하지만 부화뇌동하지 않고, 소인은 부화뇌동하지만 화합하지 못한다. 사마천이 '흉노열전'에서 보여주는 집필 태도는 화이부동이지만, 탈레반이 근자에 벌이고 있는 작태는 동이불화의 전형이다.

　남과 나는 다를 수밖에 없다. 하지만 그 다름을 선선히 인정하고 받아들일 때, 우리는 서로 조화를 이룰 수 있다. 반면, 억지로 같아지려고 노력한다면 도리어 불화할 수밖에 없는 것이 우리네 인간의 속성이다. 누군가와 친해지려면, 먼저 그가 나와 다르다는 사실을 받아들여야 한다. 다름을 인정하고 존중할 때, 우리는 비로소 사회적 인간으로 거듭날 수 있다.

　프랑스 계몽사상가 볼테르는 똘레랑스 정신의 상징적 인물답게 다음과 같은 명언을 남겼다.

　"나는 당신의 사상에 반대합니다.
　하지만 만약 당신이 그 사상으로 인해 탄압받게 된다면
　나는 당신의 편에 서서 싸울 것입니다."

　군자는 어울리되 같아지기를 강요하지 않는다. 반면 소인은 이익을 좇아 부화뇌동하는 태도를 보이지만 종국엔 화합하지 못한다. 볼테르는 비록 자신과는 전혀 생각이 다른 상대방조차도, 마음으로 존중하고 최선을 다해 보호하겠다는 의지를 굳건하게 표명했다. 감탄스럽다. 그의 태노야발로 신성 군자의 자세가 아니던가. 사마천이 볼테르의 명언을 들었다

면 빙그레 웃음 지었을 것이요, 볼테르가 만약 〈사기〉 '흉노열
전'을 읽었더라면 역시나 감복하여 무릎을 탁 쳤을 것이다.

나는 너와 같을 수 없다.
나와 너의 다름을 인정하라.

부모가 되어보니

가장 좋은 반찬이란 두부, 오이, 생강, 나물이고
가장 좋은 만남이란 부부간의 만남,
부모자식간의 만남,
조부모와 손자의 만남이다.
추사 김정희

경복궁景福宮 영추문迎秋門에서 나와 청와대 방향으로 걷다 보면, 호젓한 동네가 하나 나오는데 이름도 거룩한 효자동孝子洞이다.

〈효자동 이발사〉라는 영화 덕분에, 청와대 근처 동네임이 널리 알려졌다. 조선왕조 선조대의 조희정趙希正, 조희철趙希哲 형제는 임진왜란 당시, 어머니를 해치려는 왜군에 맨몸으로 맞서다 죽음을 당했다. 형제의 효행을 기려 쌍효자골 혹은 효곡이라 불리다, 오늘날 효자동이란 이름을 얻게 되었다.

효자동이 자리 잡은 서촌은 효자 형제 외에도 겸재謙齋 정선鄭敾과 추사 김정희가 살았던 마을이고, 비교적 근세에는 천재 시인 이상李箱의 자취가 서린 집터가 남아 있다. 오밀조밀한 한옥과 시대를 거슬러 올라간 듯 남루한 서점 등이 마을을 가득 채우고 있어, 두리번거리며 산책을 하면 기분이 절로 좋아지는 동네다.

효자동이란 동명을 남긴 조씨 형제 못지않은 효자들이 중국에도 여럿 있다. 평생 어머니의 요강을 깨끗하게 치운 북송의 시인 황정견黃庭堅, 귤을 품어 어머니에게 드린 후한의 육적陸績, 겨울이면 자신의 체온으로 부모님 이불을 따뜻하게 해드렸다는 황향黃香 등 실로 다양한 효행이 전해지고 있다. 원나라의 곽거경郭居敬은 〈이십사효二十四孝〉라는 책을 통해 역대 중국의 효자 스물네 명의 효행을 기록하고 있는데, 증삼曾參의 효심은 그 가운데에서도 압권이다.

하루는 증삼이 산으로 나무를 하러 간 사이, 갑자기 손님이 찾아왔다. 증삼의 어머니는 어찌 할 바를 모르고, 증삼이 돌아오기만 기다렸다. 허나 한참이 지나도록 증삼이 오지 않자, 어머니가 갑자기 자신의 손가락을 깨물었다. 산중에서 나무를 열심히 하던 증삼은 갑자기 가슴에 통증을 느끼고는, 급히

집으로 돌아와 어머니께 무슨 일인지 여쭈었다. 그러자 어머니가 답했다. "갑작스레 손님이 와서 기다리는데, 네가 돌아오지 않기에 내가 손가락을 깨물어 너를 불렀다." 교지심통嚙指心痛. 손가락을 깨무니 가슴이 아프다는 의미로, 증삼의 효심을 표현하는 사자성어다.

공자의 여러 제자 가운데 증삼은 유독 학문적 성취가 뛰어나 유가의 적통으로 인정받기도 했지만, 한편으로는 그 효행으로 이름을 날린 인물이다. 〈논어〉에서 증삼은 증자, 다시 말해 '증선생님'으로 불린다. 〈논어〉의 편찬이 증삼의 제자들 손끝에서 이루어졌다는 증거다. 증삼은 공자의 손자인 자사子思에게 학문을 전하였으며, 〈효경孝經〉의 저자로도 알려져 있다. 〈효경〉은 공자와 증삼의 대화 가운데, 효와 관련된 부분만 따로 편집한 저작이다.

진시황이 분서갱유焚書坑儒를 통해 세상의 모든 책을 다 태워버리고 난 후, 후대의 학자들은 사라진 책을 찾기 위해 공자의 집을 부수었다. 한나라 경제景帝 재위 당시 공자의 집 벽을 허물자 석관이 나왔고, 그 안에 여러 선진先秦시대의 서적이 쌓여 있었다. 그 가운데 고문古文으로 적힌 〈효경〉도 발견되었는데, 공자의 후손인 공안국孔安國이 해독하여 후대에 〈고문효경古文孝經〉이라 칭했다. 비교적 문장이 간결하고 쉬워 읽기에 편안하다. 〈대학〉이 학문의 근본을 밝힌 저작이라면, 〈효경〉은 행위의 준칙을 선언하는 책이다.

효孝를 파자하면, 자식이 부모를 업고 있는 모습이다.

효를 수직적 관계에서 벌어지는 일방향의 감정이라고 해석한다면, 〈효경〉은 오늘날의 정서와 동떨어진 그야말로 시대착오적 저작물로 전락하게 된다. 하지만 요즘은 자식만 부모를 업고 다니는 세상은 아닌 듯싶다. 부모 역시 자식을 업어야 하는 세상이다. 장성해서 결혼한 자녀들이 부모에게 합가하자고 조르는 모습을 종종 목도하게 된다. 물론 대부분의 부모들은 합가를 거부한다고 하니, 세상이 많이 변하긴 했나 보다.

합가의 이유는 대체로 어린 자녀의 양육 때문이다. 맞벌이하는 부모로서 조부모의 손을 빌리려고 하지만, 어느 조부모가 나서서 다시 그 고된 육아의 길을 걷고자 할까. 물론 그럼에도 불구하고 많은 조부모들이 합가를 허락하고 있는 실정이다. 그러니 오늘날 우리는 효를 일방적인 봉양이 아니라, 부모와 자식 사이에 이루어지는 인간적인 교류나 유대감이라고 해석하는 편이 맞지 않을까.

어버이를 사랑하는 자는 감히 남을 미워하지 못하고,

어버이를 공경하는 자는 감히 남을 업신여기지 못한다.

◆ 〈효경孝經〉

효행을 단순히 부모에 대한 공경에 국한하지 않고, 보편적인 인류애의 영역으로 확장하고 있는 대목이다.

부모님을 사랑한다는 말은 곧 훌륭한 인간이 되었다는 뜻이다. 몸을 다치지 않게 하는 것이야말로 효의 시작이라는 말에는 단순히 뼈, 살, 터럭을 온전히 보전하라는 의미만 담겨있는 것이 아니다. 나의 영혼을 맑게 유지하고 주위의 평판을 함함하게 관리하는 것까지가 효도라는 말이다. "엄마, 아빠는 바라는 거 하나도 없다. 그저 너희들 잘 살면 됐다!" 세상의 모든 부모님들이 늘 말씀하시는 이 진부한 클리셰가 진심이며, 동시에 진실이란 뜻이다.

나는 희한하게 해마다 여름이 찾아오면 삼계탕이나 닭백숙이 먹고 싶어진다. 인왕산에서 흘러 내려와 청계천으로 합쳐지는 수성동水聲洞 계곡처럼 산 좋고 물 좋은 곳에 찾아가 아버지와 함께 닭백숙을 나눠 먹고 싶다. 내 아버지는 어린 시절, 온 동네에 수재秀才로 이름을 떨치셨다. 하지만 어려운 가정형편 탓에, 대학원 진학을 포기하고 교편을 잡으셨다. 결혼하여 나를 낳으시고 뒤늦게 학교에서 아이들을 가르치면서 석사, 박사 과정을 밟으셨으니, 그야말로 주경야독하며 어렵게 공부를 이어간 셈이다. 하지만 교수가 되는 길은 녹록치 않았다.

교수 임용에 탈락한 후, 아버지는 학교를 벗어나 학원 사업을 시작하셨다. 학원 사업 역시 백면서생인 아버지에게 만만한 길은 아니었다. 사업 초창기 인허가 문제로 인해, 학원을 차려놓고도 수업을 하지 못했다. 몇 달 동안 개점휴업 상태가 된 것이다. 이 사실을 나는 성인이 되고서도 한참 지나서야 알게 되었다. 당시 중학생이던 나는 워낙 철딱서니가 없던 터라, 집에 쌀이 떨어지고 있다는 사실도 몰랐다. 두세 달 어쩔 수 없이 한시적 백수가 되었던 아버지는 답답함이라도 풀자고, 집에서 가까운 남한산성에 자주 가셨다고 한다.

예나 지금이나 남한산성 앞에는, 산성의 고즈넉함과 맑은 공기를 한껏 즐기고 내려와 닭백숙을 맛나게 뜯는 유람객들이 넘쳐난다. '너희 아버지가 그 앞을 지나가며 평상에 놓인 닭다리에서 눈길을 떼지 못하더라'고 당시 상황을 묘사하는 어머니의 생생한 증언을 들은 적이 있다. 그 이후 나는 여름만 되면 아버지께 닭백숙을 대접하고 싶다. 생각해보니, 당시 아버지의 연세는 고작 불혹을 앞둔 서른아홉이었다.

지금의 내게는 까마득한 후배의 나이, 서른아홉. 어느덧 쉰을 바라보는 나이가 되고 보니, 그때의 아버지가 한없이 가엾게 느껴진다. 채 마흔도 안 된 가장의 불안한 표정이 머릿속에 그려진다. 기댈 곳 하나 없던 그 어린 가장은 대체 얼마나 힘들었을까.

당장 다음 달 생활비가 간당간당한 상황임에도 불구하고 닭백숙을 뜯고 싶다며 눈치 없이 아우성치는 당신의 애꿎은 위장을 나무라는 심정은 과연 어땠을까. 퇴직금은 몽땅 학원 보증금으로 잡혀 있고, 빚을 내 방 두 칸짜리 거처를 겨우 마련했으니, 여유자금은커녕 더 이상 융자금도 얻어낼 수 없는 처지에 울고 싶은 심정이었으리라.

남한산성 닭백숙 일화만 생각하면, 부모님에 대한 효심이나 공경의 마음보다는 서른아홉 살 청년가장에 대한 연민이 더 크게 다가온다. 여름이면 그 앳된 청년에게 백숙을 찢어 살코기만 발라, 굵은 왕소금에 후추까지 듬뿍 찍어 건네고 싶다.

효도라는 것 역시 인간이 누리는 다른 모든 고등한 감정과 마찬가지로, 인간에 대한 깊은 이해와 연민이라는 토대 위에서 출발한다. 형식적인 공경의 마음보다는, 인간 대 인간 사이의 연대와 공감이야말로 효의 진솔한 실체가 아닐까. 추사 김

정희의 말마따나, 부모와 자식의 담백한 만남이야말로 가장
좋은 만남이다.

아버지와 어머니,
당신들도 한때는 누군가의 자식이자
힘들고 고달픈 청년이었다.

읽고 쓸
자유를 누리며

시詩

시

백성들 또한 수고로움을 멈추게 하여
조금이나마 편안케 하면
나라 안이 유순해져
사방으로 편안해질 것이라네.
〈시경〉 대아

인간의 기억을 가장 확실히 장악하고 있는 감각은 단연 후각이다.

오래된 책을 펼쳐 들었다가 문득 대학 시절이 떠올랐다. 대학 시절 도서관은 내게 아늑함을 선사했다. 오래된 종이에서 풍겨 나오는 구질구질한 종이 냄새가 그렇게 좋았다. 나는 그 중에서도 가장 오래된 중앙도서관의 향기를 유독 사랑했다. 표지의 이음새는 닳고 닳아 본문과 헤어지기 일보직전이고, 본문의 누런 종이에는 세로로 조판된 글자가 어지러이 나부

끼고 있었다. 창가 자리에 앉아 골라 온 책을 읽고 있노라면 불어오는 산바람이 이마에 맺힌 땀방울을 식혔다. 독서를 딱히 좋아했다기보다는, 책에서 풍겨오는 오래된 종이 내음과 바람에 실려 오는 꽃향기가 만나 어우러지는 분위기에 취했던 것 같다.

"영화는 2차원이지만, 책은 3차원이다."

소설가 폴 오스터는 책을 이렇게 찬양했다. 각박한 세상사에 부대낄 때면 눈을 감고 그날의 향기를 떠올려본다. 책장을 넘길 때마다 손끝에 닿았던 낡은 종이의 서걱거림마저 되살아나면, 나는 다시 도서관 창가에 앉은 청년 김훈종으로 돌아갈 수 있다.

돈이 많은 사람이 부럽다고 내가 부자가 될 수는 없다. 건강한 사람이 부럽다고 아픈 병자가 갑자기 건강해질 수도 없다. 잘생긴 사람이 부럽다고 미남미녀가 될 리는 만무하다. 하지만 글 잘 쓰는 사람이 부러우면, 그가 정성껏 쓴 책을 읽으면 된다. 그러면 그 부러움이 농밀한 기쁨으로 바뀐다. 단돈 만 원 남짓이면, 동경하는 작가의 글을 온전히 취할 수 있는 셈이다.

물론 부러워한다고 내가 글을 잘 쓰게 되는 것은 아니지만, 효용으로 따지자면 부자의 돈을 나눠 쓰고 있는 셈이고 미남의 얼굴을 빌려 사는 셈이다. 그 시절 내게 정신적 사치를 알게 해준 〈도덕경〉이나 《월든》에게 늘 감사의 마음을 지니고 있다. 아니, 고마움을 넘어서 외경심마저 든다.

내가 세상에서 제일 부러워하는 사람은 부자나 잘생긴 사람이 아니라, 글을 잘 쓰는 사람이다. 뭐 특이하다고 욕할 수는 있겠지만, 인간의 취향은 제각각이니 너른 마음으로 이해해주길 바란다. 램프의 요정이 나타나 정우성의 얼굴과 김훈의 필력 가운데 택일하라고 한다면 당연히 후자를 선택하고 싶소, 라고 당당히 외치고 싶었지만 자판을 두드리는 와중에 마음이 흔들렸다. 그래 정우성의 얼굴이면 전자다!

말하자면, 글 잘 쓰는 능력이 생산할 수 있는 세속적 가치에 비해 내게는 훨씬 위대하게 보인다는 말을 하고 싶었다. 부자의 돈을 내가 나눠 쓸 수 없지만, 동경하는 작가의 글은 책을 구입해 필사하면 글맛을 오롯이 느낄 수 있다. 마치 내가 대단한 글쟁이가 된 것만 같은 착각에 빠져든다. 책을 사랑하는 독자는 그래서 행복해지기 쉽다.

다산 정약용 역시 폐족으로서 살아갈 유일한 방법은 독서뿐이라고 강조했다.

또한 나는 천지간에 의지할 곳 없이 외롭게 서 있는지라
마음 붙여 살아갈 곳이라고는 글과 붓이 있을 뿐이다.

♦ 〈두 아들에게 보내는 편지〉 가운데

　신영복 선생 역시 다산처럼 독서를 통해 억울함과 고통을
달랜 듯 보인다. 《감옥으로부터의 사색》을 읽다 보면, 가족들
에게 책을 보내달라고 부탁하는 편지 구절이 유독 많다. 하루
는 〈시경〉을 잘 받아 읽고 있노라고 안부를 전하며, 부모님께
왕유王維의 절창 가운데 한 구절을 적어 보내기도 했다.

홀로 타향에서 나그네 신세 되고 보니
명절이 되면 고향의 가족이 더욱 그리워
형제들은 높은 산에 올라 문득 알리라
산수유 꽂으며 놀 적에 한 사람 없는 것을

♦ 〈구월구일억산동형제九月九日憶山東兄弟〉 왕유王維

　수감 생활로 인해, 부모형제를 만나지 못하는 괴로움이 얼
마나 큰지 느껴지는 편지 내용이다. 신영복 선생은 다독보다
는 정독을 좋아했다. 아버지에게 보내는 편지에 독서법에 대
해 이렇게 정리한다. '책을 읽는 시간보다는 책을 덮고 읽은
바를 마음속에서 되새기며 생각하는 시간을 더 많이 가질 필

요가 있습니다.' 또한 '이야기에는 거짓이 있으나, 노래에는 거짓이 없습니다'라고 표현하며, 유독 시를 사랑하는 자신의 속마음을 전하곤 했다.

하긴 오래된 종이 향기가 가득했던 도서관에서 나를 사로 잡았던 책도 역시 시집이었다. 특히나 문학과지성사의 시집을 애독했다. 알록달록한 표지와 그에 어울리지 않는 진중한 내용의 시어들이 자아내는 기묘한 이질감이 매혹적이었다. 낮이면 시위에 나가 민중가요를 울부짖고 자본주의의 징글맞은 집요함에 욕지거리를 퍼붓다가도, 밤이면 당구장과 술집을 전전하고 과외 아르바이트로 노동자의 한 달 봉급을 손에 쥐던 모순덩어리 내 삶을 쏙 빼닮았기에, 그 시집들은 나를 괴롭히기도 하고 안식을 주기도 했다.

헨리 데이비드 소로우 역시 시의 역할을 유달리 강조한다. 《구도자에게 보낸 편지》에서 이렇게 읊조린다. '검이 판사의 머리 위에서 번뜩이고 겁난 성직자들이 두려움에 침묵할 때. 그때가 시인의 시간이다.' 엄혹하던 군사 독재 시절에도 명동성당만큼은 소도의 역할을 충실히 수행했다. 우리가 기댈 수 있는 마지막 보루인 성직자들조차 침묵에 빠지게 되면, 시인이 목청 높여 노래해야 한다는 것이 소로우의 생각이다. 대관절 시의 본질이 무엇이기에, 성직자나 판관조차 침묵할 때 시인은 온갖 불이익을 무릅쓰고 나서야만 하는 것일까.

〈시경〉에 담긴 삼백 편의 시를 한마디로 표현하자면,
생각에 거짓됨이 없다는 것이다.

◆ 〈논어論語〉 위정爲政

사무사思無邪. 시의 담긴 생각에는 삿됨이 없다는 의미다.

일찍이 윤동주 시인이 노래했듯이, '죽는 날까지 하늘을 우러러 한 점 부끄럼이 없'어야 시를 지을 수 있는 것이다. 시의 정신은 '하늘에 죄를 지으면 빌 곳이 없다'는 공자의 말씀과도 일맥상통한다. 1791년 정조가 〈시경〉에 대해 조목별로 질문한 것을 초계문신 정약용이 강의 형식으로 답한 저작물이 나왔으니, 바로 〈시경강의詩經講義〉라는 책이다. 정조는 왜 〈시경〉에 대해 그토록 많은 질문을 던졌으며 정약용은 왜 체계적으로 답변을 남기고 심지어 책으로 묶어내기까지 했을까. 삼천 년 전 민초들의 삶과 감정을 채보採譜한 노랫말이 어쩌다 제왕학의 교과서가 된 것일까.

"시를 쓰는 행위는 모든 일 중에서 가장 결백한 것이다."

시인이자 철학자인 프리드리히 횔덜린은 이렇게 시를 상찬했다. 우리 인간을 동물과 구별 짓는 가장 큰 차이점은 결국 언어다. 대화를 통해 인간은 사회성을 획득하게 되고, 타자와의 소통을 이루어낸다. 〈시경〉에 채보된 수많은 노랫말에는 인간이 인간에게 전하고픈 언어 가운데 가장 결백한 시어들만이 고이고이 침전되어 남아 있는 셈이니, 한 나라를 경영하려는 제왕이라면 응당 그 읊조림에 귀를 기울여야 하지 않을까.

백성들 또한 수고로움을 멈추게 하여

조금이나마 편안케 하면

나라 안이 유순해져

사방으로 편안해질 것이라네.

속이는 자를 함부로 따르지 못하게 하고

어질지 못한 이를 단속하며

도적과 포악한 자를 물리쳐서

밝은 법을 두려워하게 만들고

먼 곳의 사람은 부드럽게

가까운 사람은 화목하게 대해야

우리 왕이 안정된다네.

◆ 〈시경詩經〉 대아大雅

절차탁마切磋琢磨, 일취월장日就月將, 타산지석他山之石, 전전긍긍戰戰兢兢, 오매불망寤寐不忘, 전전반측輾轉反側 등 우리가 흔히 사용하는 사자성어의 출전 역시 〈시경〉이다. 공자 역시 학문에 정진하라는 가르침을 남길 때 〈시경〉의 절차탁마를 원용했다. 경복궁景福宮의 이름을 지은 정도전 역시 〈시경〉 주아周雅의 한 구절에서 오백 년 주궁의 명칭을 가져왔다.

"이미 술에 취하고 덕에 배부르니 임이시여! 영원토록 큰 복景福을 누리소서!"

시인이, 시어로 축조된 세계에서, 시어로 정치하는 세상은 우리가 꿈꾸는 이상향이 아닐까.

누군가는 '시인이 무슨 정치야'라고 비웃을 것이다. 정치가 시인의 입에서 이루어진다는 말이 가당치도 않은 세상이기에, 이토록 시리고 가혹한 것이다. 세상에 치이고 생채기가 날 때면, 문득 오래된 종이 내음이 코를 찌르던 도서관 창가자리에 앉아 시집을 펼쳐 들고 싶다. 이어폰으로는 정태춘의 〈시인의 마을〉이 귓가에 흘러 들어오면 금상첨화일 듯싶다. '누가 내게 생명의 장단을 쳐주리오. 그 장단에 춤추게 하리오. 나는 자연의 친구 생명의 친구. (중략) 고행의 수도승처럼 하늘에 비낀 노을 바라보며, 시인의 마을에 밤이 오는 소릴 들을 테요.'

삶에 지칠 때면 시집을 펼쳐 보라.

그곳에 구원의 노래가 울려 퍼질 것이다.

성장하는
사람의 비밀

인認

인정하다

잘못하고도 고치지 않는 것,
이것이 바로 잘못이다.
〈논어〉 위령공

여느 부부들처럼 아내와 종종 부부싸움을 한다. 다툼의 이유는 대개 너무 사소하고 치졸해, 차마 이 지면에 올릴 수 없는 것이 대부분이다. 삼십 년 가까이 다른 환경에서 자라온 성인 둘이 만났는데, 싸우지 않고 살아간다는 것은 불가능에 가깝다.

누구의 잘잘못을 떠나, 부부싸움은 디폴트값으로 인정해야 한다. 살아가며 싸움보다 중요한 것은 화해의 방법이다. 전술한 바와 같이 싸움의 이유가 너무 사소하기 때문에 그저 잘못을 인정하고 사과하면 싸움은 금세 잦아든다.

그런데 문제는 바로 이 사과의 타이밍이다. 아내가 잘못한 싸움은 쉽게 끝난다. 아내는 잘못을 인정하고 사과를 잘 한다. 반면, 나의 잘못으로 벌어진 싸움은 대개 장기전으로 비화한다. 선선히 사과할 줄 모르는 나의 옹졸함 때문이다. 잘못을 저지르고도 늘 핑계를 찾는다. 어떻게든 나의 과오를 정당화하거나 합리화할 꼼수를 들이밀며 뻔뻔하게 구니, 싸움은 오히려 더 뜨겁게 달아오른다.

나는 한 번 저지른 내 잘못을 덮기 위해 엉뚱한 논리를 들이대고, 그 논리를 다시 정당화하기 위해 말도 안 되는 무리수를 연발한다. 이 얼마나 한심한가. 나는 '잘못하고도 고치지 않는 잘못'을 저지르며 살아왔다. 공자의 가르침과는 정반대로 실천한 셈이다. 지금부터는 공자의 말씀을 제대로 이해한 인물의 행적을 잠시 따라가보겠다.

중국 최고의 시인은 누구인가?

이 질문에 열에 아홉은 시선 이백李白이나 시성 두보杜甫를 꼽는다. 시詩의 신선神仙과 시의 성인聖人 가운데, 건곤일척의 승부를 가린다면 당신의 선택은 누구인가? 술과 낭만과 인생의 덧없음을 자연에 기탁해 노래한 이백에게 한 표를 던지려는가, 아니면 당대 민중의 고통을 예리하게 벼린 시어로 위로했던 두보의 손을 들어줄 것인가. 스무 살 혈기왕성하던 나는 사회파 시인 두보를 흠모했지만, 어느덧 중년에 접어든 내게는 이태백의 시어야말로 설렘을 선사하는 보물이다.

세상과 삶의 이면을 예리하게 파헤치며 동시에 독자의 가슴을 두드리는 이백의 시는 중국 전역에 널리 퍼져 있다. 유비가 제갈량에게 후주 유선을 부탁하고 숨을 거둔 백제성에는 〈조발백제성早發白帝城〉을 아로새겼고, 이백 자신의 고향 사천성의 성도成都에는 〈촉도난蜀道難〉을 남겼다. 중국 곳곳에 이백이 남긴 시어와 그가 흩뿌린 전설 같은 이야기들이 넘쳐나지만, 그 가운데 압권은 단연 황학루黃鶴樓가 아닐까.

황학루는 장강長江과 그 최대지류인 한수漢水가 만나는 호북성湖北省 무한武漢에 위치해 있다. 〈삼국지〉 시대에 오나라에서 군사용 망루를 세운 것이 그 전신이요, 그 이후에는 장강을 따라 움직이는 장사치들과 관리들이 반드시 들러 잔치를 벌이고 놀던 이름난 누각이 되었다.

코비드19 바이러스로 인해 이제는 모르는 사람이 없는 유명한 도시가 되었지만, 본디 무한은 우리에게 크게 알려진 도시는 아니었다. 허나 중국에서는 예부터 북경北京, 소주蘇州, 불산佛山 등과 더불어 천하사취天下四聚라 불릴 정도로 상업의 중심지이자 교통의 요지였다. 천하의 물자와 사람이 모인다는 천하사취 네 도시 가운데에서도, 중국 본토의 중심에 자리한 무한인지라 아홉 개의 성省과 통한다는 의미로 구성통구九省通衢라 불린다. 그러니 그 번화한 무한에서도 가장 인기 있는 명소, 황학루 위에서 얼마나 많은 시인묵객들이 술잔을 기울이며 시를 읊었겠는가.

최호崔顥 또한 그 많던 시인묵객 가운데 하나였고, 그가 지은 시는 황학루를 노래한 수많은 절창 가운데에서도 으뜸으로 꼽힌다. 그의 시를 이해하려면, 황학루에 얽힌 전설을 먼저 알아야 한다.

옛날 옛적, 황학루 근처에 신씨辛氏 부부가 운영하는 주막이 하나 있었다. 하루는 남루한 차림의 노인이 찾아와 술을 내어달라고 청했다. 마음씨 착한 부부는 돈이 없어 보이는 행색임에도 불구하고, 정성껏 술상을 내어주었다. 아니나 다를까 노인은 거나하게 취해 돈도 내지 않고 주막을 나섰으며, 이후에도 종종 들러 공짜 술을 얻어먹고 갔다. 신씨 부부는 적선한다는 너그러운 마음으로 노인에게 술상을 차려주었는데, 몇 달이 지나자 노인이 찾아와 이렇게 말했다. "나는 이제 도를 닦기 위해 멀리 떠나오. 그 전에 밀린 술값을 갚으려 하니, 귤껍질을 구해주시오."

노인은 주막 담벼락에 마치 뱅크시라도 되는 양, 귤껍질을 붓 삼아 누런 학을 힘차게 그렸다. "주막에 술꾼들이 박수 치며 노래하면, 저 누런 학이 장단에 맞춰 덩실덩실 춤을 출 것이오." 어설프고도 허황된 말을 당당하게 남기고는 노인은 부부를 떠나갔다. 그런데 이게 웬일인가! 과연 그의 말대로 벽에 그려진 학은 손님들 장단에 맞춰 춤을 추었고, 주막은 진기한 구경거리를 보려는 술꾼들로 연일 장사진을 이루었다. 덕분에 신씨 부부는 큰 부자가 되었다.

그러던 어느 날, 떠나갔던 노인이 돌아와 통소를 불어대자, 누런 학이 벽에서 튀어나와 노인을 태우고 날아갔다. 놀라운 광경에 넋이 나간 신씨 부부는 노인이 신선이나 도사라고 생각했으며, 자신들에게 큰 복을 내려준 신선을 기념하기 위해 누각을 세웠으니 그것이 바로 황학루다.

옛사람 이미 황학을 타고 가버리고
텅 빈 이곳엔 황학루만 남았네
황학은 한 번 가서 돌아오지 않고
흰 구름은 천년 세월 동안 유유히 흐르네
맑은 강 또렷한 한양의 나무들
향기로운 풀 우거진 앵무주鸚鵡洲
날은 저무는데 내 고향은 어디인가

안개 자욱한 강가에서 나그네는 시름에 겨워 어찌할 바 모르네

◆ 〈등황학루登黃鶴樓〉최호崔顥

이백은 젊은 시절부터 천하의 절경을 찾아 돌아다니며 시심詩心을 쏟아내고 있었으니, 황학루가 그의 시야를 비껴갈 리 없었다. 이백이 황학루에 올라 붓을 휘두르며 시를 짓고 있는 와중에, 누군가 최호의 시를 가져다 보여줬다. 이백은 한참을 탄식하더니, 끝내 붓을 거두었다.

"내가 눈앞에 이런 절경을 두고도 시를 짓지 못하는 것은
이미 앞서 최호의 시가 있기 때문이다."

천하의 이백이 깨끗하게 승복한 것이다. 덕분에 최호의 시 〈등황학루〉는 당대唐代 이후 최고의 율시律詩로 꼽는다. 황학루 옆에는 이백의 고사故事를 기리는 각필정擱筆亭이란 부속 건물이 있다. 말 그대로 '붓을 꺾은' 이백의 결단을 흠모하여 지은 정자다. 황학루도 황홀한 건축물이지만, 그 숨겨진 사연을 안다면 각필정이야말로 더욱 향기로운 건축물이 아닐까.

이미 당대 최고 시인의 반열에 오른 이백이 누군가의 시를 인정하고, 같은 주제로 더 좋은 절창을 끌어낼 수 없다고 깨끗

이 패배를 인정하는 것, 결코 쉬운 일은 아니다. 아니, 너무도 어려운 일이다. 우리는 대체로 자신의 잘못이나 부족함을 인정하려 들지 않는다. 태어나면서 완벽한 사람은 없다. 누구나 실수도 하고 부족한 면도 채우면서 성장해나간다. 허나 솔직 담백하게 자신의 과오나 부족함을 인정하는 이는 드물다.

끝장이다!
나는 아직 자기 잘못을 보고,
마음속으로 스스로 꾸짖는 사람을 보지 못했다.

◆ 〈논어論語〉 공야장公冶長

공자 역시 실수나 잘못을 진심으로 인정하는 것이 얼마나 어려운 일인지 실토한다. 하여 실수나 잘못을 깨끗이 시인하고, 스스로 부족함을 인정하는 자세야말로 우리가 갈고 닦아 도착해야 할 지향점이다. '내가 틀릴 수 있다'는 마음을 가진 사람만이 성장할 수 있다. 무조건 나만 옳다는 독선과 아집에 빠지게 되면 발전은커녕, 한바탕 고꾸라지기 십상이다. 공자는 삼천여 제자를 거느린 시대의 스승이었지만, 종종 자신의 잘못을 선선히 인정하고 사과했다.

공자가 제나라를 방문했지만, 재상 안영晏嬰을 만나지 않고 돌아온 적이 있다. 자공이 그 이유를 묻자 공자가 답했다. "안영은 세 임금을 섬기는 동안 높은 관직을 누리며 평안하게 살았으니, 그의 사람됨이 의심되어 만나지 않았노라." 스승과 제자가 나눈 이야기를 전해 듣고는, 안영이 탄식하며 말했다. "나는 비록 세 임금을 섬겼으나, 오직 나라를 위한다는 충심으로 임하였는데, 어찌 만나보지도 않고 교활하게 처세하여 권세나 쫓는 인물이라고 폄하하느냐! 안타깝도다." 안영의 말을 전해들은 공자는 자신의 잘못을 깨닫고, 그를 찾아가 진심으로 사과했다.

안영은 사람들과 잘 사귀어서,
오랜 시간이 지나도 사람들은 그를 공경한다.

◆ 〈논어論語〉 공야장公冶長

안영은 영공靈公, 장공莊公, 경공景公 세 임금을 섬기며, 제나라를 중흥시킨 명재상이다. 제갈공명조차 극찬을 아끼지 않았고, 외치와 내치 모든 방면에서 혁혁한 전공을 세웠다. 그의 화려한 언변에서 화이부동和而不同, 남귤북지南橘北枳, 양두구육羊頭狗肉, 의기양양意氣揚揚 등의 고사성어가 쏟아져 나왔다. 넘치는 기백과 해학 넘치는 말솜씨로 자신이 섬기는 임금은 물론이요, 다른 나라의 왕들까지 설복시키는 탁월한 외교적 수

완을 보여줬다. 사마천은 〈사기〉를 통해 '안영이 지금 살아 있다면, 나는 기꺼이 그의 마부가 될 것이다'라며 안영에 대한 경외심을 표현했다.

삼대 오십 년에 걸쳐 재상으로서 제나라를 주무른 안영이다. 그의 경력을 가늠하고 공자는 곡학아세曲學阿世하는 아첨꾼으로 평가절하했다. 오대십국 시기, 다섯 왕조 열한 명의 황제 밑에서 재상을 지낸 풍도馮道와 비슷한 부류의 인물이라 여긴 것이다. 풍도는 구양수에게 '뻔뻔한 인간'이라는 평가를 받았고, 사마광에게는 '부끄러움을 모르는 간신의 표상'이라는 비난을 받았다. 비록 처음에는 오해하던 공자였지만, 이내 안영의 충심을 파악하고는 자신의 실수를 곡진하게 사과했으니, 진정한 성인의 모습이라 할 수 있다.

자신의 잘못을 선선히 사과한다는 것은 그 사람의 자존감과 자신감을 반영한다. 내가 틀릴 수 있다는 것, 내가 남보다 못하다는 것을 인정하는 자세는 역설적으로 내가 얼마나 훌륭한지 보여줄 수 있는 잣대다. 시를 짓는 능력에 있어서, 이백은 스스로 누구보다 뛰어나다는 자신감에 사로잡혀 있었다. 그렇게 단단한 자부심과 자존감이 있었기에, 이백은 황학루를 주제로 짓는 시만큼은 최호의 절창을 이기지 못한다고 시원하게 인정한 것이다.

　인정과 포기, 살아가다 보면 정말 중요한 덕목이라는 것을
깨닫게 된다. 수학계의 노벨상이라 불리는 필즈상을 거머쥔
허준이 교수는 수상의 비결로 '포기'를 힘주어 말했다. 수학자
허준이는 리드 추측, 로타 추측 등 오랜 수학계의 난제를 여러
개 해결했다. 이토록 놀라운 업적을 세운 수학자는 후학들에
게 한마디 남겨달라는 기자의 질문에 다음과 같이 말했다.

　"수학자 본인의 역량 부족이나 인류 발전의 한계로 아직 해결
할 수 없는 난제가 산적해 있어요. 그런 문제를 만나게 되면 무
작정 끈기 있게 머리를 싸매는 것보다, 마음을 편안하게 갖는
것이 중요합니다. 그간 수학자들에게 절대 포기하지 않는 태도
를 강조했지만 균형이 필요합니다. 개인적으로 가끔은 적당히
포기할 줄 아는 마음이 필요하다고 생각해요."

　이 위대한 수학자는 포기의 필요성을 역설한다. 놀랍지 않
은가. 자신의 한계를 인정하고 때로는 과감히 포기할 줄 아는
태도는 허준이나 이백처럼 일가를 이룬 대가들에게서나 뿜어
져 나오는 아우라다. 그러니 인정과 포기가 얼마나 어려운 일
인가. 자신의 한계를 받아들이고 이를 바탕으로 타인을 인정

하며, 때로는 포기할 줄 아는 용기와 지혜를 갖추기 위해선 부단한 노력을 경주해야 한다.

"진실의 언어는 단순하다."

철학자 세네카의 표현이다. 잘못이 있으면 있는 대로 진술하게, 내가 남보다 못났으면 부족함을 솔직하게 얘기하는 태도야말로 진실한 자세다. 화려한 수사나 과장을 뒤로하고 늘 진정성 있게 사과하는 아내를 보며 나는 깨달았다. 아내라고 늘 자신이 잘못했다고 생각하여 사과하는 것은 아니라는 사실을. 아내는 알면서도 져줄 수 있는 아량을 갖춘 것이다.

요즘은 나도 바뀌었다. 아내로부터 많이 배우고 깨달은 덕분에, 사과도 잘 하고 인정도 잘 한다. 하여 내 인생이 조금은 업그레이드 된 듯하고, 내 삶이 전보다 편안해졌음을 느낀다. 사과하고 인정할 줄 아는 인생은 하루하루가 행복이다. 자신의 불완전함을 인정하는 용기야말로 자신감 넘치는 사람만이 갖출 수 있는 미덕이다.

단언컨대, 시를 사랑하는 후세의 그 어떤 독자나 문학평론가도 이백이 최호보다 못하다고 여기지 않을 것이다. 이백은 그저 황학루에 관한 시를 깔끔하게 포기할 줄 아는 지혜와 용기를 보여준 것이니, 이 또한 아름답지 아니한가.

나도 틀릴 수 있다.

내가 진리라며 살지는 않았는가!

by 존 스타인벡

굳이
우악스럽게 살지 않아도

시時

때

하늘의 이치에 따라
큰 틈에 칼을 밀어넣고
큰 구멍으로 칼을 이끌어 가는데,
신臣이 이렇게 하는 것은
소의 본디 그러한 바를 따르는 것일 뿐입니다.
〈장자〉 양생주

"철학은 죽음의 연습이다."

소크라테스는 일찍이 이렇게 말했다. 철학이란 우리가 왜
사는지, 어떻게 해야 잘 사는 것인지를 쉼 없이 물어대는 학문
이다. 철학이 죽음의 연습이란 말은 곧 '삶의 목적이 어디에
있으며, 어떻게 살아야 잘 사는 것인지를 매일같이 물어대는
것'이야말로 죽음을 대비하는 최선의 방책이란 뜻이다. 나는

239

왜 살까? 실존적 존재의 이유를 끊임없이 물어야, 우리의 삶은 비로소 죽음을 온전히 받아들일 수 있다. 죽음의 맥락을 온전히 이해해야 현재의 내 삶이 어디에 위치하는지 정확히 인식할 수 있다.

우리 인간은 단 한 명의 예외도 없이 모두 죽음을 두려워한다. 중국 최초로 천하를 통일한 진시황조차 죽음의 공포에 벌벌 떨다가, 전국의 방사들에게 불로장생의 영약靈藥을 구해 오라 명했다. 또한 사후 세계에서조차 뭐가 그리 두려웠는지, 자신의 무덤에 실로 방대한 규모의 병마용을 준비하기도 했다. 하지만 셀 수 없을 정도로 많은 규모의 장수와 병사, 말과 온갖 무기조차 진시황의 두려움을 잠재우지는 못했다.

동서고금을 막론하고 죽음에 대한 공포가 어찌나 끔찍한지, 신화 속 영웅들조차 예외는 아니다. 아킬레우스는 트로이 전쟁에 나서기 전, 전장에 나가면 요절한다는 신탁을 받았지만 개의치 않고 출전을 감행했다. 트로이 전쟁에서 용맹을 뽐내며 큰 공을 세운 아킬레우스는 끝내 신탁의 저주를 피하지 못하고 요절하게 된다. 하지만 천하의 아킬레우스도 저승에서 오디세우스를 만나자 이렇게 푸념한다.

"나는 세상을 떠난 모든 죽은 자들을 통치하느니, 차라리 지상에서 머슴이 되어, 토지도 없고 재산도 적은 가난한 사람 밑에서, 품이라도 팔고 싶소이다."

교실 앞에 나가 친구들 앞에서 노래를 부르는 사소한 일이든, 몇 십억 짜리 수주가 달린 프레젠테이션처럼 인생이 걸린 일이든, 두려움을 떨칠 수 있는 최선의 방법은 연습뿐이다.

마찬가지로 죽음의 두려움을 이겨내기 위해서, 우리에겐 연습이 필요하다. 철학을 공부해야 하는 간명하고도 자명한 이유다. 제자백가의 수많은 사상가들 역시 죽음에 대한 공포를 극복하고자 자신만의 사유 체계를 발전시켜나갔다.

공자는 일찍이 "아침에 도를 깨달으면 저녁에 죽어도 좋다"고 말했다. 하지만 다른 자리에서는 "삶도 모르는데 어찌 죽음을 논하랴!"라고 제자들에게 피력했고, 괴력난신怪力亂神에 대해서는 아예 언급도 하지 않았다. 일견 겸양의 언행인 듯 보이지만, 실은 회피의 모습이다. '저녁에 죽어도 좋다'는 말은 죽음을 가벼이 본다는 뜻이 아니라, 도를 깨닫기가 그만큼 어렵다는 역설이다.

죽음을 대하는 공자의 자세가 부정과 회피의 단계에 머물러 있었다는 점은 그 역시 죽음을 얼마나 두려워했는지 말해준다. 퀴블로 로스의 죽음을 받아들이는 다섯 단계(부정, 분노, 타협, 우울, 수용)에 따르자면, 겨우 1단계에 머물러 있는 셈이다.

죽음의 공포를 초월하여 삶과 죽음의 물아일체 반열에 올라섰다고 일컬어지는 시대의 사상가가 장자다. 하지만 천하의 장자 또한 죽음의 공포에서 헤어나지 못했다. 그는 '생生의 존재' 그 자체를 지독히도 사랑했다. 〈사기〉 '열전'에 따르면, 초나라 위왕威王은 장자가 현명하다는 얘기를 듣고, 예물과 사신을 보내 재상으로 맞이하려 했다. 장자는 웃으며 사신에게 다음과 같이 말했다.

"천금은 막대한 이익이고, 재상이란 높은 벼슬입니다. 허나 그대는 제사를 지낼 때 희생물로 바쳐지는 소를 보지 못하였소? 그 소는 여러 해 동안 잘 먹다가, 화려한 비단옷을 입고 결국엔 종묘로 끌려들어가야 합니다. 이때 그 소가 몸집이 작은 돼지가 되겠노라고 한들, 그렇게 될 수 있겠소? 그대는 더 이상 나를 욕되게 하지 말고 어서 돌아가시오.
나는 차라리 더러운 시궁창에서 노닐며 스스로 즐길지언정 나라를 가진 제후들에게 얽매이지 않을 것이오. 죽는 날까지 벼슬하지 않고 내 마음대로 살 것이오."

이와 비슷한 일화 하나가 〈장자〉에 전해진다.

초나라 왕이 대부 두 명을 보내, 낚시를 하고 있던 장자에게 중책을 맡기고 싶다고 전했다.

장자는 낚싯대를 쥔 채 돌아보지도 않고 말했다.

"듣기로는 초나라에는 신령스런 거북이 있어서 죽은 지 삼천년이나 지났는데, 왕께서 이 거북을 헝겊에 싸서 상자에 넣고 묘당 위에 모셔놓았다고 하더군요. 이 거북은 죽어 뼈를 남긴 채 귀한 대접 받기를 원했을까요? 아니면, 살아서 진흙탕 속에서 꼬리를 끌며 다니기를 바랐을까요?"

두 대부가 답했다.

"당연히 살아서 진흙탕 속에서 꼬리를 끌며 다니기를 바랐겠지요."

이에 장자가 말했다.

"그렇다면 어서 돌아가십시오. 나 역시 진흙탕 속에서 꼬리를 끌며 살고 싶습니다."

◆ 〈장자莊子〉 추수秋水

'꼬리를 진흙 속에 끌고 다닌다'는 뜻의 사자성어 예미도중曳尾塗中의 출전이다.

〈사기〉, 〈장자〉 등 다양한 문헌에서 공통적으로 살펴볼 수 있듯이, 장자는 어느 곳에서 누구를 만나든 삶의 소중함을 강조한다. 돈이나 명예 혹은 세상을 바꿔보겠다는 정의감보다,

장자는 삶 그 자체의 오롯한 가치를 훨씬 귀하게 여겼다. 죽음을 위한 연습으로 그가 택한 방식은 생의 유한성을 받아들이고, 그 안에서 실존이 선물하는 즐거움을 만끽하는 것이다. 장자의 이러한 사상은 '양생주'편에서 도드라진다.

포정해우庖丁解牛 고사에는 삶을 어떻게 살아가야 하는지에 대한 장자의 깊은 고뇌와 해답이 담겨 있다.

포정庖丁은 소의 해체 작업을 담당하던 요리사를 뜻한다. 어느 날 포정이 문혜군文惠君을 위해 소를 잡았다. 그의 손이 닿을 때, 어깨로 밀 때, 다리로 밟을 때, 무릎으로 누를 때마다 살과 뼈를 바르는 소리가 쩍쩍 울려 퍼지고 칼 쓰는 소리가 쓱쓱 났는데, 음률에 맞지 않는 경우가 없었으며 박자가 척척 맞았다. 그러자 문혜군이 묻는다. "대단하구나! 포정의 기예가 어찌 이런 경지에까지 이르렀는가!" 이에 포정이 칼을 내려놓고 답한다.

"신이 좋아하는 것은 도道입니다. 이는 기예보다 심오합니다. 신이 처음 소를 잡을 때 보이는 것이라고는 소가 아닌 것이 없었습니다. 삼 년이 지나고 난 후, 소의 온 모습이 눈에 띄지 않게 되었습니다. 그리고 지금에 이르러서 신은 소를 정신으로만 대할 뿐, 눈으로 보지 않게 되었습니다.

이제 소를 잡을 때 더 이상 감각이나 지각을 이용하지 않고, 마음이 가는 대로 하고 있습니다. 하늘의 이치에 따라 큰 틈에 칼을 밀어넣고 큰 구멍으로 칼을 이끌어 가는데 신이 이렇게 하는 것은 소의 본디 그러한 바를 따르는 것일 뿐입니다.

솜씨가 좋은 포정은 해마다 칼을 바꾸니 쓸데없이 살을 베기 때문이요, 보통의 포정이 달마다 칼을 바꾸는 이유는 쓸데없이 칼날로 뼈를 쪼개기 때문입니다. 허나 신의 칼은 사용한 지 열아홉 해나 되었고, 그간 수천 마리의 소를 잡았으나 칼날은 숫돌로 새로 간 것과 다름없습니다. 소의 관절 사이에 벌어진 틈이 있고 두께가 없는 칼날로 파고 들어가니 여유롭게 공간이 남아도는 것입니다. 이것이 제가 열아홉 해 동안 써도 칼날이 날카로운 까닭입니다."

◆ 〈장자莊子〉 양생주養生主

어떻게 살아야 잘 사는 것인지에 대한 질문에, 장자는 '순리대로 살아야 한다'는 답을 내놓은 것이다. 포정의 도道는 억지스레 꾸역꾸역 살아가는 삶을 지양하고, 세상의 이치에 순응하여 살아갈 것을 주문한다. 포정의 일장연설을 듣고는 문혜군은 이렇게 답한다. "훌륭하도다! 나는 포정의 말을 듣고 양생의 방법을 깨우쳤다."

포정의 닳지 않는 칼날을 상상하니, 문득 지난 삶이 주마등처럼 스쳐 지나간다. 나는 살면서 얼마나 많은 살을 베고 뼈를 쪼갰는가. 관절과 살 사이에 충분한 틈이 있었음에도 나는 살을 뭉텅뭉텅 베어내고, 고작 작은 칼 하나로 뼈를 쪼개기 위해 안간힘을 다했다. 당연히 손은 부르트고 어깨는 욱신거리며 칼날은 남아나질 않았다. 얼마나 어리석은 일인가. 순리대로 흘러가도 될 일을 굳이 힘주어 우악스럽게 해냈다. 그러고는 스스로 뿌듯해 했다. 이제와 돌아보니 대체 왜 그랬을까, 나 자신도 궁금하다.

돈 때문일까, 아님 명예? 혹은 그 둘을 모두 움켜쥐기 위해서였던 것 같다. 늘 욕심 없는 삶이라고 자부했지만 돌아보니 시간을 충분히 누리지 못했던 삶이다. 나는 그저 주는 대로 잘 먹고 살을 찌우고, 비단옷을 두른 채 희희낙락하다 종국엔 제사에 끌려가는 소였다. 비단옷을 두르고 거들먹거리며 지나가면 선망의 시선으로 바라보는 게 좋았고, 맛난 음식에 취해 절제 없이 닥치는 대로 쑤셔넣었다. 거짓 욕망에 휩싸여 내 자신을 잃어버린 세월이었다.

요즘 들어, 젊은 나이에 은퇴를 감행하는 사람들의 기사를 자주 접하게 된다. 기사를 찬찬히 살피다가, 그들이 마련한 은

퇴자금이 생각보다 적어서 놀란 적이 많다. 서른아홉 나이에 동년배의 남편과 함께 일을 그만두었다는 한 여성은 단돈 오억 원을 손에 쥐고 은퇴했다. 오억이 적은 돈은 아니지만, 두 사람의 연금 수령 시기까지 쓰기에는 결코 큰 금액도 아니다. 하지만 그녀는 '시간을 사기 위해' 돈을 포기했노라고 당당히 말한다.

시간을 산다? 시간을 돈으로 산다??

시간을 돈으로 구매한다는 이 놀라운 개념에 순간 어안이 벙벙해졌다. 시간도 돈도 우리에게는 한정된 자원이다. 이 양자 간의 세심한 균형이야말로 우리가 살아가며 추구해야 할 최고의 미덕이다. 어떤 이는 돈을 벌기 위해 건강을 해쳐가며 일한다. 그는 자신의 기대 수명을 기꺼이 지불하고 부를 축적하는 사람이다. 또 다른 이는 과감하게 은퇴하여 자신이 하고 싶은 것을 하며 살아간다. 그는 주머니로 들어올 돈을 마다하고, 그 대가로 자유와 시간을 사들인 것이다.

인류가 기아선상에서 벗어나 마음껏 먹어대기 시작한 지는 불과 백 년도 되지 않았다. 신식 군대에 대한 구식 군대의 반발이라고 흔히 알려진 임오군란은 실상 병사들에게 봉급으로 나눠준 쌀에 돌이 섞여 있었기 때문에 일어났다. 영화에서 에 이젠슈타인의 몽타주 기법 하면 떠오르는 저 유명한 오데사의 계단, 그 계단을 시민들의 피로 물들인 전함 포템킨의 선상 반란 역시 배급된 음식에 구더기가 들어 있었기 때문에 발발했다. 굶주린 배를 채워줄 식량에 대한 가공할 만한 집착이 군인들의 반란과 유혈사태로 빈번하게 이어졌다. 여차하면 피를 볼 정도로 백여 년 전 우리네 식량 사정은 절박했다. 황제의 총칼 아래 쓰러져 오데사 계단에 구르나 배를 곯다 굶어 죽으나, 죽는 것은 매한가지 아니던가.

우리나라로 국한하자면, 한국전쟁 이후 절대빈곤에서 벗어나 풍족하게 음식을 향유하게 된 것은 불과 오십 년도 넘지 않는다. 역사가 쓰인 수천 년의 세월과 그 이전 수십 만 년의 선사시기까지 가늠해본다면, 인류가 넉넉하게 음식을 누린 오십여 년의 세월은 찰나의 순간과도 같다. 아무튼 현재 대한민국의 상황을 기준으로 삼자면, 우리는 의식주의 절대적인 충족이 쉽사리 가능해진 풍요의 시기를 관통하며 살아가고 있다.

반면, 노동시간 현황은 어떨까. 우리나라로 말할 것 같으면, OECD 가입국 가운데 노동시간으로 으뜸과 버금을 오고 가는 나라다. 우리나라 노동자는 OECD 회원국 평균보다 무려 300여 시간이나 더 일한다.

프리츠 랑 감독의 1927년 작 〈메트로폴리스〉는 최초의 SF 영화이자, 휴머노이드 로봇을 처음으로 스크린에 등장시킨 작품이다. 〈터미네이터〉, 〈블레이드 러너〉, 〈공각기동대〉 등 시대를 풍미한 수많은 작품에 영향을 끼쳤다. 미래도시를 배경으로 삼아 로봇을 주요한 캐릭터로 활용하는 과감한 연출은 인간과 노동의 관계성을 예리하게 벼려내어 제시한다. 백년을 앞서 보는 탁월한 식견이자 통찰이다.

영화에 등장하는 메트로폴리스는 부르주아의 지상낙원과 노동자의 지옥으로 나뉜다. 지상의 부르주아들은 지하 노동자들의 땀에 기대어 무위도식을 이어가며 오직 향락의 삶만 즐길 뿐이다. 반면, 지하 세계의 노동자들은 오직 일에만 몰두하여 메트로폴리스의 지상과 지하에서 필요한 물자를 생산해 낸다.

영화 속 지옥 같은 지하 세계 노동자들의 하루 노동 시간은 얼마나 될까. 놀랍게도 10시간이다. 21세기 대한민국의 노동 시간과 큰 차이가 없다. 프리츠 랑이 상상한 디스토피아의 노동 시간과 우리의 현실이 별반 다르지 않다는 사실은 〈블레이드 러너〉의 결말만큼이나 충격적이다.

비록 기나긴 노동 시간으로 고통받지만, 의식주의 절대적 충족이 수월한 사회가 바로 대한민국이다. 이런 조건 아래, 우리에게 가장 소중한 자원은 무엇일까? 아무리 생각해봐도 시간이다. 불과 백 년 전 일제강점기 시절 우리의 의식주와 현재의 상황을 비교하자면, 놀라울 정도로 엄청난 질적 양적 수준의 차이가 있다. 하지만 기대수명은 그 정도로 현격한 차이를 보이지는 않고 있다. 구한말에도 환갑을 사는 사람은 존재했고, 21세기에도 이순耳順의 나이에 세상을 뜨는 사람은 꽤나 많다. 의식주의 가격은 절하됐지만, 시간의 값은 그대로인 셈이다. 상대적으로 시간이 귀해진 셈이니, 그렇다면 시간을 사는 것이야말로 가장 현명한 행동은 아닐까.

오늘날 유대인들이 세계 경제를 주무르고 있는 이유에도 시간이란 개념이 연관되어 있다.

디아스포라로 인해 유럽 각지에 흩어진 유대인은 땅이 없으니 농사를 지을 수도 없었고, 딱히 업으로 삼을 만한 일을 구하기도 힘들었다. 하여 모두가 기피하고 천시하던 금융업에 종사할 수밖에 없었다. 기독교가 지배하던 당시 사회에서는 돈을 빌려주고도 이자를 받을 수 없었다. 왜냐? 이자는 돈을 빌려 쓴 시간의 대가로 채무자가 채권자에게 지불하는 것인데, 기독교 교리에 따르면 오직 신만이 시간을 관장할 수 있는 주체가 될 수 있다. 그러니 인간은 감히 시간을 통해 이익을 취할 수 없는 것이다.

반면 유대인의 율법에는 이교도들에 한하여 이자를 받아도 된다고 명시되어 있었기에, 그들은 본격적으로 금융업에 종사할 수 있었다. 〈베니스의 상인〉에 등장하는 샤일록 같은 고리대금업자가 대부분 유대인으로 묘사되는 것 또한 이러한 이유 때문이다. 신의 권능이 세속의 권능을 압도하던 사회 중세에서, 오직 신의 영역으로 남겨둔 귀중한 재화가 바로 시간인 것이다.

"하늘의 이치에 따라 큰 틈에 칼을 밀어넣고 큰 구멍으로 칼을 이끌어 가는데 신이 이렇게 하는 것은 소의 본디 그러한 바를 따르는 것일 뿐입니다."

양생을 설명하는 포정의 묘사 가운데 핵심에 해당하는 대목이다. '소의 본디 그러한 바' 즉 본성本性에 충실하면서 동시에 하늘의 이치, 즉 천리天理를 따른다는 행동강령을 명확히 주장하고 있다.

현존하는 문헌 가운데, 천리라는 어휘가 등장하는 가장 오래된 저작물이 바로 〈장자〉 '양생주'편이다. 하늘의 이치라는 것은 곧 도道를 의미한다. 도를 깨우친다는 것은 우주의 섭리를 체득하고 실천한다는 의미이다. 우주의 섭리라는 것도 때에 따라, 장소에 따라, 사람에 따라 변화한다. 만고불변의 진리라는 것은 존재하지 않는다. 21세기, 물질적 풍요로 가득 찬 내 삶에 가장 긴요한 재화는 역시나 시간이다. 하여 시간을 사는 것은 결국 천리를 따르는 현명한 행동이다.

채 마흔도 넘지 않은 파이어족 여성에게 달린 댓글에는 응원보다 악담이 훨씬 많았다. 아니, 그 돈으로 언제까지 버틸 수 있을 것 같으냐, 혹시 아프기라도 하면 치료비는 어쩔 것이냐, 당장이야 낭만적이겠지만 언제까지 즐거울 것 같으냐, 그래도 젊어서 기운 있을 때 열심히 벌어야지 등등 여성의 미래에 드리운 그림자들을 열거하며 살뜰히도 걱정해대고 있었다.

하지만 본인들이 검소한 생활을 계획하고 그에 맞춰 자금을 마련한 것이기에 걱정은 접어둬도 괜찮을 듯싶다. 혹여나 질병에 걸릴 것을 걱정하는 댓글도 있었지만, 보통 꾸역꾸역 참고 온갖 스트레스 받으며 일하는 사람들이 아프기 마련이지 유유자적하는 파이어족들은 여간해서 아프지도 않는다. 그러니 그런 걱정조차도 마음속에 깊이 접어 넣어두시라.

아파트나 자동차 혹은 에르메스 가방보다는 자신의 시간이 소중한 사람이기에, 그녀는 그 소중한 시간을 유용하고 행복하게 사용할 것이 분명하다. 인제끼지나 즐거울 것이니, 그 걱정 역시나 꿀꺽 삼키길 바란다. 돈으로 시간을 사는 생활방식이야말로 하늘에 이치에 따라 벌어진 틈으로 칼을 집어넣는 '21세기 포정'의 태도라 할 수 있다.

당신은 오늘을 위해 내일을 포기하는 인간형인가, 아니면 내일을 위해 오늘을 포기하는 인간형인가.

시간 속에서 풍화되지 않는 것도 있을까.

슬픔도 기쁨도 육체도 정신도,

모든 것은 시간 앞에 무릎을 꿇는다.

시간이야말로 가장 무서운 존재이자 귀중한 재화다.

눈앞의 이익에
흔들리고 있다면

원遠

심오하다

서두르지 말고,
작은 이익을 보려고 하지 말거라.
서두르게 되면 도달하지 못하고,
작은 이익을 탐하면 큰일을 이루지 못한다.
〈논어〉 자로

우리는 종종 눈앞의 성과를 위해 주변 사람과의 관계를 훼손하는 어리석은 짓을 저지른다. 연봉이 오르거나 승진을 하는 경우도 있고, 당장의 매출이 오르거나 계약을 성사시키는 경우도 있다. 물론 계약 성사, 매출 인상, 연봉 상승, 승진의 유혹은 무척이나 달콤하다. 참기 어려울 정도로 매혹적이기까지 하다.

하지만 인간관계를 저버리고 성과를 취하는 행동은 패를 이기고 바둑을 지는 경우와 비슷하다. 벌써 스무 해 넘게 사회

생활을 하다 보니, 욕망에 휘둘려 눈앞의 먹이를 입에 넣으려다가 낚시 바늘에 달려 올라가는 붕어의 운명을 여러 번 목도했다. 물론 나 역시 마찬가지로, 여러 차례 붕어 신세가 되었다. 돌이켜 보건대, 내 인생은 공자의 말씀과는 반대로 늘 서두르며 눈앞의 작은 이익을 탐해온 삶이었다. 남들이 근시안적으로 행동하면 혀를 쯧쯧 차대지만, 정작 내 눈의 들보는 보지 못하는 경우가 허다했다. 참, 세상살이가 그래서 어렵다.

나는 바둑을 사랑한다.

흑과 백, 두 돌은 361개의 눈이 달린 작은 바둑판 위에서 삼라만상의 변화를 일으킨다. 포석이라는 묵직한 걸음걸이로 요란한 소용돌이를 일으키기도 하고, 행마라는 날래고 잰 발걸음으로 순식간에 적의 급소를 찌르기도 한다. 단순함 가운데 복잡함이 있고, 복잡함 가운데 무궁무진의 생동감이 살아 숨 쉰다. 순간순간의 선택과 결정으로 빚어내는 짜릿한 놀이의 결정체다. 수세에 몰렸다가도 대마를 잡아 역전하는가 하면, 느긋하게 앞서다가도 반집 차이로 패배하는 것이 바둑의 묘미다.

바둑에 대한 나의 순애보는 대학 시절 시작되었다. 과연 중어중문학과답게 과방에는 장기판과 바둑판이 구비되어 있었으며, 흑석과 백석이 나뒹굴며 육탄전을 벌이고 있거나 항우와 유방의 치열한 대결이 펼쳐지고 있었다. 바둑 동아리도 조촐하게나마 운영되고 있었는데, 그 위대한 이름을 여기서 고백하자면, '양곤마'였다. 곤마는 생사의 위협을 받으며 쫓기는 말이다. 한 군데라도 곤마가 생기면 불안한 행마를 거듭해야 하거늘, 곤마가 둘이라는 것은 패색이 짙다는 뜻이다. 하여 두 개의 곤마, 양곤마는 패배의 전조인 경우가 대부분이다. 젖비린내 진동하는 대학생 특유의 자조가 한껏 버무려진 동아리 명이다. 바둑의 규칙을 조금이라도 알고 있는 독자라면, 아마도 우리의 유치함에 큰 웃음을 터뜨릴 것이다.

바둑은 역사는 하, 은, 주는 물론이요, 요순堯舜시대까지 거슬러 올라간다. 바둑의 기원에 관해서는 여러 가지 설이 분분하다. 순임금이 아둔한 자식을 가르치기 위해 바둑을 만들었다는 설, 바둑판의 구조가 〈주역〉의 이치와 비슷하니 주나라 시대에 만들어졌다는 설, 하나라 걸왕이 오락거리를 위해 석주라는 자에게 만들라고 명했다는 설 등등 다양한 이야기가 설왕설래하고 있다. 하나 명확한 것은 '바둑의 역사는 곧 중국의 역사다'라고 단언할 수 있을 정도로, 오래되었다는 점이다.

〈후한서後漢書〉나 〈구당서舊唐書〉의 기록을 참고하자면, 우리나라에서는 삼국시대에 이미 바둑이 큰 인기를 끌던 오락거리였다. 〈삼국사기〉에는 백제의 개로왕蓋鹵王과 도림道琳의 일화가 실려 있다. 개로왕은 바둑 두기를 즐겨, 천하의 고수를 수소문했다. 고구려의 승려 도림은 바둑의 고수였는데, 개로왕을 찾아가 바둑을 대결하며 환심을 샀다. 왕의 총애를 등에 업은 도림은 왕실의 권위를 드높이기 위해 왕릉을 개보수하라고 권한다.

결과론적으로 무리한 토목 사업은 백제의 국력을 쇠퇴하게 만들었으며, 그 사이 도림은 고급 군사정보를 빼내 고구려에 전달했다. 결국 개로왕은 고구려의 공격으로 수도를 함락당하고, 영토를 잃었으며, 끝내 비참한 죽음을 맞았다. 경국지색이란 표현은 있지만, 경국지기傾國之碁란 표현은 없다. 허나 바둑이 나라를 기울어지게 만들었으니, 그 재미가 여간 대단한 게 아니었나 보다.

오죽하면 관우는 바둑에 정신을 팔아, 살을 찢고 뼈를 깎는 수술의 고통을 참아냈을까. 독화살에 맞은 관우는 천하의 명의 화타를 찾게 된다. 화타는 마취탕을 마시고 정신을 잃어야 수술이 가능하다고 말했지만, 관우는 술 한 잔 마시며 바둑을 둘 터이니 수술을 하라고 명했다. 관우가 백미白眉라는 별명으로 유명한 마량과 더불어 바둑을 두는 동안, 화타는 살을 가르고 뼈에서 독을 긁어냈다. 도저히 믿기 어려운 이 수술 장면은 〈삼국지연의〉에서 나관중이 묘사하여 기술한 내용이다. 아무리 용맹한 관우라 한들 마취도 없이 수술을 받았다니, 도저히 믿기지 않는 이야기다.

하여 〈삼국지연의〉를 읽은 대부분의 독자들은 천하의 입담꾼 나관중의 기발한 창작으로 받아들이고 있는 일화이지만, 놀랍게도 진수의 정사 〈삼국지〉에도 비슷한 기록이 남아 있다. 나관중의 허풍이 아닌 셈. 정사에는 '관우가 수하들을 데리고 잔치를 벌이다가 고기를 씹고 술을 마시며 수술을 받았다'고 기록되어 있다. 여기에 나관중은 작가적 상상력을 발휘해 바둑이라는 살을 붙였고, 관우의 실제 수술 시점보다 11년 앞서 이미 세상을 떠난 화타까지 집도의로 소환해 각색을 해낸 것이다. 나관중이 보기에도 바둑은 살을 찢고 뼈를 깎는 아픔도 능히 참아낼 수 있는 재미난 놀이였던 것이다.

바둑에 한창 빠져 있던 대학 시절, 여러 소프트웨어 회사에서 바둑 컴퓨터 게임을 출시하기 시작했다. 하지만 알량한 내 실력만으로도 컴퓨터는 손쉬운 상대였다. 당시 양곤마 회원들은 아무리 컴퓨터의 성능이 발달해도, 바둑으로 인간을 이길 수는 없다고 입을 모았다. 아무렴! 장기나 체스야 가능하지만, 바둑은 어림없지!

훗날 이세돌이 알파고에게 속절없이 당하는 모습을 지켜봤다면 뱉은 말이 부끄러워 차마 입을 열지 못했겠지만, 어쨌든 당시 우리들은 철석같이 믿었다. 그 근거 가운데 하나는 '패覇'다.

바둑에서 패란 동형의 집 모양이 발생하여 흑도 백을 따낼 수 있고, 백도 흑을 따낼 수 있는 형태를 의미한다. 흑돌이든 백돌이든 누군가 두 번 연속 두면 완벽하게 제압할 수 있는 상황을 의미하며, 서로 집을 따내면 영원히 경기가 끝나지 않게 된다. 그래서 패의 규칙은 백이 따내면 바로 흑이 둘 수 없고 다른 곳을 둔 연후에야, 돌을 놓을 수 있게 한다.

패라는 것이 참 묘하다. 언제든 따내면 내 집이 되지만, 상대의 돌을 따내려면 다른 곳을 한 번 두고 와야 한다. 이겨도 되고 져도 되는 패를 꽃놀이패라고 부르고, 지면 대마가 잡힐 경우에는 만패불청이라고 칭하며 어떤 팻감을 써도 받지 않는다.

간혹 패를 멋지게 이기고도 바둑에 지는 불상사가 벌어지기도 하는데, 이것이 바로 소탐대실小貪大失하는 경우다. 패를 이기려고 받아야 할 절체절명의 곳에 두지 않는 경우, 혹은 패를 이기려고 자신에게 불리한 팻감을 마구 사용하는 경우가 그러하다. 우리네 인생도 비슷하다.

전국시대 진秦나라 혜왕惠王은 촉蜀을 점령하고 싶었지만, 천혜의 험준한 지리로 인해 정벌군의 진격로를 도무지 파악할 수 없었다. 어느 날 진 혜왕은 촉나라 왕이 탐욕스럽다는 소문을 듣고, 돌로 소 다섯 마리를 만들어 비단으로 장식했다. 그러고는 소들이 지나간 자리마다 황금을 떨구어 놓았고, 소가 '황금똥'을 눈다는 헛소문을 퍼뜨렸다.

진 혜왕이 이 소를 촉나라 왕에게 선물로 바치고 싶다는 의사를 타진하자, 어리석은 촉왕은 이를 받아들였다. 혹여나 계략일지 모른다는 신하들의 반대를 일축하고, 진나라 사신단을 위해 길을 넓히기까지 했다. 진나라 사신 일행은 귀한 소를 전달한다는 명목으로 호위병을 붙여 촉나라 수도까지 입성했고, 반갑게 맞이하던 촉나라 왕을 간단히 제압하고 순식간에 촉을 멸망시켰다. 〈신론新論〉에 기록된 이 이야기가 바로 고사성어 소탐대실의 출전이 되는 일화다.

촉나라 왕의 어리석은 행동에 실소가 일어나지만, 왕을 비웃기 전에 그의 무지와 아둔함이 곧 내 모습은 아닌지 스스로 돌아봐야 한다. 촉나라 왕을 마음껏 비웃을 수 있는 자 과연 누구인가. 우리는 모두 너나할 것 없이 코앞의 황금에 무너진다. 그것이 인간의 본성이다.

하여 다산 정약용은 그저 욕망을 자제하라는 정언명령을 내리기보다는, 작은 욕심이 얼마나 어리석은지를 역설하며 깨달음을 전한다.

> 청렴은 천하의 큰 장사이다.
> 욕심이 큰 사람은 반드시 청렴하려 든다.
> 사람이 청렴하지 못한 것은 그 지혜가 짧기 때문이다.
> 청렴한 자는 청렴함을 편안히 여기고,
> 지혜로운 자는 청렴함을 이롭게 여긴다.
>
> ◆ 〈목민심서牧民心書〉

다산의 가르침은 한마디로 '대탐소실'하라는 말이다. 사람이니까 물욕이 없을 수는 없다. 하지만 작은 물욕에 휩쓸려 정작 중요한 본령을 놓치게 되면, 내 자신의 정체성과 본질이 무너져버린다. 자아를 잃어버리고 얻는 것이 천만금인들 무슨 소용이 있겠는가. 이는 비단 한 지방을 경영하는 사또, 목민관들에게만 적용되는 원칙이 아니다. 스스로의 삶을 경영하는 우리 모두가 되새김질해봐야 할 금언이다.

"서두르지 말고, 작은 이익을 보려 하지 말거라. 서두르게 되면 도달하지 못하고, 작은 이익을 탐하면 큰일을 이루지 못한다."

공자의 제자 자하가 거보莒父라는 고을을 다스리는 읍재가 된 후, 정치에 대해 물었을 때 스승이 들려준 답이다. 또한 우리네 평범한 사람들의 세상살이에도 그대로 적용되는 소박한 법칙이기도 하다. 소탐대실하지 말고 묵묵히 한 걸음, 한 걸음 나아가는 것이야말로 분야를 막론하고 무엇인가 이루어낸 사람들의 공통점이다.

눈앞의 이익에 흔들리는 자신을 발견하게 되면, 부디 촉나라 왕의 어리석음을 되새겨보시라. 황금똥을 누는 소는 이 세상에 없다. 그리고 설사 그런 소가 존재한다 한들, 누군가 내게 거저 줄 리는 없다.

**작은 이익에 흔들리지 말아야
큰 세상이 보인다.**

무엇이
나의 참모습인지
고뇌하고 있다면

진眞

참

> 남을 아는 사람은 지혜롭고, 자신을 아는 자는 밝다.
> 남을 이기는 자는 힘이 세고, 자신을 이기는 자는 강하다.
> 족함을 아는 자는 부유하고, 강행하는 자는 의지가 있다.
> 뿌리를 잃지 않는 자는 오래가고,
> 죽어서도 잊히지 않는 자가 가장 오래 사는 것이다.
> 〈도덕경〉 33장

'나는 누구인가?'라는 날카롭고도 가혹한 질문에 당신은 얼마나 견딜 수 있는가?

　나의 참된 모습을 고요히 응시하는 일은 고통스럽다. 거울에 비친 자신의 모습은 대체로 내가 상상하던 것과 달리 추하고 흉하기 때문이다. '나는 누구인가?'라는 이 거북한 질문은 일찍이 그리스 3대 비극작가 중 하나인 소포클레스가 던졌다.

그가 저술한 테베 3부작 중 하나인 〈오이디푸스 왕〉은 결국 '나는 누구인가'라는 정체성을 찾아가는 이야기다. 오이디푸스는 누구보다 자기 자신을 잘 안다고 생각한다. 코린토스의 왕자이자 스핑크스의 저주를 풀어낸 희대의 영웅. 하지만 그것은 완벽한 착각이었다. 정작 자신이 누구의 아들인지도 몰랐고, 심지어 테베의 왕자인지도 몰랐다. 하여 그는 무시무시한 신탁의 저주를 끝내 피하지 못했다.

자기 자신을 아는 것은 지독하게 어려운 일이다. 불편한 진실과도 얼굴을 마주봐야 하고, 죽 끓듯 널뛰는 변덕도 감내해야 한다. '너 자신을 알라!' 델포이 아폴론 신전에 새겨진 이 경구는 진리를 말해주고 있지만, 선뜻 실천으로 옮기기에는 버겁다. 누구나 현실을 직시할 수 있는 것은 아니다. 우리네 평범한 사람들은 대개 보고 싶은 것만 보고 듣고 싶은 것만 듣는다. 소동파 같은 위대한 시인조차 자신의 참모습을 온전히 마주한다는 것이 얼마나 어려운 일인지 노래했다.

가로로 보면 산마루요, 세로로 보면 봉우리니
가깝고 멀고 높고 낮음에 따라, 그 모습이 제각각이로구나
여산廬山의 참모습을 일지 못하는 끼닭은
단지 이 몸이 이 산중에 있기 때문이라네

横看成嶺側成峰

遠近高低各不同

不識廬山眞面目

只綠身在此山中

◆ 제서림벽題西林壁 소식蘇軾

시의 원문을 굳이 병기하는 까닭은 세 번째 행의 '진면목眞面目'이란 시어 때문이다.

우리가 흔히 사용하는 단어, 진면목의 출전이 바로 소동파의 노래다. 칠언절구로 이루어진 이 시는 강서성江西省 구강시九江市 여산廬山에 자리 잡은 사찰, 서림사西林寺의 담장에 쓰여 있다. 소동파는 왕안석王安石의 신법新法 개혁에 반대해 여러 차례 유배를 당했다. 항주杭州에서 해주海州로 유배지가 바뀌어, 여산을 지나가던 소동파가 시심이 발동해 읊은 노래가 '서림사 담장에 부쳐'라는 뜻의 〈제서림벽〉이다.

관리로 부임하는 임지든 유배지든 가리지 않고, 가는 곳마다 가난하고 힘없는 백성들을 위해 노력하던 소동파였다. 현실 정치의 벽에 부딪혀 방황하고 탄식하던 그의 모습이 구절마다 진하게 배어 있다.

여산의 참모습을 조감하기 위해서는 하늘 높이 날아가는

새의 시선이 필요하다. 하지만 우리 인간에게는 날개가 없다. 우리는 여산의 계곡과 봉우리와 산마루에 갇힌 채, 여산을 바라볼 수밖에 없다. 그러니 시간의 흐름에 따라 산의 모습은 바뀌고, 우리가 평가하는 산세는 어디에서 바라보느냐에 따라 수시로 변모한다. 변덕스럽게도 말이다. 여산의 참모습을 파악하기란 여간 어려운 일이 아니다.

우리 자신을 정확하게 파악하기란, 여산만큼이나 어려운 일이다. 내가 내 모습을 객관적으로 평가하려면 내 마음속 모든 편견을 모두 털어내고 냉정하게 바라봐야 한다. 하지만 그게 어디 쉬운 일이던가. 타이거 우즈나 박인비 같은 세계 최정상급 골프 선수들도 캐디의 충고를 금과옥조처럼 받아들인다. 장기나 바둑도 마찬가지다. 훈수 두는 사람에게는 쉽게 보이는 묘수가 대국자에겐 절대 보이지 않는다.

"누구, 내가 누구인지 자신 있게 말할 수 있는 자가 없느냐!"

누군가 리어왕처럼 외친다면 답은 하나다. '당신 자신뿐!' 자신의 정체성을 파악하는 길은 멀고 험하지만, 결국 자신의 두 다리로 걸어 나가야 한다. 자신을 알기 위해서는, 선결요건으로 자기객관화가 이루어져야 하는데 작두날, 아니 날카로운 면도칼 위를 걸어가는 것만큼이나 아프고 두려운 일이다.

'욕먹으면 오래 산다'는 우스개가 있다. 일리 있는 말이다. 자기객관화가 잘 되는 사람들은 좀처럼 남에게 욕을 먹지 않는다. 하지만 그 대가로 면도칼 위를 걷듯 고통스럽게 피를 흘리며 살아가야 한다. 그러니 오래 살기는 힘든 것이다. '모르는 게 약이다'라는 말은 문자 그대로 이 상황에 들어맞는다. 자기 자신을 파악하지 못하면 욕은 먹더라도, 덜 고통스럽다. 누구든 자기객관화가 완벽히 이루어진다면, 단 하루도 살 수 없을 것이다. 완벽한 증류수에는 물고기가 살 수 없는 것처럼 말이다.

그렇다면 그저 고통만 묵묵히 감내한다고 해서, 내가 누구인지 알아낼 수 있을까?

행복에 대한 기준, 세상을 바라보는 관점, 타인과 관계를 맺는 방식, 죽음을 바라보는 시선, 욕망을 채우는 방법과 욕망을 달성하기 위해 희생할 수 있는 한계, 사랑에 대한 정의, 진정 내게 속한 것들에 대한 개념, 정의란 무엇인지에 대한 감각 등등 실로 복잡다단한 나의 모습을 모든 각도에서 파악해야 한다.

그리고 무엇보다 자신의 적나라한 모습을 견뎌낼 수 있는 내공을 갖춰야 한다. 섣불리 자신의 정체성을 파악하는 것은 불을 지고 섶으로 뛰어드는 무모함으로 전락할 가능성이 높다. 내가 누구인지 아는 것이 최선이지만, 깜냥이 안 되면 모르고 사는 것도 나쁘지는 않다. 자신의 정체성을 파악함에 있어, 어렴풋한 짐작 정도로는 부족하고 고삐를 틀어쥐고 부릴 정도는 되어야 비로소 자기객관화가 완성된다.

마르셀 프루스트는 말했다. "훌륭한 작가는 모국어를 마치 외국어처럼 다룬다." 모국어는 생래적으로 주어지는 자산이다. 내게 속한 것이요 내가 마음껏 활용하는 대상이다. 하여 존중도 없고 조심스러움도 없다. 그런데 프루스트는 이러한 모국어를 외국어처럼 사용해야 뛰어난 작품을 써내려갈 수 있다고 말한다.

외국어는 불편하고, 어렵고, 거북스럽다. 편하고 쉽고 함함하게 써내려간 글에는 독자를 뒤흔들 만한 힘이 없다. 자신의 틀 안에 무기력하게 갇혀버린 채, 자기객관화가 이루어지지 않았기 때문이다. '모국어를 외국어처럼 다룬다'는 태도를 달리 표현한다면, 러시아 문학 이론가 빅토르 시클롭스키가 수창한 '낯설게 하기'가 아닐까.

차라리 외국에 홀로 떨어져 있으면 외국어를 사용하기 쉽다. 사용할 수밖에 없으니까. 하지만 모국어를 자유롭게 사용할 수 있는 환경 아래에서, 모국어를 외국어처럼 낯설게 대하려면 피나는 노력을 더해야 한다. 역경보다 이기기 어려운 것이 순조로운 환경이니, 애써 결심하고, 실천하고, 반복해야 한다. 자기객관화 역시 이와 같다. 내가 내 안에 갇혀 있기에, 우물 안의 내 모습을 바라보게 되는 것은 인지상정이요 당연지사다. 우물에서 기어 나와 저 지붕 위에 올라 스스로를 조감하는 행동이란, 얼마나 어려운 일이던가.

영국에 〈리어왕〉 같은 비극이 있다면, 중국에는 〈조씨趙氏고아孤兒 이야기〉가 있다. 13세기 후반 원나라 때 잡극 작가 기군상紀君祥이 쓴 희곡 〈원복원조씨고아寃復寃趙氏孤兒〉 이후, 민간에 널리 알려지게 된 이야기다. 중국에서는 소설은 물론이요 경극, 연극, 드라마, 영화로 큰 인기를 모았기 때문에, 모르는 사람이 없을 정도다.

첸 카이거의 〈조씨 고아〉가 2010년 제작되었고, CCTV 채널1에서 45부작 〈조씨고아안〉이 인기리에 방영되었다. 두아원竇娥寃, 장생전長生殿, 도화선桃花扇과 더불어 중국 4대 비극으로 자리매김한 작품이다. 심지어 18세기 계몽주의 작가 볼테르는 〈중국의 고아〉라는 이름으로 살짝 각색해, 연극 무대에 올리기도 했다. 유럽 전역에 순회공연을 다녔는데 가는 곳마다 선풍적인 인기를 끌었다.

〈좌전左傳〉, 〈국어國語〉, 〈사기史記〉에 그 기록이 남겨져 있는 〈조씨 고아 이야기〉를 한마디로 요약하자면, 피눈물 그득한 막장 복수극이다. 조씨 집안은 진晋 문공文公을 춘추오패로 만든 공신 조최趙衰의 후손으로, 당대 최고의 명문가였다. 바야흐로 양공襄公의 뒤를 이은 영공靈公이 즉위했는데, 그는 잔인무도하고 방탕한 희대의 폭군이었다. 곰발바닥 요리를 먹다가 맛이 없다며 요리사를 죽였고, 심지어 요리사의 부인에게 남편의 시신을 가져다 버리게 만들었다. 충신 조돈趙盾은 목숨을 내걸고 폭정을 말렸으나, 영공이 듣지 않자 나라를 떠났다. 반면, 조돈의 사촌형제 조천趙穿은 수동적인 조돈과는 달리, 적극적으로 쿠데타를 일으켜 황음무도한 영공을 참살慘殺하고 성공成公을 즉위시켰다.

혼군 영공의 총애를 한 몸에 받던 대장군 도안고屠岸賈는 이에 앙심을 품고 조씨 가문을 몰아내기 위해 호시탐탐 기회를 노린다. 조씨 가문이 옹립한 임금 성공이 죽고 뒤이어 경공景公이 즉위하자, 다시 권력을 틀어쥔 도안고는 뒤늦게 영공 시해의 죄를 물어 조씨 가문 일족 삼백여 명을 몰살한다. 충신 조돈에게는 조삭趙朔이라는 아들이 있었는데, 성공의 누이와 혼례를 맺었다. 천하의 간신 도안고는 조삭을 죽음으로 내몰았지만, 왕실의 혈족인 조삭의 부인은 차마 죽이지 못했다. 대신, 임신 중이던 부인을 자신의 집에 감금하고 감시했다. 복중 태아가 만약 사내아이라면, 아예 아기를 죽여 후환을 없애려는 도안고의 의도였다.

운명의 장난이던가. 감금된 조삭의 부인은 하필 건장한 사내아이를 낳게 되었으니, 그 아이의 이름은 조무趙武다. 도안고의 손에 조무가 죽음을 당하려는 절체절명의 순간, 때마침 조씨 가문의 은혜를 입고 있던 정영程嬰이 찾아와 갓난아이 조무를 탈출시키는 데 성공한다. 도안고가 이 사실을 알고는 조무를 3일 안에 찾아내지 못하면, 조무와 같은 또래의 사내아이를 모두 사살하라고 전국에 명을 내린다. 이에 정영은 조씨 집안 식객이던 공손저구公孫杵臼公와 논의하고, 조무와 비슷한 또래인 자신의 아들을 그에게 보낸다.

공손저구가 조씨 고아를 데리고 있다며, 정영은 도안고에게 거짓 밀고를 한다. 강보에 싼 갓난아이를 품은 공손저구는 자신을 포위한 병사들 앞에서 정영을 꾸짖는다. "정영, 이 소인배 놈아. 조씨 일가가 도륙당할 때, 나와 도모하여 조씨 고아를 기르기로 한 약조를 잊었느냐. 네 어찌 조씨 가문의 은혜를 잊고, 돈에 눈이 멀어 나와 아이를 팔아먹느냐." 물론 이 모든 갈등은 정영과 공손저구가 꾸민 책략이었다. 도안고는 공손저구와 가짜 조씨 고아를 도륙하고 난 후, 후환을 없애준 정영을 총애하게 된다. 비록 정영의 친자는 그 작은 몸뚱이가 셋으로 나뉘는 비참한 죽음을 당하게 되었지만, 정영은 조무를 친자식처럼 애지중지 키운다.

간신 도안고의 환심을 산 정영은 진짜 조씨 고아 조무의 안위를 위해, 자신의 아들을 양자로 받아달라고 청한다. 조무는 정영의 아들, 정발이라는 이름으로 도안고의 집안에서 호의호식하며 자라난다. 어느덧 조무가 장정으로 성장해 스무 살 성인이 되자, 정영은 그간의 진실을 숨김없이 말해준다.

피비린내 진동하는 가문의 몰락과 아버지의 죽음, 불구대천의 원수를 양아버지로 모시며 살아온 지난 세월이 파노라마처럼 스쳐 지나가던 바로 그 순간, 조무 앞에는 지옥문이 열려버렸다. 머릿속에는 정체성의 혼란이 폭풍처럼 몰려오기 시작했고, 조무는 지금껏 살아온 세상이 눈앞에서 무너져 내리고 있는 참담함을 목도하게 되었다.

당대 최고의 권세가인 도안고의 양자로 살아온 세월이 나의 정체성인가, 아니면 도안고의 칼날 아래 억울하게 죽어간 조삭의 아들이라는 정체성이 나인가.

조무에게 굳이 빙의하지 않더라도, 다시 말해 관찰자의 시선으로 바라봐도 결코 쉬운 문제는 아니다. 본질과 관계성이 으르렁대며 서로를 노려보고 있기 때문이다. 본질이란 사물의 존재를 규정하는 원인이자 사물을 그 자체이도록 만드는 특성이다. 관계성은 둘 또는 여러 대상이 서로 연결되어 있는 성질을 뜻한다.

권문세가의 도련님으로 스무 해를 보낸 정발이란 청년이 그의 본질이지만, 아버지의 원수를 갚아야 하는 조무라는 이름은 관계성을 통해 자신의 모습을 명징하게 드러낸다. 실존적 울림이 담겨 있는 조씨 고아의 선택은 과연 어떤 것이었을까. 정발이라는 이름을 허물 벗듯 던져버리고, 조무로 다시 태어난 조씨 고아는 복수의 칼날을 도안고에게 겨눈다.

조씨 고아는 결국 조무라는 이름을 되찾게 된 것이다. 여기서 조무가 조무로 다시 태어나게 만든 인물 정영과 그의 친자에 주목할 필요가 있다. 복수라는 이유로 자신의 혈육을 희생시키는 일은 과연 인간 본성과 부합하는 일인가. 정영의 아내는 울부짖는다. "그깟 의리義理가 뭐라고! 자식을 죽인단 말이오." 조무의 번뇌보다는 정영의 결단이 한층 더 무겁게 다가온다. 조무의 고민이 너절하고 번다한 산문이라면, 정영의 결기는 예리하게 벼려낸 한 편의 시다.

그렇다면 복수의 화신, 정영의 본질은 무엇인가. 조무의 처절한 복수극이 막을 내린 후, 정영은 조무에게 말한다.

"그 옛날 가문에 난이 닥쳤을 때, 나와 공손저구는 조씨 가문의 은혜를 생각하며 함께 죽으려 했습니다. 하지만 내가 죽지 않은 이유는 조씨 가문의 후사後嗣를 세우기 위함이었습니다. 이제 그대가 성인이 되어 복수에 성공하고, 후사를 잇고 작위를 되찾았으니, 이제 나는 지하에 가서 당신의 아버지 조삭과 공손저구를 만나 이 기쁜 소식을 알려야겠소."

정영은 스스로 목숨을 끊으려는 결심을 조씨 고아에게 알렸고, 조무는 눈물로 간청한다. "이제 이 몸을 다 바쳐 은혜를 갚으려는데, 어찌 저를 버리고 죽으려 하십니까!" 정영은 애끊는 조무의 청을 단호하게 거절하며 말한다. "그리는 못 합니다. 공손저구는 내가 능히 이 일을 완수할 것이라 믿고 먼저 목숨을 끊었습니다. 지금 가서 알리지 않는다면, 이 일은 실패한 것과 마찬가지입니다."

성영은 부귀영화를 위해 자신의 혈육을 죽이고, 조씨 집안의 복수를 완수한 것이 아니다. 의협義俠이란 정체성이 그의 핏줄을 타고 흐르고 있었기에, 상식적으로 납득하기 어려운 일련의 과정을 수행해낸 것이다. 은혜를 베푼 조씨 집안에 대한 충심과 먼저 죽어 간 공손저구에 대한 의리만이 정영을 살아가게 만드는 힘이었다.

그의 본질은 약재상을 하던 의원이자, 한 가정의 가장이자, 조삭의 친구이자, 진나라의 신하였다. 하지만 관계성의 측면에서 보자면, 그는 조삭과 공손저구에 대한 의리로 묶여버린 존재다. 그 관계성이 혈육을 죽이고, 친구를 밀고하고, 아내를 저버리고, 스무 해 동안 철천지원수의 비위를 맞추며 살아가게 만든 원동력이었다.

정영은 결코 지혜로운 인물이라 할 수 없다. 하지만 그의 삶에는 한 줄기 섬광이 서려 있다. 정영은 남을 알지는 못했지만, 자기 자신만큼은 완벽하게 알고 있었다. 자신의 진면목을 알아채고 있었던 셈이다. 그의 참모습은 무엇일까. 의협에 빠진 그에게 조씨 집안이 망할 때 자결하는 길이야말로 가장 쉬운 선택이었을 것이다. 하지만 그는 마치 사마천처럼 끝내 집념을 가슴에 품고, 고난의 길을 인내하며 걸어냈다. 정영은 자기객관화를 이루어낼 수 있는 용기와 힘을 갖추고 있었다. 정녕 쉽지 않은 일이다. 그는 마침내 죽어서도 잊히지 않는 자가되었고, 가장 오래 사는 사람이 되었다.

덧.

문득 나는 이런 발칙한 상상을 해봤다.

정영이 자신의 친자 정발을 살리고, 실제 조씨 고아를 도안고에게 바쳐 죽음에 이르게 했다면 어찌 되는 것인가? 자신의 친자 정발이 조무라는 정체성을 떠안고 도안고의 양자가 되어 스무 살이 되었다면, 살아남은 아이는 정녕 누구란 말인가! 그 아이는 조무인가! 정발인가!

내가 누구인지 말할 수 있는 자,
자신의 진면목을 파악하고 있는 자,
과연 누구인가!

인스타그램 속 사람들과
나를 비교하고 있다면

정靜

고요하다

만족할 줄 아는 자는
이해타산으로 스스로를 괴롭히지 않는다.
〈장자〉 잡편

이제 열대야에 잠 못 이루는 풍경은 여름의 필수 요소가 되었다. 지구온난화의 영향인 듯싶다가도 옛 문헌에조차 더위에 맥을 못 추는 모습이 종종 등장하는 것으로 보아, 여름의 무더위는 동서고금을 막론하고 골칫덩어리였나 보다. 오죽하면 '오뉴월 더위에는 염소 뿔이 물러 빠진다'는 속담이 있을까.

먹거리가 부족하던 그 시절에도 초복, 중복, 말복에는 씨암탉이라도 잡아 보신을 했으며 정월대보름에는 하필 "내 더위 사가라!"고 외치며 한 해의 행운을 빌었다. 이경윤李慶胤의 〈고

사탁족도高士濯足圖〉나 심사정沈師正의 〈탁족시명도濯足試茗圖〉에서 볼 수 있듯, 당대 선비들은 북악산 삼천동천이나 옥류동천 등에서 계곡물에 발 담그며 더위를 달랬다. 여염의 여름 풍경도 이리 빽적지근할진대, 구중궁궐의 왕들은 더위를 어떻게 맞이했을까.

조선 역사상 가장 많은 경연을 열었던 성종成宗은 한여름 무더위에도 경연을 멈추지 않았다. 혹여나 더위로 인해 경연을 휴강하게 되면 기어이 보충수업을 받았고, 신하들은 왕의 건강을 염려할 지경이었다. 고생하던 성종은 마침내 어릴 적 더위로 인해 병이 난 적이 있음을 실토했고, 그 이후로 무더위에는 경연을 쉬었다.

영조英祖 역시 무더위가 기승을 부리자 석척기우제蜥蜴祈雨祭를 경회루에서 지냈는데, 일부러 두꺼운 옷을 입고 땀을 뻘뻘 흘렸다. 기우제를 지낼 지경이니 얼마나 덥고 가물어 백성들이 고생했을까. 하여 평소 의뭉스러운 성격답게 임금도 더위에 개고생 한다는 점을 만천하에 알리고자, 그렇게 한 것으로 보인다. 소화기 계통이 약했던 영조는 가을보리로 만든 미숫가루를 타 마시며 더위를 쫓았다.

정조正祖는 화성 공사 중 더위가 심해지자 더위를 물리친다는 환약, 척서단滌暑丹을 조제해 내려주는 등 백성들의 안위를 살피는 데 열심이었다. 한편 무더위에 신하들에게도 휴가를 내려주었는데, 짐작과는 달리 대부분 정조가 내린 휴가를 무척이나 싫어했다고 전해진다. 왜냐하면 휴가 가는 신하들에게 어떤 책을 읽을지 계획서를 작성해 올리라고 했으며, 또한 책의 주요 내용을 적어 올리라고 했기 때문이다.

이러한 경우 임금이 휴가를 하사해 독서를 시킨다는 의미로 사가독서賜暇讀書라 불렀는데, 주로 세종이나 정조처럼 명군들이 자주 실시했던 제도다. 요즘 중고생 아이들이 독서록 제출에 진땀 흘리는 모습을 보고 있노라면, 정조 시절 규장각에서 특별 교육과정을 밟던 초계문신抄啟文臣들이 떠오른다. 얼마 전 우리 품으로 돌아온 그림 〈독서당계회도讀書堂契會圖〉를 살펴보면, 젊고 유능한 문신들이 공무를 보는 대신 휴가를 얻어 독서하는 당대의 모습이 잘 드러나 있다.

반면, 태종은 무더위에 집무를 내팽개치고 그야말로 푹 쉬었다. 태종은 열이 많아 여름철이면 옷을 유독 얇게 입었다. 근정전에서 신하들과 대면하여 정사를 보려면 곤룡포를 차려입어야 하니, 더울 때는 집무를 멈추는 수밖에 없었다. 연산군도 여름이면 더위를 핑계로 마음 편히 쉬었다. 아니, 제멋대로 굴었다는 표현이 적확할 것이다. 〈조선왕조실록〉 '연산군 일기'에 따르면 다음과 같이 신하들을 으르고 협박했다. "내가 큰 병을 앓은 뒤로 더위가 두려워, 지난밤 서늘했는데도 편하게 잠을 자지 못했노라. 너의 말을 따라 경연에 나갔다가, 내가 만일 더위를 먹어 병이 재발하면, 너는 장차 어찌 하겠느냐!" 그야말로 뻔뻔한 직무유기다.

연산군의 만행은 그저 직무유기 혹은 태업 정도에 그치지 않는다. 한여름 무더위에 잔치를 벌일 때에는 무게 천근이 나가는 구리 쟁반을 만들어 얼음을 쌓아놓고 유흥을 즐겼다. 어느 여름에는 승지들이 아첨하느라 얼음으로 쟁반을 만들고 여기에 포도를 담아 바치니, 연산군은 흥에 겨워 시를 짓기도 했다.

얼음 채운 파랑 알이 달고 시원하니
예전과 그대로인 성심에 절로 기쁘다
몹시 취한 주독만 풀어주는 것이 아니라
병든 위와 상한 간도 고쳐주는구나

조선시대에 웬 얼음이냐고 의아할 수도 있지만, 그 시대에도 엄연히 얼음 창고가 있었다. 오늘날 서빙고동, 동빙고동이라는 이름의 유래가 되었던 서빙고, 동빙고가 바로 그것. 한

겨울 한강물이 두껍게 얼면, 잘라내 빙고에 옮기고 봄, 여름, 가을까지 세 계절 동안 사용했다.

동빙고는 왕실의 제사용으로, 서빙고는 문무백관과 죄수 및 환자용으로, 내빙고는 왕실 전용으로 쓰였다. 조선의 법률을 집대성한 〈경국대전經國大典〉에 따르면, 한여름 무더위에 왕실 종친이나 관리 등에게 얼음을 나눠주라고 되어 있는데, 심지어 전옥서의 죄수들조차 그 대상이었으니 당시에도 더위가 얼마나 심했었는지 알 수 있다.

오백 년 전 그 시절 한여름에 얼음을 사용했다고, 놀라지 마시라. 〈개원천보유사開元天寶遺事〉에 따르면, 8세기 당나라 현종 시절에도 얼음 조각이 등장한다. 당대의 간신 양국충楊國忠은 한여름 금띠를 두른 얼음이나 봉황 모양의 얼음 조각을 깔아놓고 잔치를 벌였다. 양국충은 무려 마흔여 개의 관직을 겸임하였으며 공공연하게 뇌물을 받아 축재를 했다. 그의 국정 농단은 결국 안사의 난을 초래하였고, 당의 멸망을 불러왔다.

알프스에서 얼음을 가져다 와인이나 꿀을 뿌려 먹은 로마의 네로 황제 그리고 조선의 연산군과 당나라의 양국충. 세 인물들의 예에서 보듯, 전근대 이전 얼음의 사용은 동서양을 막론하고 대개 폭군이나 간신과 연결된다. 한여름 얼음을 사용한다는 것은 감당키 어려운 사치이고, 백성의 희생을 전제로 이루어지기 때문이다.

중국의 국보 〈청명상하도清明上河圖〉를 살펴보면 북송의 수도 개봉의 모습이 눈에 선하게 그려지듯, 당나라 시대의 소설 〈당척언唐摭言〉을 읽어보면 장안의 시장 풍경이 생생하게 묘사되어 있다. 상인들이 얼음에 꿀과 향료를 섞어 팔았는데, 여름 얼음은 금값과 맞먹었다. 더위에 얼음을 누리는 호사는 지배층의 전유물이었음을 알 수 있는 대목이다.

하지만 요즘은 어떤가. 무더위가 기승을 부리는 여름이면, 우리네 서민들도 빙수나 아이스크림을 수시로 사먹는다. 게다가 많은 가정에서 에어컨을 틀어놓기도 하니, 당나라를 한 손에 넣고 주물럭거리던 양국충이나 누리던 호사를 대부분의 시민들이 만끽하고 있는 셈이다.

황금보다 귀하다는 향신료 후추를 언제든 뿌려 먹고 있으며, 전자책 단말기 하나면 웬만한 황제의 서가보다 많은 장서를 보유할 수 있는 세상이다. 아이스크림이나 에어컨 외에도 상하수도 시설, 수세식 변기, 냉장고 같은 가정 내 설비나 육류섭취량, 의료 서비스 등을 비교해보면, 오늘날 우리들 대부분은 봉건 시대 왕이나 황제 수준의 생활을 영위하고 있다.

그럼에도 불구하고 우리는 왜 불행할까.

왕이 먹는 음식보다 더 맛난 것을 먹고, 왕의 침실보다 더 쾌적한 잠자리에 들며, 왕의 욕실보다 더 깨끗한 욕탕에 몸을 담그지만 우리는 여전히 불행하다. 인간은 사회적 동물이니 당연하게도 우리는 늘 남과 비교하며 살아간다. 그런데 내 비교의 대상은 조선시대의 왕이나 당나라나 로마의 황제가 아니다. 내 옆자리 동료, 내 인스타그램 속 친구, 내 옆집에 사는 이웃이다. 내가 아무리 맛난 삼겹살을 원 없이 먹고 있어도, 인스타그램 속 친구가 투뿔등심 스테이크를 썰고 있으면, 괜스레 돼지고기 누린내가 역겨워지는 게 우리네 속마음이다.

그럴 때마다 우리는, 하늘과 땅 사이를 가득 채울 만큼 넓고 커서 어떠한 일에도 굴하지 않고 맞설 수 있는 당당한 기상, 호연지기浩然之氣를 한번 발휘해보자. 반경 몇 미터 이웃에 갇히지 말고, 저 멀리 조선의 임금이나 당나라의 황제와 내 삶을 견주어보자는 말이다. 한 국가의 정상에 선 최고 존엄과 어깨를 나란히 하며 그네들과 같은 수준의 삶을 영위하고 있다는 사실에 주목해보자. 아마 조금은 행복해질 것이다.

〈장자〉가 말해주듯, 만족할 줄 알면 스스로를 괴롭히지 않게 된다. 〈장자〉 가운데 '양왕讓王'편에 실린 이 글귀는 공자와 안회의 대화를 기록한 것이다.

공자가 안회에게 묻는다.

"안회야. 이리 오너라. 너는 집은 가난하고 지위는 낮다. 벼슬길에 한번 나아가보는 것이 어떤가?"

안회가 답한다.

"저는 벼슬살이를 원하지 않사옵니다. 저는 성곽 밖에 오십 무畝의 밭이 있어, 족히 죽 정도는 끼니로 삼을 수 있고, 성곽 안에 열 무의 밭이 있어, 삼베옷은 충분히 만들어 입을 수 있습니다. 또한 거문고를 타며 스스로 재미를 찾을 수 있고, 선생님께 배운 도道로 스스로 즐길 수 있습니다. 그러니 벼슬살이를 원치 않습니다."

이 대답을 듣고는 공자가 얼굴빛을 바꾸고 말한다.

"좋구나! 너의 생각이. 내가 듣기로는 '만족할 줄 아는 자는 이해타산으로 스스로를 괴롭히지 않고, 살펴 스스로 얻어낸 자는 그것을 잃어도 두려워하지 않으며, 내면이 잘 닦여진 자는 지위가 없어도 부끄러워하지 않는다'라고 하였다. 내가 이 말을 중얼거리며 외워온 지 오래되었으나, 이제 너의 말을 듣고 나서야 비로소 실천하는 것을 보게 되니, 이것이야말로 내가 얻은 것이다."

◆ 〈장자莊子〉 잡편雜篇

내 친구 누군가의 아파트, 내 동료 누군가의 슈퍼카, 내 이웃 누군가의 통장 잔고가 부러운 것은 당연한 마음이다. 다만, 내가 현재 누리고 있는 의식주가 과거 어느 시대에는 최상위 지배계층이나 누리던 호사였음을 되새겨보라. 평범한 우리는 살펴 스스로 얻어낸 것도 별로 없고, 내면이 잘 닦여 있지도 않다. 하여 늘 남과 비교하며 우쭐대기도 하고 좌절하기도 한다.

기왕지사 비교가 사회적 동물인 인간으로서 피해갈 수 없는 것이라면, 비교 대상의 스펙트럼이라도 조금 넓혀보자. 시간을 거슬러 올라 당 현종이나 진시황과도 견주어보고, 저 멀리 네로 황제나 태양왕 루이 14세와도 어깨를 나란히 해보자는 말이다. 시야를 넓히고 시선을 돌리면, 안회의 저 마음을 조금 더 깊이 이해하게 될 것이다. 누군가의 통장 잔고 때문에 나 자신을 괴롭히지는 말자. 그럴 시간에 무시로 주어지는 에어컨 바람과 빙수를 생각해보면 어떨까.

나를 가장 많이 괴롭히는 건,
나 자신이다.

공감 능력이
부족한 자들에게

위位

자리

윗자리에 있으면서 너그럽게 굴지 아니하고,
예를 행하면서 공경하는 마음을 지니지 아니하고,
상喪을 당하여 진심으로 슬퍼하지 않는다면,
내가 어찌 그런 자들을 보고 있을 수 있겠는가!
〈논어〉 팔일

요즈음 부고를 받아보고, 부쩍 세상이 바뀌었음을 실감한다.

'마음 전하실 곳'이란 문구 아래 다소곳하게 은행명과 계좌
가 촘촘히 적혀 있다. 몇 년 전부터는 카카오페이로 축의금이
나 조의금을 본인에게 직접 전하는 모습도 자주 목도해왔다.

"직접 전하니 배달사고 염려도 없고, 진심으로 좋아하던
데!" 주위에서 아무리 찬양을 늘어놓아도 왠지 무례한 행동이
라 생각해, 나는 단 한 번도 온라인 송금을 한 적이 없다. 그러
다 최근 처음으로 '마음 전하실 곳'에 마음을 전해봤다. 친한

선배의 부친상이었는데 가족장으로 치른다는 얘기에 카카오페이를 통해 조의금을 전했다. '부의賻儀'라고 쓰인 봉투 이모티콘과 함께 상주에게 전달되었다. 상을 치르고 몇 주 후, 우연히 만난 선배는 내게 고마움을 전했다.

아, '마음 전하실 곳'으로 마음이 전해지는구나! 그동안 애써 결혼식장이나 장례식장에 직접 참석하는 사람을 수소문해 꼬깃꼬깃한 봉투를 전해왔지만, 굳이 그럴 필요가 없었음을 깨달았다. 상사나 경사에 직접 찾아가 슬픔과 기쁨을 나누는 것이 단연 으뜸이겠지만, 기왕 못 갈 바에는 조의 봉투가 종이든 디지털이든 별반 차이가 없다. 이 놀라운 진실 앞에 나는 여전히 어색함과 불편함을 감추지 못한다. 뼛속까지 옛날 사람이라 그렇다. 하지만 말보다는 행동이 중요한 법. 교언영색巧言令色! 공자도 말을 교묘하게 하고 낯빛을 꾸미는 자들 가운데 인仁을 실천하는 사람이 드물다고 역설했다.

〈장자〉에는 '수레바퀴 자국 괸 물에 사는 붕어' 이야기가 나온다. 학철부어涸轍鮒魚. 몹시 옹색한 처지를 이르는 사자성어다. 장자는 끼니를 잇기 어려운 지경에 처하자, 감하후監河侯를 찾아간다. 장자의 딱한 사정을 다 듣고 감하후는 말한다. "내 식읍食邑에서 며칠 있으면 세금이 올라올 것이오. 그때 가서 내가 삼백 금을 빌려주리다." 당장 끼니 이을 곡식도 빌려주지 않으며 공수표를 날리는 감하후의 위선에, 장자는 이렇게 대꾸한다.

내가 이곳으로 돈과 곡식을 빌리러 오는 길에 누가 이보시오, 하고 부르더군요. 가까이 가보니 수레바퀴 자국에 물이 고여 있었고 붕어 한 마리가 있었습니다. 내가 왜 불렀냐고 묻자, 붕어가 답했습니다.

'지금 목이 말라 죽을 것 같으니, 부디 물 한 바가지만 부어주시오.'

그래서 내가 말했습니다.

'내가 며칠 후, 오吳나라와 월越나라로 유세를 떠나오. 그때 서강西江을 지나가게 되면 강물을 터서 이리로 보내주겠소.'

그러자 붕어가 이렇게 대거리를 하더군요.

'내가 지금 말라 죽게 생겼는데 며칠 후 강물을 대주면 그게 무슨 소용이란 말이오. 그때쯤이면 건어물 가게에서 나를 찾는 편이 빠를 것이오.'

◆ 〈장자莊子〉 잡편雜篇

세상사 누군가와 관계를 맺고 살아가야만 하는 우리들에게 가장 필요한 덕목은 공감 능력이다. 타인의 부러질 듯 위급한 상황을 마치 내 처지인 양 공감해줄 때 비로소 우리는 진정한 소통을 이뤄낼 수 있다. 상을 당해 슬퍼하는 지인의 마음이 조금이라도 공감 간다면, 커피 한 잔 덜 마시고 조의금을 조금이나마 더 넣지 않을까. 결국 누군가와 관계를 맺을 때, 중요한 것은 진심이다.

오해는 마시라. 축의금이나 부의금 액수를 무조건 올리라는 말이 아니다. 형편에 맞게 마음을 전하면 된다. 각자의 재정 상태에서 공감의 마음을 더해 조의금이나 축의금의 액수를 정하면 된다. 누군가에게는 오만 원이 적은 금액일 수도 있지만, 다른 이에겐 아껴 모은 소중한 쌈짓돈일 수 있다. 자신의 형편에 비추어 마음을 전하면 되는 것이다. "마음이 중하지 축의금이나 조의금 액수가 뭐가 중하나!"라고 말하는 사람에게 조용히 일러주고 싶다. 마음도 마음으로만 채우는 게 아니라고.

인仁이라고 하는 것은 자기가 서고자 하면 남을 일으켜주는 것이고, 자신이 이루고자 하면 남을 이루게 해주는 것이다.

◆ 〈논어論語〉 옹야雍也

요즘은 좀처럼 사용하는 경우가 없지만, '인격을 도야陶冶하다'라는 진부한 표현이 있다. 어릴 적 교장 선생님 훈화 말씀에는 종종 등장했다. 도야의 원래 뜻은 '도기를 만들고 쇠를 주조한다'는 의미다. 인격을 닦는 일은 흙으로 자기瓷器를 빚어내거나 쇠를 단련하는 것만큼이나 어렵다는 의미를 표현하는 것이기도 하다. 나는 본래 고매한 인격이 따로 있다고 생각하지 않는다. 그저 각자 서 있는 자리가 어디냐에 따라 때로는 고약한 냄새도 풍기고, 때로는 향기를 뿜어내기도 하는 것이라 믿는다.

> 활 만드는 사람이 갑옷 만드는 사람보다 어찌 어질지 못하겠는가! 활 만드는 사람은 사람이 상하지 않을까 두려워하고 갑옷 만드는 사람은 사람이 상할까 두려워한다.
>
> ◆ 〈맹자孟子〉 공손추公孫丑

활 만드는 사람이 갑옷이나 방패 만드는 사람보다 어질까, 혹은 어질지 않을까. 활 만드는 사람이나 방패 만드는 사람이나 천성은 거기서 거기다. 타고난 품성보다는 각자 자신이 서 있는 위치가 그 사람의 인격을 결정한다. '광에서 인심난다'는 속담은 인간을 판단하는 핵심적인 잣대가 무엇인지 명료하게 알려준다. 가시밭에 서 있으면서 온화하게 웃음 짓는 일은 여간 고역이 아니다. 반대로 비단 보료에 편안하게 누워 괜스레 화를 내는 사람도 드물다. 자신이 처한 상황에 종속되는 것이 우리네 장삼이사들의 속성이다. 간혹 그것을 뛰어넘는 경우가 있는데, 우리는 그들을 성인聖人이라 칭한다.

돌아가신 외할머니는 늘 어린 손주인 나를 붙들고 얘기하셨다. "세상 사람 모두를 만족시키는 것은 불가능한 일이야. 아무렴, 그렇고말고. 그저 절반만 너를 지지해도 성공이란다."

어린 시절에는 욕심 부리지 말고 그저 소박하게 살라는 할머니의 충고라고 생각했다. 하지만 불혹을 훌쩍 넘긴 지금은 그 의미가 사뭇 다르게 다가온다. 세상 사람들은 각자 자신이 서 있는 위치에 따라 판단할 수밖에 없는데, 세상에는 얼마나 다양한 입장이 존재하는가. 그러니 절반의 지지만 받아도 훌륭한 성취라는 뜻이리라. 대통령 직선제 개헌을 쟁취한 87년 체제하에서 치러진 역대 대통령 당선 결과만 봐도 알 수 있다. 그들은 겨우 36%, 42%, 40%, 48%, 48%, 51%, 41%, 48%의 득표율을 얻고 대통령에 당선되었다.

상복 입은 사람을 보면 비록 아주 친밀한 사이더라도 반드시 낯빛을 바로잡았다. 예모를 쓴 사람과 시각장애인을 보면 비록 가까운 사이라도 반드시 예의를 차렸다. 상복을 입은 사람에게는 수레의 횡목에 손을 짚고 예를 표했다. 공무를 수행하는 사람에 대해서도 수레의 횡목을 손으로 짚고 예를 표했다. 성찬을 받으면 반드시 낯빛을 바꾸며 일어났다. 천둥이 치고 바람이 거세게 불면 반드시 낯빛을 바꾸었다.

◆ 〈논어論語〉 향당鄕黨

공자 정도 되는 성인이라면 비바람이 불어도 눈 하나 깜짝하지 말아야지, 누가 진수성찬을 차려내도 호들갑스럽게 군침 흘리는 것보다는 근엄하게 지켜보는 것이 성인의 자세가 아닐까. 하지만 공자는 때에 따라 얼굴빛을 달리하며 표정에 변화를 주었다. 공자가 그토록 강조하던 서恕의 정신, 다시 말해 공감 능력이 빛을 발하는 순간이다.

음식이 탐나서가 아니라 정성껏 차린 사람의 마음을 알기에 기쁜 낯빛을 보이는 것이고, 상주의 깊은 슬픔을 미루어 헤아릴 수 있기에 예를 다하는 것이다.

나는 비장애인이다. 수십 년 살아오는 동안, 나도 모르는 사이 장애인을 차별하거나 곤란하게 했을 것이다. 나는 남성이다. 나도 모르는 사이 여성을 차별하거나 불편하게 했을 것이다. 나는 이성애자다. 나도 모르는 사이 동성애자를 차별하거나 소외감을 느끼게 만들었을지도 모른다. 나는 꼰대다. 나도 모르는 사이 청년층을 차별하거나 배려하지 못했을 것이다. 아니, 그렇게 했음에 틀림없다.

비록 인격을 도야하지는 못했지만, 그렇다고 내 품성이 개차반은 아니다. 내가 누군가를 차별하거나 배려하지 못하는 잘못을 저지르며 살아온 이유는 내가 서 있는 자리 때문이었다. 두 다리로 성큼성큼 걸어 다니는 나는, 문 앞 작은 방지턱 하나가 휠체어 입장에서는 만리장성보다 높게 느껴진다는 사실을 모른다. 하여 내가 서 있는 자리를 극복하고 나의 인격을 한 단계 뛰어넘어 누군가를 배려하는 일은 눈 속에 핀 매화처럼 드물고 귀하다. 쇠를 달구고, 두드리고, 때리고, 식히고, 다시 이를 반복하는 단련의 과정이 내 마음에도 필요하다.

장애인 인식개선 프로그램을 살펴보면, 비장애인에게 일정 시간 동안 눈가리개를 하고 살아가게 하거나, 휠체어를 타고 생활하게 만든다. 얼핏 단순한 체험 정도로 비춰지겠지만 실제 경험한 사람들은 입을 모아 말한다. "장애에 대해 막연히 가지고 있던 생각이 바뀌었어요. 직접 겪어보니 얼마나 불편할지 공감하게 되고, 장애인을 위해 무엇을 해야 할지 깨닫게 되었습니다."

우리는 종종 서 있는 자리를 바꿔볼 필요가 있다. 타인이 느끼는 심리적 상실감을 공감할 수 있을 때마다, 그렇게 타인이 서 있는 자리를 몸소 경험해볼 때마다, 우리는 조금씩 공감

의 지평을 넓혀갈 수 있을 것이요, 결국 우리의 인격을 도야하
게 될 것이다.

　내가 먹는 것이 곧 나인 것처럼,
　내가 서 있는 자리가 곧 나다.

승패 끝에
잊지 말아야 할 것

복復

다시 또 하다

하늘에 죄를 지으면,
빌 곳이 없다.
〈논어〉 팔일

지나간 일을 되새길 때 흔히 '복기復棋한다'라고 표현한다. 한 번 두고 난 바둑을 비평하기 위해, 그대로 다시 두는 것을 의미하는 바둑용어다.

"승패가 갈렸다고 바둑이 끝난 게 아니다. 승패보다 더 중요한 것은 복기다. 뭘 잘했고 뭘 배울 수 있는지 돌아보는 건 바둑이나 인생의 실력을 늘리는 데 중요하다."

지구에 살고 있는 모든 인류를 대표해 알파고와 한바탕 전투를 벌였던 이세돌 기사의 말이다.

복기의 핵심은 스스로 자신을 돌아보는 데 있다. 그저 지나간 일을 되새김질하는 것은 쓸데없는 후회와 미련을 낳을 뿐이다. 모든 일의 원인을 자신에게서 구하고, 일이 이루어진 한 단계, 한 단계의 인과를 세밀히 들여다보는 것이 진정한 복기다. 복기가 신세한탄이나 '남 탓 타령'으로 흐르지 않으려면 뼈를 깎는 심정으로 스스로를 성찰해야 한다.

윗자리에 있으면서 아랫사람을 업신여기지 않고, 아랫자리에 있으면서 윗사람을 당겨 잡지 않는다. 자신을 바로잡고 남에게서 이유를 찾지 않으면 원망하는 마음도 없으니, 위로는 하늘을 원망하지 않고 아래로는 남을 탓하지 않는다. 그러므로 군자는 편안하게 천명을 기다리고 소인은 위험을 무릅쓰며 요행을 바란다.

공자는 말했다.

"활쏘기는 군자의 태도와 닮아 있다. 과녁의 한가운데를 맞추지 못하면 돌아보아 자신에게서 그 원인을 찾는다."

◆ 〈중용中庸〉

한 판의 바둑은 수백 수로 이루어지지만, 프로 기사들은 한 치의 오차도 없이 완벽하게 복기를 해낸다. 바둑 둘 줄 모르는 평범한 사람들이 보기엔 가히 천재적인 암기력이다. 하지만 막상 기사들은 어렵지 않은 일이라 입을 모은다. (물론, 입단한 프로 바둑 기사들은 대부분 비상한 두뇌의 소유자다.) 왜냐? 프로 기사들은 얼토당토않은 수를 두지 않고 '이유가 있는 수'를 두기 때문이다. '이유 있는 수'란 상대가 놓은 돌에 응수하여 무엇인가 합리적이고 이치에 닿는 수를 둔다는 뜻이다. 그 결과가 최선을 낳든 그렇지 못하든 간에 당장의 응수로는 합격점이라는 말이기도 하다. 하여 굳이 외우려 애쓰지 않아도, 그 방면에 돌이 놓이면 자연스럽게 다음 수가 생각난다는 것이다.

인생의 복기도 마찬가지다.

우리도 일상에서 순리에 맞게 행동한다면, 비록 잘못되거나 일을 망치더라도 복기를 통해 다음번 기회를 기대할 수 있다. 윗자리에 있으나 아랫자리에 있으나 다시 말해 어떤 스탠스에 처해 있든 순리에 맞게 행동하며, 무리수를 두지 않고 안분지족安分知足의 자세로 다음 수를 노리는 것이 바로 군자의 행보다. 반면, 욕망에 사로잡혀 순리에 어긋나는 행동을 하게 되면 복기가 어렵다. 복기가 어려우면 넘어졌을 때 다시 일어나기가 힘들다.

공자가 유세를 위해 위衛나라에 방문했을 때 일이다.

공자는 위 영공靈公을 만나고 난 후, 기다리고 있던 대부 왕손가王孫賈를 맞닥뜨렸다. 당시 위나라의 실세였던 왕손가는 공자에게 넌지시 묻는다.

"우리나라 속담에 이르기를, 방구석 아랫목 신주단지에게 아첨하느니 부엌 조왕신竈王神을 섬기는 편이 낫다고 하는데, 이게 무슨 뜻인지요?"

공자가 답했다.

"그렇지 않소. 하늘에 죄를 지으면 빌 곳이 없는 법이오!"

여기서 안방의 신주는 명목상 우위에 서 있는 영공을 의미하며, 부엌 조왕신은 비록 대부의 신분이나 실권을 틀어쥐고 있는 왕손가 자신을 뜻한다. 공자에게 허수아비 왕보다 실권자인 자신에게 줄을 서라면서 위세를 부리는 모양새다. 언제나 그렇듯, 융통성 있는 공자는 왕손가를 대놓고 꾸짖지 않고, 아예 패러다임을 틀어버려 능쳤다.

공자의 짧은 대답을 풀어보자면 아마도 이런 의미가 아닐까. '왕손가여! 당신의 질문 자체가 잘못되었소. 안방의 신주든 조왕신이든 그것이 중요한 게 아니오. 하늘의 도리, 즉 순리를 따르지 않으면 돌이킬 수 없는 잘못을 저지르게 되는 것이오.'

강렬하지만 격조 넘치는 동문서답이다. 연극적이며 동시에 신화적인 응대이기도하다. 왕손가를 무대 위에 올리고 한 줄기 핀 조명을 떨어뜨린 후 묻는다.

'하늘에 죄를 짓는다는 것은 어떤 의미인가. 천명天命을 따르지 않는다는 뜻이오. 나 공자가 이렇게 동가식서가숙東家食西家宿을 마다하지 않고 유세를 다니는 이유는 권력에 빌붙어 벼슬자리나 탐하기 위해서가 아니오. 왕손가 그대는 아랫목 신주단지와 조왕신을 비교하며 섬기라지만, 그 둘 모두 내가 좇는 대상이 될 수 없소. 다시 말해, 위나라 영공도 실세 정치가 대부 왕손가 당신도 내가 섬길 대상이 아니라는 말이오. 나는 오직 하늘의 명을 받아 순리에 맞는 정치를 행하여 백성을 편안케 하려는 것이니, 당신의 질문 자체가 애초부터 틀렸단 말이오. 그러니 정신 차리고 썩 물러가시오.'

노자는 〈도덕경〉에서 이렇게 말한다. "하늘의 그물은 넓고 넓어, 성기고 엉성한 듯해도 결코 놓치는 법이 없다." 또한 한비자는 말한다. "비리는 이치를 당하지 못하고, 이치는 법을 당하지 못하고, 법은 권력을 이기지 못하고, 권력은 하늘을 이기지 못한다." 도가, 법가, 유가 공히 하늘의 뜻을 어겨서는 그어떤 방법으로도 잘못을 되돌릴 수 없다고 역설한다. 공자 역시 어리석은 왕손가에게 이를 힘주어 강조한 것이다. 대부 왕손가는 전형적인 소인배다. 그가 공자에게 접근하는 방식은 '위험을 무릅쓰며 요행을 바라'고 있는 모양새다. 왕손가의 행마行馬는 근본과 계통이 없어 복기하기 힘들다. 공자의 품격 넘치는 일갈에 왕손가는 과연 부끄러움을 느꼈을까.

세상살이에 잘못이 없을 수는 없다. 무결점 인생은 존재하지 않는다. 누구나 실수도 하고 못난 짓도 저지른다. 하지만 정도를 넘어서 하늘의 도리마저 저버린다면, 복기하고 잘못을 바로잡기가 어려워진다. 당장 눈앞의 이익도 중요하지만, 큰 그림에 어긋남은 없는지 늘 살펴 행마를 해야 하는 이유다.

승패보다 중요한 것이 복기다.
철저한 성찰 없이는
온전히 한 발자국도 앞으로 내딛을 수 없다.

마음이 죽었다는
사람들에게

심心

마음

사람을 섬기지도 못하면서,
어찌 귀신을 섬길 수 있겠는가!
삶을 알지도 못하면서,
어찌 죽음을 알겠느냐!
〈논어〉 선진

해마다 골목길 그늘지고 후미진 곳에 쌓인 얼음마저 녹아버리면, M이 떠오른다.

M은 고교 동창이자 대학교 같은 과 동기다. 고교 시절 함께 수업 받은 추억은 있지만, 안타깝게도 대학교에서는 단 한 과목도 함께 수강하지 못했다. 그녀는 대학 합격이란 기쁜 소식과 함께 병원에 입원해야 했고, 1학년 1학기 첫 중간고사를 마치기도 전에 세상을 등졌다. 그녀가 대학 교정을 밟아본 것은 본고사를 치르기 위해 찾아왔던 이틀이 전부였다. 어렵게

고3 수험생활을 겪고 이제 낭만을 한번 누려보자고 하는 찰나, 하늘은 무심하게도 그녀를 데리고 갔다.

흐드러지게 핀 목련 아래서 깔깔대며 친구들과 담소를 나누며 교정을 휘젓고 다녔어야 할 M의 병명은 뇌종양이었다. 고3 시절 머리가 아프다고 여러 번 호소했지만, 그녀의 가족은 그저 수험생의 흔한 스트레스 정도로 여겼다. 상가에서 그녀의 부모는 진작 병원에 데려가지 않은 스스로를 용서하지 못하는 듯 보였다. 우리 과 정원은 스무 명인데, 전공 수업이건 엠티건 간에 빠짐없이 전원참석을 해도 늘 열아홉이었다.

M을 마지막으로 본 것은 일원동의 종합병원이었고, 수술을 앞둔 상황이었다. 병실에 누워서도 웃음을 잃지 않은 채 결석과 학점 걱정을 했고, 총엠티는 얼마나 재밌었는지, 선배들은 술을 얼마나 강권하는지, 동아리는 뭐가 있는지 등을 물었다. 선배들이 억지로 먹이는 술도 그녀에겐 경험하고 싶은 달콤한 소원이었다. 심심하다며 만화책을 가져다 달라는 부탁은 스무 해가 훌쩍 지난 지금까지도 기억에 남아 있다.

나는 중학교 2학년 시절, 어느 길었던 여름밤을 생생히 기억한다.

기억력이 나쁜 탓인지 어린 시절 몇몇 장면 외에는 도대체 기억이 잘 나지 않는다. 하지만 그날 밤은 누워 있던 침대의 꿀렁거림, 벽지의 무늬, 창문 틈으로 비치는 간판 조명, 그리고 후텁지근한 공기까지 생생하게 기억난다.

잠들기 직전 갑자기 '죽음이란 무엇인가'라는 질문을 맞닥뜨린 어린 소년은 이불을 박차고 벌떡 일어난다. 그리고 생각한다. 죽음이 두렵다고. 죽으면 어떻게 되는 것일까. 천국이나 지옥, 내세는 존재하나? 영혼이라는 것이 과연 있을까? '나는 생각한다, 고로 나는 존재한다'는데, 죽으면 내가 생각한다는 것조차 소멸하는 것인가. 소년은 한참을 잠들지 못한 채 죽음을 생각하다 새벽녘 까무룩 잠이 들었다. 죽음은 왜 두려운 것일까.

시카와 유키의 〈은하의 죽지 않는 아이들에게〉라는 만화가 한 편 있다. 인류가 멸절한 이후 불사의 몸으로 살아가는 남매가 주인공으로 등장한다. 누나 파이와 동생 마키. 남매는 성장하지도 않고 죽지도 않으며, 어린 모습 그대로 끝이 없는 하루하루를 살아낸다. 그러던 어느 날 우주선 하나가 남매의 행성에 불시착하고, 한 여인이 나타나 아이를 낳고 죽는다. 남매는 아이에게 미라라는 이름을 지어주고 키우기 시작한다.

그런데 묘하게도 미라는 남매와 달리 성장을 한다. 생로병사의 평범한 길을 걷는다는 것. 남매는 언젠가 미라가 죽게 될 것이라는 사실을 알아챘다. 죽지 않는 남매 파이와 마키가 처음으로 죽음의 존재를 깨닫게 된 순간이다. 죽지 않는 남매에게도 죽음은 두렵다. 죽지 않는데 두려운 이유는 미라와의 관계 때문이다. 미라는 오염된 환경 때문에 겨우 10년 만에 죽음을 맞게 된다. 무한의 관점에서 바라본 유한은, 유한이 바라보는 유한과 다르지 않다. 불사의 남매이지만 미라와 관계를 맺는 순간, 미라의 유한성과 접속하게 된 것이다.

"있잖아. 사람은 말이야, 상상력이 있어서 비겁해지는 거래. 그러니까 상상을 하지 말아봐, ×× 용감해질 수 있어."

박찬욱 감독의 영화 〈올드보이〉에서 내가 제일 좋아하는 명대사다. 미래를 상상할 수 있는 동물이기에 우리는 죽음을 두려워한다. 가끔 그 두려움을 없애기 위해 삶이 무한하다는 상상을 해본다. 만약 우리가 영원히 살 수 있다면 행복할까.

불사의 몸 파이는 무한소수 원주율을 끝없이 써내려가고, 영원을 살아내는 마키는 좋아하는 책을 수만 번 반복해서 읽는다. 바위를 굴려 올리는 시시포스의 헛된 몸부림처럼 말이다. 반면 미라는 자신의 유한함을 인지하고 있기에, 하루하루를 귀하게 여기며 열정적으로 살아간다.

미라가 열심히 공부를 하자, "공부를 정말 좋아하는구나!

눈 깜짝할 새 죽을 거면서….”라고 파이, 마키 남매의 엄마가
혀를 끌끌 차며 말한다. 참, 남매에게는 엄마가 있었다. 남매
의 엄마 역시 불멸의 존재다. 엄마는 미라가 위기에 닥친 순간
생명을 구해주지만, 미라가 죽으며 남매를 떠나는 순간 괜한
짓을 했다고 후회한다.

공자는 말한다. “삶도 다 알지 못하는데, 어찌 죽음을 알겠
는가!”에피쿠로스 역시 죽음을 두려워하지 말라고 역설한다.
“우리가 존재하는 순간에는 죽음이 도래하지 않았고, 죽으면
우리는 더 이상 존재하지 않는다.”그러니 죽음은 우리가 두
려워할 대상이 아니라는 것이다.

공자나 에피쿠로스의 생각은 이성적으로는 타당하다. 하지
만 본능의 두려움을 잠재우기에는 역부족이다. 정서적인 관
점에서 바라볼 때, 삶과 죽음은 깊숙이 연결되어 있기 때문이
다. 살아간다는 것은 곧 죽어간다는 것이기도 하다. 어쩌면 우
리는 죽음의 고통보다 존재의 소멸을 두려워하는 것인지도
모른다.

우울증에 걸려 극단적인 선택을 하는 사람들의 심리에는
‘삶이 곧 죽음’이라는 전제가 짙게 드리워져 있다. 어차피 죽
을 걸 아등바등 살면 뭐해, 하는 생각이 마음을 좀먹어 들어가

는 것이다. 이는 마음이 죽어가는 것인데, 이 지경에 이르면 스스로를 긍정하고 사랑하지 못하게 된다. 마음이 처절하게 병든 사람들에게는 에피쿠로스와 공자의 논리라도 주입식으로 강제하고 싶다.

반면 비교적 정신이 건강한 부류, 즉 맷집을 갖춘 사람들에게는 죽음과 삶의 유한성을 반복하여 강조하고 싶다. 영원히 지속되지 않는 삶이기에 하루하루 삶이 더 소중하게 느껴진다. 파이와 마키 남매보다는, 삶을 바라보는 미라의 태도와 방식이 훨씬 더 윤택하다. 내 눅진한 삶을 보다 경쾌하게 만드는 데, 삶의 유한성이라는 효소가 반드시 필요하다. 화수분을 가진 사람이 카지노에 앉아 포커나 블랙잭을 한다면, 과연 재미를 느낄 수 있을까. 영원히 반복되면 그것이 춘삼월 꽃노래라 해도 지겨울 뿐이다.

슬픔 가운데 마음이 죽는 것보다 더한 것이 없으며,
육신이 죽어도 또한 슬픔이 그보다는 못하다.

◆ 〈장자莊子〉 전자방田子方

안회의 질문에 대한 스승 공자의 답이다. 이후 펼쳐지는 공자의 내답 가운데 몇 부분을 발췌해 조금 더 살펴봐야, 이 구절의 참뜻이 온전히 드러난다.

"슬픔 가운데 마음이 죽는 것보다 더한 것이 없으며, 육신이 죽어도 또한 슬픔이 그보다는 못하다.

해는 동쪽에서 나와 서쪽으로 들어가는데, 지상의 만물은 모두 이에 따라 방향을 정한다.

머리가 있고 발이 달린 사람이라면, 해가 뜨면 일을 시작한다. 해가 뜨면 세상의 일이 시작되고, 해가 지면 세상의 일이 사라지기 때문이다.

만물이 이러할진대, 무엇인가를 기다리다 죽기도 하고, 무엇인가를 기다리다 살기도 한다. 우리는 한번 형체를 지니고 태어난 이상 자연의 조화대로 소진되기를 기다린다."

우리 인간이 태어나 겪게 되는 생로병사의 단계를 묵묵히 받아들이라는 주문이다. 우리는 모두 태어나 죽음을 맞게 되고 생성과 소멸은 모든 인간에게, 아니 온 우주의 만물에게 공평하게 적용되는 법칙이다. 자연의 흐름에 몸을 맡겨, 누구도 그 어떤 존재도 피할 수 없는 죽음을 받아들이라는 조언이기도 하다. 대지에 발 딛고 공기와 물을 마시며 살아가는 우리이기에, 해가 뜨고 지는 모습처럼 우리 인간의 삶과 죽음은 자연스러운 우주의 작동 원리일 뿐이다.

'마음의 죽음'은 희망의 상실, 곧 절망을 뜻한다. 남명南冥

조식曹植은 이 구절을 언급하며 마음을 죽이지 않는 방법으로 독서를 권했다. "사람에게 가장 슬픈 일은 마음이 죽는 것이다. 마음이 죽지 않는 약을 구하여 먹는 것이 시급하다. 이 책은 마음을 죽지 않게 하는 약일 것이다."

이 말은 남명의 어린 시절 벗 이원길李原吉이 보내준 책 〈심경心經〉의 한 구석에 쓰인 글이다. 〈심경〉은 송나라의 유학자 진덕수眞德秀가 고전에서 좋은 글귀만 모아 편찬한 책으로, 퇴계 이황과 다산 정약용이 마음을 다스리기 위해 천착했던 저작이다.

사람의 마음은 오직 위태롭기만 하고
도道의 마음은 오직 미미하기만 하니
정성을 다하여 하나로 하여야 그 중심을 잡을 수 있다.

◆ 〈심경心經〉 서문序文

진덕수가 〈서경書經〉 '대우모大禹謨' 편에서 발췌하여 서문에 넣은 문장이다. 순舜임금이 치수에 성공하여 왕위를 물려받게 된 우禹임금에게 전한 충고다. 위태로운 사람의 마음이 도道, 다시 말해 우주의 이치와 합일을 이루어야 한다는 통치 철학을 이야기한 것이지만, 우리 모두에게도 적용할 수 있는 말씀이다. 태어나는 순간 죽음을 향해 한 발자국씩 나아가는 우리의 삶이기에, 해가 뜨면 시작되고 해가 지면 멈추는 세상만사와 어깨를 나란히 하고 성심을 다해 걸어 나가야 한다.

문득 생각해본다. 이십여 년 전, 시카와 유키의 만화가 출간되었더라면 그리고 M에게 〈은하의 죽지 않는 아이들에게〉를 가져다주었더라면 어땠을까. M은 조금이라도 더 편안한 마음으로 세상을 떠날 수 있었을까. 나는 〈장자〉나 〈심경〉을 가져다 줄 수 있었겠지만, 그러지 못했다. 하다못해 안회와 공자의 문답이라도 M에게 들려줬더라면 어땠을까. 밤하늘에 무수히 떠있는 별을 바라보며 회한을 곱씹게 되는 밤이다.

세상에 편안한 죽음은 없다.
마음이 죽는 것은 더욱 슬프다.

말뿐인 존중과
배려 대신에

존尊

소중히 생각하다

> 부부는 도덕의 시작이요 만복의 근원이다.
> 비록 지극히 친밀한 사이지만,
> 또한 지극히 바르고 삼갈 자리이다.
> **퇴계 이황**

어린 시절 용인에 자리한 시골 외가는 내게 천국이었다.

숙제 걱정 없이 온 산과 논밭을 쏘다니며 놀았다. 쥐불놀이
와 썰매타기에 빠져 시간 가는 줄 몰랐다. 빨갛게 얼어붙은 볼
에 콧물을 흘리며 사랑방 안으로 들어서면, 할머니는 내게 가
래떡을 구워 주셨다. 화롯불에 겉은 바삭하고 속은 촉촉하게
구워낸 가래떡을 조청에 듬뿍 찍어 입안에 넣어주시면, 머릿
속에서는 환희의 종이 울렸다. 내가 맛있다며 엄지를 척 들어
올리면 할머니는 늘 말씀하셨다.

"우리 강아지 실컷 먹어. 이 할미가 쌀팔아서 가래떡 실컷 해줄게."

입안에서는 쫄깃한 떡살과 조청이 어우러져 잔치가 열리고 있었지만, 어린 나에겐 도통 이해할 수 없는 표현이었다. 가래 떡을 뽑으려면 쌀을 사와야 하지 않나? 왜 만날 할머니는 쌀을 팔아 오신대? 세월이 흘러 조청 묻힌 가래떡보다는 매콤한 떡볶이를 더 좋아하게 될 무렵, '쌀팔다'의 의미를 알게 되었다. '쌀팔다'를 사전에서 찾으면 '돈을 주고 쌀을 사다'라고 되어 있다. 시골 오일장에 가보면 '팔다'와 '사다'의 개념을 혼용하여 사용하는 어르신들을 종종 마주치게 된다.

한자로 '사다'는 買, '팔다'는 賣로 표기하지만, 진秦나라 이전에는 매買와 매賣의 구분이 없었다. 買는 그물로 조개를 얻는 모습을 묘사하여 만들어진 한자다. 화폐 기능을 담당하는 조개도 자연에서 채취한 것이고, 그 조개로 사들이는 쌀도 자연에서 난 것이니 '사다'와 '팔다'의 경계가 모호할 수밖에 없다. '사다'와 '팔다'의 개념 자체가 나뉘지 않은 것인데, 주로 물물교환의 형태로 상거래가 이루어졌음을 알 수 있다.

그러니 쌀을 구해 떡을 만들 때도 '쌀 팔아온다'는 표현을 자연스럽게 사용하는 것이다. 게다가 현대적 개념에 입각해

내가 돈을 주고 쌀을 산다고 해도, 쌀장수의 입장에서는 쌀을 파는 것이다. 동서양을 막론하고 언중들에게는 청자, 즉 상대방을 기준으로 삼는 표현이 많다. '내가 당신에게 가고 있다'를 영작하면, 'I'm coming to you'가 된다. 여기서 'come'이라는 동사는 명백히 청자를 기준으로 삼은 표현이다. 오일장에서 농작물을 사고파는 어르신들 역시 상대방을 배려하는 마음에서 '쌀팔다'와 같은 청자 중심의 표현을 사용한 것은 아닐까 싶다. 비록 간단한 표현이지만 상대방을 보살피려는 살뜰한 마음이 녹아 있어 따뜻하다.

우리가 매일매일 겪어내는 세상일도 마찬가지다. 내가 이기면 상대는 진다. 내가 얻으면 상대는 잃는다. 그리하여 우리 조상들은 상대방을 존중하는 의미로 '사다'와 '팔다'를 섞어 사용한 것이다. 공자가 필생의 화두로 삼았던 서恕의 정신과도 일맥상통한다. '내가 하기 싫은 일은 남에게도 시켜서는 안 된다'는 마음이다. 서恕를 파자하면, 상대방과 같은 마음을 먹는다(같을 여如와 마음 심心)는 존중과 배려의 태도가 녹아 있다.

이단異端을 공격하면, 이것은 해가 될 뿐이다.

◆ 〈논어論語〉 위정爲政

타인에 대한 존중이 차고 넘쳐, 심지어 이단에 대해서도 함부로 하지 말라는 공자의 말씀이다. 나와 근원적으로 다른 생각을 가진 사람조차 공격하면 득이 될 것이 없다는 생각이다. 삼천 제자를 이끌고 있는 조직의 수장으로서, 쉽사리 입 밖에 낼 수 없는 언사다. 동서고금을 막론하고 조직을 지켜내는 가장 효과적인 방법은 외부의 적을 상정하고 공격하는 것이다. 내부의 결속을 다지는 한편 최고 권력자에게 향하는 불만을 밖으로 돌리는 것이니 이보다 더 좋은 방책은 없다. 천하의 공자가 이를 몰랐을 리 없다. 그럼에도 불구하고 공자는 서恕의 정신을 지키기 위해, 이단마저 품으려 한 것이다.

존중과 배려는 사회생활에서도 필요하지만, 가까운 사이에서는 더욱 요긴하다. 가족끼린데 어때, 친한 친구잖아 괜찮아, 라고 말하며 존중을 잃어버린 적은 없는지 문득 내 자신을 돌아보게 된다. 장터에서 물건을 사고파는 관계에서도 우리는 존중하고 배려하는 마음을 언어에 담아 표현하지만, 정작 가족에게는 입에 담기 어려운 험한 말을 자주 한다. '가족이니까 이해해주겠지. 내가 어디 가서 이런 말을 하겠어!'라는 핑계를 대면서.

단언컨대, 가족 간에 예의를 지키지 못하는 사람은 결코 밖에서도 상대방을 존중하고 배려하지 못한다. 동심원이 퍼져

나가듯, 친밀한 사이에서 서恕의 정신을 지키는 사람이야말로 사회생활에서도 타인을 존중하며 살아간다.

서의 정신을 충실히 실천한 조선의 지식인 가운데, 퇴계 이황의 행적은 단연 으뜸이다. 퇴계는 일찍이 상처하고, 권질權礩의 딸을 두 번째 부인으로 맞았다. 권질은 갑자사화甲子士禍, 기묘사화己卯士禍로 고초를 겪다가, 퇴계가 살던 곳으로 유배를 오게 되었다. 권질에게는 지적장애가 있는 딸이 하나 있었는데 주변 사람 누구도 그녀가 결혼하기는 힘들 것이라 여겼다. 권질은 상처한 퇴계에게 딸의 사정을 얘기하고 아내로 받아줄 것을 부탁했고, 퇴계는 이를 순순히 받아들였다. 그리고 사랑의 힘으로 아내를 감싸고 위해주었다.

하루는 퇴계의 집안에 제사가 있었다. 제사상에 놓인 밤이 먹고 싶어진 권씨 부인은 제사를 지내지도 않았는데, 먹고 싶다고 우기기 시작했다. 성리학이 조선을 지배하던 그 시절, 집안 사람들은 법도에 어긋난다고 사색이 되었지만 퇴계는 밤을 한 움큼 집어 아내에게 주었다. 주위 어른들이 무엄한 행동이라며 퇴계를 나무라자, 그는 이렇게 답하며 아내를 두둔했다.
"할아버님께서도 직접 자시는 것보다, 손주 며느리가 맛나게 먹는 모습을 더 좋아하실 겁니다."

여러 문헌을 살펴보면, 퇴계가 아내를 감싸고 아껴주는 일화가 꽤나 여럿 발견된다. 하루는 권씨 부인이 다림질하다 두루마기를 태워먹었다. 구멍 난 자리를 붉은 천으로 덧대 입고 출타한 퇴계에게 의복이 의아하다고 다들 한마디씩 했다. 그러자 퇴계는 "붉은 색은 본디 귀신을 쫓고 복을 부르는 색상이요. 우리 부인이 일부러 내게 좋은 일만 가득하라고 덧대준 것이오"라고 천연덕스럽게 답했다. 하여 후세의 사람들은 퇴계를 조선의 애처가라고 부른다.

그런데 놀랍게도 금슬이 나쁜 제자 하나가 상담을 청하자, 퇴계는 다음과 같은 내용의 답신을 보낸다. '괴롭고 심란하여 답답함을 견딜 수 없었다.' 퇴계 역시 사람인지라 권씨 부인의 행동에 불행했던 적이 많았음을 고백한 것이다. 퇴계야말로 아내를 사랑으로 보듬고 존중하고 배려했으니, 공자가 목 놓아 부르짖던 서의 정신을 실천한 유학자다. 퇴계는 근심 가운데 낙을 보았고 낙 가운데 근심을 보았으니, 쌀팔러 가는 우리네 조상의 존중과 배려가 녹아 있는 삶을 살아간 것이다.

손자 이안도李安道가 혼례를 맺자, 할아버지 이황은 다음과 같은 충고를 남겼으니 오늘날 부부의 연을 맺는 청춘들에게 들려주고 싶은 글귀다.

"부부는 도덕의 시작이고 만복의 근원이다.

아무리 친하고 가깝더라도 부부는 서로 바른 자세로 대하고 언행을 삼가야 한다.

서로 예의를 지키며 공경하라.

이러한 법도를 잊었기 때문에 부부간에 문제가 생기는 것이다.

부부는 어느 한쪽이 일방적으로 자세를 낮추는 것이 아니라,

양편 모두가 정성스럽게 서로 섬기고 공경해야 한다."

존중과 배려는

가장 친밀한 사이로부터 시작된다.

당신 자신만의
이야기를
만들라

설說

이야기하다

내가 천하의 사람들을 저버릴지언정,
천하의 사람들이 나를 버리게 하지 않을 것이다.
〈삼국지연의〉

이야기는 재미있다. 이야기는 힘이 있다. 이야기는 사람을 매혹시킨다. 이야기는 너와 나 사이서 피어나니, 이야기는 곧 인간人間이다. 인류는 태초부터 이야기에 목말라했다. 어두운 동굴에 모닥불을 피워놓고 누군가는 그날의 사냥에 얽힌 무용담을 꺼냈을 테고, 누군가는 그 이야기를 듣고 동굴 벽에 그림을 남겼을 것이다.

알타미라 동굴의 들소나 쇼베 동굴의 사자는 마치 벽을 박차고 튀어나올 듯 역동적이다. 라스코 동굴의 벽화에는 사냥

317

을 하다 다친 사람과 들소가 등장한다. 들소의 창자가 창에 찔린 채 배 밖으로 흘러나와 있고, 사냥을 하던 사람은 누워 있다. 소담한 벽화 하나에도 들소 사냥을 나갔다 부상을 입은 남자의 이야기가 녹진하게 배어 있다. 마치 영화 〈레버넌트〉에서 휴 글래스(레오나르도 디카프리오 분)가 회색 곰의 난폭한 앞발에 잔인하게 난자당하는 모습이 겹쳐 보일 정도로 생생하다.

우리 민족에게도 이야기를 사랑하는 유전자가 강렬하게 아로새겨져 있다. 발길 닿는 대로 어느 지역에 가나, 각 지방을 대표하는 전설과 신화와 민담이 넘쳐난다. 멀리로는 〈삼국사기三國史記〉나 〈삼국유사三國遺事〉에 가득한 흥미진진한 이야기가 우리 민족을 매료시켰고, 가까이로는 전기수傳奇叟가 사람들의 귀를 즐겁게 만들었다. 전기수는 조선 말기, 직업 삼아 대중을 상대로 이야기를 들려주는 사람을 칭한다. 한글 소설을 주로 읽었고, 예로부터 내려오는 설화나 〈삼국지〉, 〈수호전〉 같은 중국소설을 들려주기도 했다.

전기수는 으레 감정을 오롯이 실어 이야기를 들려주었다. 몸짓, 표정, 억양을 한껏 꾸며 감정을 고양시키고 관객들의 혼을 쏙 빼놓았다. 전기수의 특징 가운데 하나는 이야기를 들려주다 갑자기 클라이맥스에서 뚝 멈춰버린다는 점이다. 예컨대, 〈삼국지〉 이야기를 신명나게 들려주다가 적벽대전을 앞두고 제갈공명이 동남풍을 비는 장면에서 입을 닫아버리는 것이다. 그러면 구경꾼들이 동전을 던져 수북하게 쌓아야 전기수는 다시 이야기를 시작한다. 이를 요전법邀錢法이라고 부른다. 오늘날 별풍선이나 슈퍼챗의 전통이 이토록 유구하다는 사실을 안다면 유튜버들의 어깨가 으쓱해지지 않을까.

이야기의 힘이 얼마나 대단했던지, 믿기 어렵겠지만 이야기가 사람을 죽이는 사건이 벌어지기도 했다. 그날도 저잣거리에서는 빼어난 연기력을 지닌 전기수가 〈임경업전林慶業傳〉을 읽어주고 있었다. 임경업 장군은 인조 재위 시 이괄의 난을 진압하는 데 혁혁한 공을 세웠고, 병자호란이 발발하자 팔백여 명의 병력으로 청의 진군을 지체하게 만들었다. 호란이 지나간 후에도 임경업은 명청교체기明淸交替期에 두 나라 사이에서 균형외교를 펼치며 조선의 국방을 위해 최선을 다해 노력한 장군이다.

하지만 진회의 모략에 걸려든 악비처럼, 임경업 장군도 친청파 간신 김자점金自點의 모함으로 죽음을 맞게 된다. 명의 잔존세력과 연합해 청을 공격함으로써 병자호란의 치욕을 씻으려 했던 우국충정의 무장은 모진 매를 이기지 못하고 형장의 이슬로 사라졌다. 김자점은 임경업을 모반사건에 연루시키고 자백하지 않자, 형리를 매수해 장살시켜버린 것이다.

임경업의 억울한 죽음에 대한 민중의 보상심리와 역사인식이 반영되어, 그는 동묘에 모셔진 관우關羽나 남이섬으로 유명한 남이南怡처럼 신격화되어 설화의 주인공이 된다. 흔히 임경업장군신은 잡귀를 쫓아내고 병을 낫게 해준다고 민간에서 추앙받고 있다. 연평도에는 임경업 장군이 살煞을 이용해 조기를 잡게 해준다는 전설이 전해져 내려온다.

사건이 벌어진 그날 역시 빼어난 전기수 한 명이 울다가 웃다가, 호통 치다가 애걸하며, 임경업의 생애를 생동감 넘치게 전달하고 있었다. 임경업 장군이 청나라로 압송되는 장면과 천신만고 끝에 탈출하는 장면, 임경업 장군의 부인이 심양으로 끌려갔다가 원통하게 옥중에서 자결하는 장면, 간신 김자점이 임금을 속이고 형리를 매수하는 장면 등이 펼쳐지며 청중의 감정이 격앙되기 시작했다. 전기수가 김자점에 빙의해 임경업 장군을 죽이려는 연기를 펼치자, 한 관객이 풀 베던 낫을 하나 들고 와 전기수를 쳐 죽였다. 임경업 장군의 억울함에 감정이입 되어 연기하고 있는 전기수를 김자점이라 여기고 분을 이기지 못해 숙여버린 것이다. 이야기의 힘이 강력하다 못해 얼마나 무시무시할 수 있는지 보여주는 대목이다.

중국이라고 예외는 아니어서, 춘추전국시대에도 당대의 사람들은 이야기를 사랑했다. 이를 증명해주는 문헌이 여럿인데, 수많은 나라의 민요를 채집해 공자가 삼백여 편으로 엮은 〈시경詩經〉이 대표적이다. 〈시경〉은 풍風, 아雅, 송頌으로 이루어지는데, 이 가운데 풍은 아름다운 러브스토리를 여러 편 포함하고 있다. 맹강녀孟姜女와 범희량范喜良의 사랑 이야기도 그중 하나다.

때는 바야흐로 진시황 재위 시절, 한 마을에 신혼부부가 살고 있었다. 남편의 이름은 범희량이었고, 아내는 맹강녀였다. 부부가 결혼한 지 사흘째 되던 날, 남편은 만리장성을 쌓는 노역에 차출되어 북쪽 변방으로 끌려가게 되었다. 그런데 얼마지나지 않아, 남편 범희량은 격한 노동과 기아로 인해 죽고 말았다.

한편 끌려간 남편의 소식이 오랫동안 끊기자, 맹강녀는 겨울 의복을 장만하여 고향인 섬서陝西에서 수천 리 떨어진 만리장성 산해관山海關을 향해 길을 나섰다. 맹강녀는 온갖 고생을 다 겪어가며 끝내 만리장성에 도착했지만, 수천 명의 강제 노역자 가운데 남편의 모습만 찾을 수 없었다. 수소문 끝에 그녀는 남편이 과로와 굶주림으로 인해 죽음을 맞았고, 만리장성장벽 어느 돌무더기 밑에 묻혔음을 알게 되었다.

너무도 애통한 나머지 맹강녀는 며칠 동안 밤낮으로 통곡했다. 그녀의 울음소리가 어찌나 처절하던지 하늘도 감동하여 만리장성 팔백 리가 스스로 허물어졌고, 범희량의 시신이 스스로 모습을 드러냈다. 맹강녀는 남편의 장례를 정성껏 치른 후, 슬픔을 이기지 못하고 스스로 바다에 몸을 던졌다.

이 이야기가 얼마나 구슬프고 심금을 울렸던지, 연암 박지원도 이곳을 그냥 지나치지 못했다. 맹강녀의 사당을 방문하고 기록을 남겼으니, 그것이 바로 〈열하일기熱河日記〉 가운데 '강녀묘기姜女廟記'다. 연암은 남편을 잃은 맹강녀가 슬피 울다가 이내 돌로 변했다고 기술한다. 우리나라에도 여럿 존재하는 전형적인 망부석望夫石 설화인 것이다. 신라시대 박제상 망부석 설화나 〈정읍사井邑詞〉 노래와 얽힌 이야기가 우리에게 널리 알려진 것처럼, 가부장제 질서가 사회를 억압하던 그 시절엔 늘 자연에서 뒹구는 돌에 감정을 이입해 망부석 이야기를 만들어냈다.

이야기에 대한 유구한 사랑은 춘추전국시대에 그치지 않고, 대를 이어 면면히 이어졌다. 당대唐代에는 시詩, 송대宋代에는 사詞라는 운문이 발달했고, 원나라 시대에 이르러 잡극雜劇이 유행하게 되었다. 중국에서는 잡극의 인기가 절정이던 원

말명초元末明初, 나관중羅貫中이라는 불세출의 작가를 통해 비로소 소설이란 장르가 꽃을 피우게 되었다.

물론 이때 처음으로 소설이 탄생한 것은 아니다. 소설의 태동은 위진남북조魏晉南北朝 시대로 거슬러 올라간다. 이즈음 혼란스런 사회 분위기 속에 한나라를 지탱시킨 동중서董仲舒의 유교儒敎 체계가 힘없이 무너지고 도교, 불교를 비롯한 다양한 사상이 등장하게 되었다.

이러한 사상적 토대를 바탕으로 이야기 문학의 효시가 잉태되었으니, 우리는 이를 지괴소설志怪小說이라 부른다. 귀신에 관한 괴이한 사건을 기록한 〈수신기搜神記〉, 산천지리에 관한 이야기를 담은 〈박물지博物志〉, 불교의 인과응보 사상을 펼쳐낸 〈유명록幽明錄〉 등이 이 시기에 앞다투어 등장했다. '신기한 것', '기이한 것'에 대한 기록이라는 서양 소설novel의 정의와도 부합하는 개념이다.

나관중의 소설은 원대 잡극의 영향에서 자유로울 수 없었다. 그는 과거 시험에 수차례 낙방하고 물려받은 가산을 까먹으며 하릴없이 시간을 보내곤 했다. 유독 자주 드나들던 단골 찻집이 하나 있었는데, 나관중은 그곳에서 잡극을 관람했다. 그중 가장 인기 있었던 작품이 〈삼국희곡三國戲曲〉이었다. 나관중은 하도 여러 번 관람해 〈삼국희곡〉을 줄줄 외우다시피 했고, 이를 바탕으로 〈삼국지연의〉를 집필할 수 있었다.

그의 소설에는 문인 위주의 당송唐宋 시가詩歌 문학에서 벗어나, 민중을 기반으로 발달한 희곡의 본질이 투영되어 있다. 희곡이란 철저하게 관객을 염두에 두고 쓰인 글이다. 관객들은 등장하는 캐릭터의 행동이나 말투 하나하나에 대해 즉각적인 반응을 보이고, 극작가는 이를 영민하게 반영한다. 태생적으로 극작가는 대중의 진솔한 감정과 반응에 촉각을 예민하게 기울일 수밖에 없다.

흔히 나관중에 대한 비판으로, 지나치게 촉한정통론蜀漢正統論에 치우쳐 있다는 점을 지적한다. 유비劉備를 선한 캐릭터 일변도로 묘사하고, 조조曹操를 절대악으로 그렸다는 비판이다. 하지만 실상은 그 반대다. '모본毛本 삼국지연의'를 저술한 모종강毛宗崗과 비교하자면, 나관중은 조조에게 깊은 애정이 있는 것은 아닌가라는 혐의마저 든다. 나관중본에는 촉한의 여러 인물에 대한 비판도 더러 보이지만, 후대의 모종강본에는 그마저도 대부분 삭제되어 있다.

민중을 대상으로 떠드는 이야기, 다시 말해 희곡을 바탕으로 뼈와 살을 불려온 소설이 바로 〈삼국지연의〉다. 하여 패자에 대한 연민에 한나라 황실의 정통을 계승한다는 명분까지 더해져, 촉한에 대한 무한애정으로 넘쳐난다. 나관중 역시

이 희곡의 전통을 무시할 수는 없었기에, 〈삼국지연의〉는 일정 부분 촉한정통론에 입각한 소설이 맞다. 다만 우리가 현재 접하고 있는 삼국지 이야기는 모종강본의 촉한정통론을 확대 강화한 결과물이지, 온전히 나관중만의 책임은 아니라는 점을 밝혀둔다.

나관중이 작가로서 자신의 역량을 가장 두드러지게 과시하는 부분은 조조의 캐릭터를 정교하게 구축하는 장면이다. 나관중은 조조의 교활하고 잔인한 면모와 호방한 영웅의 모습을 동시에 드러내며, 입체적인 악당의 모양새를 독자들에게 생생하게 전달한다. 이야기를 읽다 보면, 대다수의 독자들은 선한 캐릭터에 쉽사리 빠져든다. 선한 주인공이 고난에 빠져 괴로움에 허우적대는 모습을 보면 측은지심이 일어나, 그 캐릭터를 사랑하지 않을 수 없다. 이것이 이야기를 소비하는 우리네의 자연스런 모습이다.

반면 서슴없이 악행을 저지르는 인물을 사랑하기란 쉬운 일이 아니다. 뭐, 독자가 싸이코패스나 악마의 심장을 지닌 빌런이라면 모를까. 대부분의 독자들에게는 선량한 사람을 좋아하고 지지하는 편이 훨씬 쉽고 편안하다. 나관중은 독자의 자연스런 심리적 흐름을 거슬러 가면서까지 악당 조조를 사랑스런 캐릭터로 창조해냈다. 요즈음 서점에 나가보면 '조조론'에 관한 책이 월등히 많다. 이로 비추어 짐작컨대, 오늘날 〈삼국지연의〉의 진정한 주인공은 유비에서 조조로 바뀐 듯하다.

조조라는 독특한 캐릭터의 입체적인 면모가 가장 극적으로 드러나는 대목은 단연 여백사呂伯奢와 관련된 살인 사건이다.

동탁 암살에 실패한 조조는 도망자 신세로 전락한다. 진궁과 더불어 동탁의 손아귀에서 벗어나던 중, 조조는 아버지의 옛 친구 여백사에게 몸을 의탁하게 된다. 여백사는 역적으로 전락한 조조를 반갑게 맞이하며 귀한 손님으로 예우한다. 심지어 조조에게 좋은 술을 대접하고자 명주를 받으러 출타한다.

한편, 조조와 진궁은 잔뜩 긴장한 채 휴식을 취한다. 그러다 문득 여백사 집안사람들이 속삭이는 얘기를 듣게 된다. "밧줄로 묶어 죽일까?" "아니야, 그냥 죽여도 돼." "그래도 일단 묶어서 죽이자." 조조는 여백사의 가솔들이 현상금에 눈이 어두워 자신을 죽이려 한다고 판단한다. 이내 조조와 진궁은 쏜살처럼 튀어나와 온 집안사람들을 도륙해버렸다. 모든 가솔을 베어 죽이고 보니, 부엌에 돼지 한 마리가 밧줄에 묶인 채 꿀꿀거리며 울고 있는 게 아닌가.

난감해진 조조와 진궁은 서둘러 집을 떠난다. 둘은 한참을 도망가다 좋은 술을 받아오는 여백사와 마주치게 된다. 여백사가 왜 급하게 길을 나섰는지 묻자, 조조는 황급한 일이 생겼다며 여백사와 헤어지게 된다. 잠시 길을 재촉하던 조조는 갑자기 뒤돌아서 여백사를 쫓아가 한칼에 베어 죽인다.

호의를 베풀려던 여백사마저 죽인 이유를 진궁이 묻자, 조조는 답한다. "여백사가 집으로 돌아가 자신의 가족이 모두 몰살당한 모습을 보면, 내게 원한을 품고 관가에 신고할 것이 아닌가. 어쩔 도리가 없었네." 진궁이 다시 힐난한다. "아무리 그래도 그렇지. 은혜를 원수로 갚는단 말인가." 이 순간 조조는 〈삼국지연의〉 전체에서, 아니 중국 소설사를 통틀어 가장 유명한 대사를 내뱉는다.

"내가 천하의 사람들을 저버릴지언정,
천하의 사람들이 나를 버리게 하지 않을 것이다."

윤리의식이라고는 눈곱만치도 찾아 볼 수 없는 간교한 언행이다. 특히나 여백사 이야기 직전에 조조가 보여준 의기에 가득 찬 모습을 생각해보라. 역적 동탁을 암살하기 위해 목숨까지 바치며 우국지사의 울분을 토하던 조조가 아니던가. 칠

보도七寶刀를 품에 들고 동탁을 암살하려는 충정 넘치는 젊은 장교와 제 한목숨을 위해 은혜를 원수로 갚는 냉혈한의 모습이 여실히 대비되는 장면이다. 관직까지 팽개치고 따라온 진궁은 이 모습에 질려 조조를 떠나게 된다.

나관중 작가의 현란한 붓놀림에서 벗어나 진수陳壽의 〈삼국지〉, 다시 말해 정사正史를 살펴보면 전혀 다른 이야기가 펼쳐진다.

〈삼국지〉 '위서魏書'에 따르면, '여백사가 조조를 보자마자 관아에 넘기려고 하여, 어쩔 수 없이 조조가 여백사의 식솔을 모두 죽이고 떠났다'라고 기록되어 있다. 일종의 정당방위인 셈이다. 나관중은 정사의 기록을 알고 있으면서도 여백사 이야기를 드라마틱하게 전개시킨다. 단순히 조조를 천하의 악당으로 만들기 위한 극적 전개가 아니고, 충정과 교활함을 동시에 갖춘 입체적인 인물로 묘사하기 위한 설정이다. 세상을 저버릴지언정 세상에 버림받지 않겠노라는 패기와 결기가 느껴지는 대목으로, 이 에피소드는 단연 〈삼국지연의〉의 백미이자 후세에 길이 기억되는 명장면이다.

나관중은 당위의 무게에 짓눌려 억눌려 있던 개인의 진술한 감정을, 조조의 입을 빌려 독자들에게 전달하고 있다. 내가 세상을 버릴지언정 세상이 나를 버리지 못하게 하리라. 우리 모두의 마음속에서 요동치는 대사이지만, 차마 입 밖으로 내보내기는 쉽지 않다. '내 감정을 먼저 챙겨라', '내가 우선이다', '자신의 감정에 솔직해져라', '남에게 휘둘리지 않고 나를 지키는 101가지 방법' 따위의 충고를 던지는 베스트셀러가 여전히 유효한 것을 보면, 역설적으로 자신의 감정에 충실하기란 여간 어려운 일이 아님을 알 수 있다. 21세기를 살아가고 있는 우리들에게조차 말이다.

나관중이 하필 조조라는 캐릭터가 이토록 솔직한 대사를 읊게 만든 것은 결코 우연이 아니다. 조조와 조비曹丕, 조식曹植 부자는 피를 묻혀가며 천하를 제패한 장수 혹은 한 왕조를 무너뜨리고 황위를 찬탈한 제왕으로 소비되고 있지만, 기실 문인으로서 엄청난 성취를 이루었다. 이들을 일컬어 삼조三曹라 부르고, 이들이 이룬 문학적 성취를 후세에서는 건안문학建安文學이라 칭한다. 조조가 옹립하고 옆구리에 낀 채 권세를 휘둘러대던 후한 헌제獻帝의 연호가 바로 건안이기 때문이다.

건안문학의 두드러진 특징을 하나 꼽자면, 문학사상 처음으로 시대정신보다는 개인의 감정을 앞세워 적나라하게 표현했다는 지점이다. 개인의 서명이 들어간 문집이 처음으로 탄생한 것도 이 무렵이다. 중국 최초의 체계적인 문학이론서

〈문심조룡文心雕龍〉은 건안문학을 높게 평가한다. "난리를 겪으며 민심이 흉흉하고 백성들의 원망이 쌓여갔지만, 반대로 문장은 뜻이 깊고 빼어났다." 건안문학의 진수 〈단가행短歌行〉이란 시 한 편을 감상해보자.

술을 마주하고 노래하노니, 인생이 길어봐야 얼마나 되겠는가?

비유하자면 아침이슬 같으니, 쓸쓸하게도 가버린 날이 많구나.

아무리 슬퍼하며 탄식해도, 근심을 잊기는 어렵구나.

무엇으로 근심을 풀까? 오직 술이 있을 뿐이로구나.

푸르른 그대의 옷깃, 아득히 그리는 내 마음이여

다만 그대로 인하여, 이제껏 조용히 읊조리네.

사슴은 우우 하고 울음소리 내며, 들에서 다북쑥을 뜯는구나.

내게도 좋은 손님 오셨으니, 거문고 뜯고 피리도 불리라.

달처럼 밝은 덕, 어느 때나 취하랴.

마음속에서 우러나는 시름이 따라와, 끊어버릴 수가 없구나.

논둑과 밭둑을 넘어, 힘들여 안부를 물으러 와 주었구나.

오랜만에 서로 깊이 이야기를 나누며, 마음속으로 옛 은혜를 생각하네.

달이 밝아 별은 드문데, 까막까치는 남쪽으로 날아가네.

나무를 세 바퀴나 돌았지만, 어느 가지에 의지할 수 있을까.

산은 높음을 마다하지 않고, 바다는 깊음을 마다하지 않는 법.

주공周公은 입에 물었던 것마저 뱉어 손님을 맞이하니,

천하의 마음이 그에게 돌아간 것이로다.

◆ 〈단가행短歌行〉 조조

사마천의 〈사기〉 가운데 〈열전〉은 끝없이 샘솟는 이야기의 보고寶庫다. 〈열전〉을 읽다 보면, 우선 독특한 인물들의 캐릭터에 매료되고 그들이 서로 충돌하며 이루어내는 사건들이 씨줄날줄 엮여갈 때, 그 흥미진진함 때문에 책장을 덮기 힘들다. 그래서인지 서양에서는 〈열전〉을 사서가 아닌 소설로 취급하는 경우가 많다. 사마천의 사기열전도 나관중의 〈삼국지연의〉처럼 허구의 이야기라는 것이다. 예컨대, '한신韓信과 책사 괴통蒯通의 밀담이 과연 어떻게 사마천의 붓끝에 담길 수 있었느냐?'는 합리적 의심이다.

〈사기〉 '회음후열전淮陰侯列傳'에서 책사 괴통은 주군인 한신에게 천하삼분지계天下三分之計를 건의한다. 유방劉邦의 수하에서 벗어나 독자적인 세력을 구축하면 천하는 항우, 유방, 한신으로 재편될 것이란 제안이었다. 어리석게도 한신은 유방이 자신을 성심껏 대접해주었는데 어찌 의리를 저버리느냐며 거절했다. 그러자 괴통이 말한다. "제가 듣건대 '용기와 지략이 군주를 떨게 만드는 자는 그 자신이 위태롭고, 공적功績이 천하를 덮는 자는 오히려 상을 받지 못한다'라고 합니다. 대왕의 공로와 지략으로 말씀드리자면…"

괴통은 한신이 위나라, 연나라, 제나라, 초나라를 연거푸 깨뜨린 공을 나열하면서 천하에 공적을 떨쳤으니 누구 밑으로 들어가면 반드시 위태로워질 것이라고 경고한다. 하지만 끝내 한신은 괴통의 책략을 거부했고, 한신의 앞날이 위태로울 것임을 알아챈 괴통은 거짓으로 미친 척하며 무당이 되어 산으로 숨어들었다.

훗날 한신은 괴통의 예상대로 역적으로 내몰려 죽음을 당하게 되고, 이때 "괴통의 계책을 들었더라면 이 지경이 되지 않았을 텐데…"라며 탄식했다. 이에 유방은 괴통의 통찰과 책략이 보통이 아님을 깨닫고, 제나라에 숨어 지내던 그를 잡아들이고는 삶아 죽이려 한다. '회음후열전'을 읽으며 문득 이런 궁금증이 든다. 유방이 한신을 처형하고 괴통을 잡아들인 사건이야 대역죄인 및 반체제인사와 관련된 사안이었으니 당연히 명백한 사료가 존재하리라 짐작되지만, 괴통과 한신의 은밀한 대화를 사마천은 어떻게 기록할 수 있었을까.

유방과 항우가 접전을 벌이던 그 시절, 한신 역시 대왕이라 불릴 만큼 엄청난 권력을 누리고 있었다. 한신이 기거하던 구중궁궐에서 벌어진 은밀한 대화를 사마천은 어찌 알 수 있었을까. 문득 상상해본다. 이 대목은 사마천이 들려주는 한 편의 이야기가 아닐까. 다만 근거 없이 허무맹랑하게 구성된 창작물이 아니라, 전후좌우 역사적 사실의 철저한 고증과 맥락에 대한 이해를 바탕으로 정교하게 맞추어진 퍼즐 조각인 것이다.

사마천은 객관적 사료를 바탕으로 엮어낸 역사에 이야기의 강력한 힘을 가미해, 〈사기〉를 완성했다. 동서양을 통틀어 최고의 역사서가 탄생하는 순간이다. 편년체編年體 역사 서술의 한계를 극복하고 유기적으로 연결되어 있는 역사에 강인한 생명력을 불어넣은 셈이다.

사마천의 역사서술이 얼마나 매력적이고 강렬한지 보여주는 일화가 하나 있다. 후쿠다 데이이치라는 일본의 소설가는 사마천의 기전체紀傳體 역사 서술 방식에 반해, 자신의 이름을 시바 료타로司馬遼太郎라고 바꾸었다. 시바 료타로라는 이름을 풀이하자면 '사마천의 경지에 다다르려면 아직 요원한 남자'라는 뜻이다. 시바 료타로는 〈세키가하라 전투〉, 〈올빼미의 성〉, 〈항우와 유방〉 등 일본과 중국을 무대로 다양한 작품을 펼치며, 일본 최고의 역사소설가로 자리매김하게 된다.

사마천 이전에는 역사歷史를 주로 '역歷'이란 단어로 표현했다. 역歷은 일 년을 기준으로 삼아 완성된 달력 중심의 생활에서 차용한 개념이며, 〈춘추春秋〉의 편년체 역사 기술과 궤를 함께한다. 하지만 사마천 이후 '역曆'의 개념에 '사史'가 더해져, 오늘날의 역사라는 단어가 탄생하게 되었다. 인물에 중심을 맞추고, 그 선악의 평가까지 더하며, 이야기의 힘을 가미한 사마천의 역사 기술은 역사의 개념을 재정립한 일대 사건이라 할 수 있다.

다시 한번 강조한다. 이야기는 대다수의 청중을 대상으로 한다.

많은 사람들 앞에서 이야기를 할 때면 우리는 자신도 모르게 조금은 더 윤리적으로, 조금은 더 도덕적으로 꾸며 말하게 된다. 무의식중에 내 이야기를 듣는 언중을 고려하는 셈이다. 나의 생각을 불특정 다수의 사람들과 나눈다는 체험이 선물해주는 유쾌한 무게감이기도 하다. 사마천의 역사에 윤리와 도덕이 가미된 이유 역시 바로 여기에 있다. 죽음이 있기에 삶이 애틋한 것처럼, 역사가 있기에 우리 사회는 조금이나마 정도正道로 나아갈 수 있는 것이다. 하여 이야기의 힘은 위대하고 위대하다.

역사history는 결국 이야기story로 이루어진 것이다. 자신의 삶을 역사에 남기고 싶은 사람이라면, 누구나 자신만의 이야기를 만들어낼 줄 알아야 한다. 나만의 이야기를 만들어 갈 때, 가장 중요한 것은 청중을 현혹하거나 기만하는 잔기술이 아니다. 자화자찬과 공치사는 잠시 환호를 이끌어 낼 수 있다. 하지만 주변 모두 납득할 수 있는 윤리성의 담보야말로 지속 가능한 이야기의 핵심이다. 가령 불가능해 보이던 계약을 따 냈다든가, 어렵사리 납기일을 맞춰 회사를 부도 위기에서 구 해냈다는 무용담도 중요하다. 그렇지만 그런 드라마틱한 업 적의 근본에는 자신과 함께하는 동료들에 대한 배려와 공감 이 담겨 있어야 한다. 그런 연후에야 이야기는 역사로 변환되 는 것이다.

이야기의 힘은 위대하다.
오늘도 나는 나만의 이야기를 만들어나간다.